F

ライアーズ・ポーカー

マイケル・ルイス
東江一紀訳

HAYAKAWA NONFICTION

早川書房

7263

LIAR'S POKER
by
Michael Lewis

Translated by
Kazuki Agarie
Published 2013 in Japan by
HAYAKAWA PUBLISHING, INC.
This book is published in Japan by
arrangement with
WRITERS HOUSE LLC
through JAPAN UNI AGENCY, INC., TOKYO.

「ウォール街は、川で始まり、墓場で終わる通りだ」という縁起でもない古い戯言《ざれごと》がある。

なかなかおもしろいが、これではまだ足りない。間にある巨大な幼稚園のことが抜けているからだ。

――フレッド・シュエッド・ジュニア

『投資家のヨットはどこにある？』より

著者を導き、原稿料を遅滞なく支払ってくれたマイケル・キンズリーと『ザ・ニュー・リパブリック』誌、スティーヴン・フェイと『ビジネス』誌、スターリング・ローレンスとW・W・ノートン社、アイアン・トゥリウィンとホッダー&スタウトン社に感謝をささげたい。聡明《そうめい》な助言を与えてくれたロバート・デューカスとデイヴィッド・ソースキンにも。最後に、わが両親、ダイアナ・ルイスとトム・ルイスに感謝する。当然ながら、このふたりこそ、本書におけるすべての誤り、過失、遺漏に対し、直接的な責任を負うべき張本人である。

目次

ダイアンへ
いついかなるときも

ライアーズ・ポーカー

前口上

ぼくは、ウォール街とロンドンで、債券セールスマンという仕事をしていた。ソロモン・ブラザーズのトレーダーたちと机を並べて働いたおかげで、時代をかき回したひとつの大きな渦の中にいられたのではないかと、自分では思っている。トレーダーというのは、手っとり早い大儲けの名人であり、ここ十数年間、大儲けは手っとり早くやるものと相場が決まっていた。そして、ソロモン・ブラザーズといえば、誰もが認める債券取引の帝王だ。ソロモンのトレーディング・フロアに籍を置きながら、ぼくがこんな本を書き始めたのは、のちの語り草になりそうな数々の事件や動静を詳しく記録し、解説するためだった。物語はしばしばぼく自身の体験から離れるが、それでもこれは一貫してぼくの物語だと言える。自分が作らなかったカネや自分がつかなかったうそについても、ぼくはぼくなりに理解できる場所にいたからだ。

それはつまり、現代版ゴールド・ラッシュの中心にほど近い場所だった。あの時期のぼくらのように、技術も経験もない二十四歳の若造が、あれだけの大金をあれだけの短期間に稼いだのは、過去に例のないことだ。投入した以上のものを回収することはできないという市場原理に、あれほど途方もない例外が生じたのは前代未聞だろう。ぼくはカネがきらいではない。少ないよりは多いほうがいいと常々思っている。けれど、また次の〝濡《ぬ》れ手で粟《あわ》〟のチャンスを息を詰めて待つというような気持ちは、今はない。あれはやはり、稼いで使うという堅実そのものの歴史の中に、突発的に現われた異常事態だったのだ。

世間並みの基準で自分を評価するなら、ぼくはまあ、成功者の部類に属するだろう。カネはずいぶんと稼いだし、会社の幹部連中からも、いつかは重役の椅子に座れるだろうとよく言われた。のっけから自慢話をしようというのではない。ただ、元の雇い主に対して悪感情をいだいたり、特に批判的になったりすべき理由などないことを、読者に知っておいてもらいたいのだ。ぼくがこういう本を書こうと思い立った動機はただひとつ、物語を生き続けるより、その物語を人に伝えることのほうが有意義ではないかと考えたからだ。

1　うそつきポーカー

ぼくの会社ソロモン・ブラザーズが凋落《ちょうらく》期に入った最初の年、一九八六年の前半のことだ。会長のジョン・グッドフレンドが、トレーディング・フロアの一番奥にある机を離れ、社内の巡視に出かけた。フロアでは、一瞬も休みなく、債券トレーダーたちが十億ドル単位のカネを危険にさらしている。そこをぶらっと歩き回り、トレーダーたちに質問をすることで、グッドフレンドは取引現場の脈拍を測るのだ。不可思議な第六感が、危機のつぼみのある場所へ彼を導く。カネがなくなろうとしているにおいを、グッドフレンドの鼻はかぎ当てることができるらしい。

神経をとがらせているトレーダーにとっては、一番いやな相手だ。グッドフレンド（Gutfreund と綴《つづ》って、Good friend と読む）は、背後から忍び寄って、ひとの不意を突くことを好む。本人はおもしろくても、やられるほうはたまらない。一度に二本の電話をかかえ、帳簿に穴をあけまいとやっきになっている最中だから、うしろを振り返るような余裕はない。

だが、振り返るまでもなく、感じでわかる。あたりの空気が、大地震の前ぶれみたいにわなわなけいれんし始めるのだ。周りの同僚たちは、髪の毛振り乱して働いているようなふりをしながら、こちらの頭上の一点をじっと見ている。背すじに寒けが走る。それはたぶん、熊が音もなく近づいてくるときに小動物が感じる不安のうずきに似た、一種の直覚とでもいうべきものだ。頭の中に警報が鳴り渡る。グッドフレンド！　グッドフレンド！　グッドフレンド！

わが会長はしばらく無言でそこに立ち、ときにはそのまま歩き去る。そういう場合、こちらにはまったく彼の姿が見えない。唯一の痕跡《こんせき》は椅子の横の床に残された糞のような形の灰だけだったという経験が、ぼくにも二度ほどある。おそらく名刺代わりだったのだろう。グッドフレンドの葉巻が落とす灰は、平均的なソロモンの幹部連中のものより長くて、形もしっかりしている。そのとびきり高価で上等な葉巻を買うカネも、一九八一年にファイブロに身売りして得た四千万ドル（あるいは、一九八六年にCEOとしてみずからに支払ったウォール街一の報酬三百十万ドル）からすれば、ごくごく一部、痛くもかゆくもないはしたガネだ。

ところが、一九八六年のこの日、グッドフレンドは変わった動きを見せた。みんなをびくつかせるかわりに、ソロモンの重役であり、最も優秀な債券トレーダーのひとりでもあるジョン・メリウェザーの机にまっすぐ歩いていったのだ。そして、二言三言ささやいた。近くにいたトレーダーたちがそれを盗み聞きした。グッドフレンドのその言葉は、ソロモン・ブラザーズの伝説となり、俗悪な社風を表わすエピソードとして広められることになる。彼はこう言ったのだ。

「一手、百万ドル、泣き言なし」

一手、百万ドル、泣き言なし。メリウェザーは即座にその意味を了解した。『ビジネス・ウィーク』から〝ウォール街の帝王〟の称号をたてまつられたグッドフレンドが、〝うそつきポーカー〟と呼ばれるゲームをひと勝負百万ドルでやりたいと言っているのだ。ほぼ毎日、午後になると、彼はメリウェザーやその下で働く六人の若いトレーダーたちとこのゲームに興じ、たいていはこてんぱんにやっつけられていた。あまりにもへぼすぎるのだと言う者もいた。ジョン・グッドフレンドの全能を信じて疑わない社員たち——意外と数が多い——は、負けることで彼は目的を達しているのだと主張したが、どういう目的かときかれると口をつぐんだ。

この日のグッドフレンドの挑戦が異例なのは、賭《か》け金の額が大きいことだった。いつもは、せいぜい数百ドル。百万などという数字は聞いたこともない。三つめの条件である〝泣き言なし〟という言葉は、敗者は多大な苦痛をこうむるけれど、ぐちを言ったり泣きついたり恨んだりする権利を持たないという意味だ。フロアの隅にうずくまって、ふところの寒さをひとりかみしめるしかない。しかし、なんのために？　ウォール街の帝王ならぬ身としては、つい尋ねてみたくもなる。そもそも、なぜそういう勝負をするのか？　もっと小物の取締役が相手ならまだしも、なぜメリウェザーに挑戦するのか？　どう見ても、狂気の沙汰《さた》だ。メリウェザーはこのゲームの帝王、ソロモン・ブラザーズのトレーディング・フロアにおけるうそつきポーカーのチャンピオンなのだから。

そんな疑問を覚える一方で、トレーディング・フロアに身を置いた者なら誰しも、グッドフレンドのような大事業家が理由もなしに行動するはずがないことを知っていた。最善の理由ではないとしても、なんらかのねらいはあるはずだ。グッドフレンドの腹の中までは読めないが、トレーディング・フロアの男たちがみんなギャンブラーであること、そして彼もそういう男たちの仲間に入りたいと熱望していることぐらいは、ぼくにもわかる。グッドフレンドの今回のねらいは、高い飛込み台からダイビングを試みる若者みたいに、度胸のあるところを示すことにあったのではないだろうか。そのためには、メリウェザー以上の相手はいない。それに、この挑戦に応じられるだけの財力と胆力をあわせ持つトレーダーは、おそらくメリウェザーただひとりと言っていい。

ここで、この途方もないドラマの舞台裏を説明しておかなくてはならないだろう。ジョン・メリウェザーは、この地位へ昇り詰めるまでに、何億ドルという利益でソロモン・ブラザーズを潤《うるお》わせてきた。彼には、胸のうちを表に出さないという、たぐいまれな、トレーダーにとっては宝物ともいうべき特技があった。ほとんどのトレーダーは、しゃべりかたやふとしたしぐさで、儲かったとか損したとかいうことがわかってしまう。必要以上に気前よくなったりこわばったりするのだ。メリウェザーには、まったくそういう起伏がうかがえない。おびえと強成功したときも、失敗したときと同じ緊張半分の無感動な表情を浮かべている。

欲さという、トレーダーにとっては命取りのふたつの感情を、彼は並みはずれた自制心で抑えることができ、そのせいで、ひたすら私利を追求する人間にはめずらしい気品を感じさせる。ソロモン内部の多くの人間に、ウォール街で一番の債券トレーダーだと見なされていた。人は彼を引き合いに出すとき、誰もがついつい、畏《おそ》れおののく口調になってしまう。人は彼を〝業界一のビジネスマン〟と呼び、〝前代未聞の冒険家〟と呼び、〝危険きわまりないうそつきポーカーの名手〟と呼ぶ。

メリウェザーの魔力は配下の若いトレーダーたちを魅了していた。六人の部下の年齢層は二十五歳から三十二歳にまたがっている（彼自身は四十歳だ）。ほぼ全員が数学か経済学か物理学の、あるいはそのうちふたつ以上の博士号を持つ。ところが、メリウェザーの机の前に立つと、彼らは自分がたいへんなインテリであることを忘れてしまう。使徒に成り下がるのだ。そして、うそつきポーカーに入れあげる。彼らはそれを自分たちのためのゲームだと見なし、並々ならぬ真剣さで勝負に臨む。

ジョン・グッドフレンドは、そのゲームで常に門外漢の扱いを受けていた。『ビジネス・ウィーク』が表紙に彼の写真を載せ、〝ウォール街の帝王〟と呼んだことなど、ゲームの中ではなんの意味も持たなかった。そこにすべての問題があるのではないか、とぼくは思う。グッドフレンドがウォール街の帝王なら、メリウェザーはうそつきポーカーの帝王だ。マスコミの紳士たちから冠を授けられるグッドフレンドを見て、トレーダーたちが胸の中でこうつぶやくのが聞こえてくるようだ。「へんちくりんな名前とへんちくりんな顔がもてはやされる世の中だからなあ」

グッドフレンドもかつてはトレーダーだったわけだが、そのこと自体には、老婦人が昔は小町娘だったと言い張るのと同じ程度の意味しかない。

グッドフレンド自身、それをしかたのない事実として受け入れているふしもある。彼は、取引というものに特別の感情をいだいていた。経営に比べれば、取引はすがすがしいくらい直接的な仕事だ。賭《か》けをして、そのたびに勝ったり負けたりする。勝ったときには、下働きから会長に至る全社員にあがめられ、ねたまれ、一目置かれる。無理もない。自分の手で会社にカネを引っ張り込んだのだから。経営者だって、むろん、ねたみや畏怖や賞賛を向けられることはある。ただし、まったく違う理由からだ。経営者はみずからソロモンのためにカネを稼いでいるわけでも、リスクを冒しているわけでもない。いわば稼ぎ手に命運をあずける人質だ。リスクは稼ぎ手が負う。毎日毎日、トレーダーたちは同業のライバルよりうまくリスクを処理することで、腕のよさを証明する。実際にカネを稼ぐのはメリウェザーのような現場の冒険家たちであり、グッドフレンドにはカネの出入りを支配する力はない。だからこそ、彼が現場のボスに一手百万ドルの無謀な勝負を挑むとき、多くの者の目にはそれが、自分も現役の賭博師《とばく》であるというグッドフレンド流のポーズとして映るのだ。そして、その目的に添うゲームは、うそつきポーカー以外にない。トレーダーたちにとって、このゲームの持つ意味は重大だ。ジョン・メリウェザーのような人間は、うそつきポーカーには債券取引と共通するところがかなりあると信じている。トレーダーの性格を試し、直感を磨くゲームだというのだ。このゲームに強い人間はトレーダーとしても優秀であり、その逆もまた成り立つ。ぼくらもみんな、そう思っていた。

ゲームのやりかただが、うそつきポーカーでは、最少で二名、最多で十名のプレーヤーが輪を作る。各プレーヤーは胸の前に一ドル札を一枚ずつ隠し持つ。要領は、『ダウト』というトランプ遊びに似ている。各人の紙幣に印刷された通し番号で、化かし合いをするのだ。まず、ひとりが〝値付け（ビッド）〟するところから始まる。例えば、「6が三つ」と言う。これはつまり、自分の分を含めた全員の紙幣の通し番号に、6という数字が三個以上含まれているという意味だ。この最初のビッドのあと、ゲームは時計回りに進められる。6が三つというビッドに対し、左隣りのプレーヤーには二通りの応じかたがある。せり上げるか（せり上げかたにも二種類あって、同じ個数で数字を大きくするか［7が三つ、8が三つ、9が三つ］、個数を増やすか［5が四つなど］のどちらかを選択する）、〝異議申し立て〟（トランプの「ダウト」という宣言に相当する）をするかだ。

ひとりのプレーヤーのビッドに他の全員が異議申し立てをしたところで、せりは終わる。そのときはじめて、全員の紙幣の通し番号が場にさらされ、誰が誰にはったりをかけていたかが判明するという仕掛けだ。それまでの間、腕の立つプレーヤーの頭の中には確率がぐるぐる渦を巻いている。無作為に選ばれた四十なら四十の数字の中に、6が三個以上ある可能性はどれぐらいか？　しかし、名人級のプレーヤーにとって、そういう数理計算は駆け引きのうちの初歩的な部分に属する。むずかしいのは、他のプレーヤーの顔色を読むことなのだ。

はったりのかけかたや裏のかきかたを心得たプレーヤーがそろうと、ことはさらに複雑になる。

馬上槍《やり》試合が戦争を模した遊びであるのと同じような意味で、このゲームには債券取引の本質が含まれている。うそつきポーカーのプレーヤーが考えることは、トレーダーが頭にめぐらすこととある程度まで似ているのだ。ここは思いきって押してみるべきか？　運は向いているだろうか？　相手はどの程度の腕なのか？　わかって勝負してきているのか、そうでないとすれば、どうやってその無知につけ込めばいいのか？　せり上げたのははったりか、それとも、ほんとうに強い手を持っているのか？　こちらにばかなビッドをさせようという魂胆か、それとも、フォーカードで勝負に出ようというのか？　各人が他のプレーヤーの弱みやミスやパターーンを見破ろうとし、自分の弱みやミスやパターーンを隠そうとする。ゴールドマン・サックス、ファースト・ボストン、モルガン・スタンレー、メリルリンチ、その他ウォール街の投資銀行ならどこでも、うそつきポーカーに類するゲームが行なわれていることだろう。しかし、ジョン・メリウェザーを擁するソロモン・ブラザーズのトレーディング・フロアは、賭《か》け金の額において一頭地を抜いている。

うそつきポーカーのプレーヤーの掟《おきて》には、ガンマンの掟と似たところがある。トレーダーたる者、どんな挑戦に対しても受けて立たなくてはならないのだ。この掟――彼自身の掟と言ってもいい――のせいで、メリウェザーは勝負を断わりにくい立場にあった。しかし、どう考えてもむちゃな勝負で、彼にとっての利点は何もない。もし勝てば、グッドフレンドの機嫌をそこねてしまう。少しも喜べない。だからといって、負けたりすると、ふところから百万ドルが出ていくことになる。ボスの機嫌をそこねるより、打撃はもっと大きい。これまでの戦いぶりから見て、メリウェザーのほうが腕は上だが、一回きりの勝負では何が起こるかわからない。運しだいという部分がかなり大きい。割に合わない賭けを避けることを日常の仕事にしているメリウェザーとしては、この挑戦に応じるわけにはいかなかった。

「だめだね、ジョン」彼は言った。「差しで勝負をしようというんなら、もっとでっかく賭けなきゃ意味がない。一千万ドル、泣き言なし、だ」

一千万ドル。観客全員がかたずを飲む瞬間だった。ゲームが始まりもしないうちから、メリウェザーはうそつきポーカーの勝負に出て、はったりをかませたのだ。グッドフレンドは思案をめぐらせた。応じれば、いかにも彼らしい。応じるかどうか迷うというそのこと自体、彼の立場でなくては味わえないぜいたくだと言えた（カネを持っているというのは、気分のいいものだ）。

一方、当時の一千万ドルといえば、今でもそうだが、大金だ。負ければ、グッドフレンドの手もとには三千万ほどしか残らない。彼の妻スーザンは、約千五百万ドルかけてマンハッタンのアパートを改装中だった（メリウェザーはそれを知っていた）。それに、グッドフレンドはボスだから、メリウェザーの掟にしばられなくてもすむ。いや、そもそも掟など知らなかったのかもしれない。メリウェザーの出かたを試すためだけの挑戦だったのかもしれない（さすがのグッドフレンドも、この出かたには度肝を抜かれたことだろうが）。というわけで、グッドフレンドは勝負を降りた。実際には、独特の作り笑いを浮かべて、こう言ったのだった。

「頭がおかしいぞ、きみは」

とんでもない、とメリウェザーは胸の中でつぶやいた。あんたよりずっとずっと頭がいいだけさ。

2　カネのことは言うな

ぼくはトーシギンコウカになりたい。一万かぶもってる人がいたら、ぼくがそれを売ってあげる。おカネがたくさんもうかる。ぼくはしごとがとてもとてもすきになる。ぼくはみんなをたすけてあげる。ぼくは大がねもちになる。大きないえをたてる。たのしいだろうな。

——一九八五年三月にミネソタの小学生（七歳）が書いた作文『大きくなったら何になりたいか』より

一九八四年の冬、ロンドン・スクール・オブ・エコノミクスの修士課程を終えようとしているときに、ぼくは皇太后陛下の晩餐会《ばんさん》へ招待された。普通なら、ぼくのような人間がセント・ジェームズ宮へ呼ばれるはずはないのだが、数年前にひょんなことでドイツの男爵と結婚した遠い親類がいて、その縁でお声がかかったのだ。ぼくは蝶《ちょう》ネクタイを借り、地下鉄に乗って出かけた。これが鎖の最初の環《わ》となって、次々と予想もつかないことが起こり、ついにはソロモン・ブラザーズから勤め口を与えられることになる。

英国王族とお近づきになれるという触れ込みの晩餐会は、ふたをあけてみると、七、八百人の保険業者による資金集めの催しだった。王族たちのすすけた肖像画が見下ろす大広間で、客は〝名作劇場〟のエキストラ希望者みたいに、ワインレッドのじゅうたんの上いっぱいに並んだ渋い色の木の椅子に座らされた。その大広間のどこかに、運よく、ソロモン・ブラザーズの取締役がふたり来ていた。ぼくがそのことを知ったのは、さらに運よく、ぼくの席がそのふたりの夫人にはさまれる位置にあったからだ。

全員がひととおり、首を伸ばしてちらっと王族の姿を拝み終えたあと、上位取締役のほうの夫人がぼくらのテーブルをがっちりと取りしきった。ぼくが求職活動の準備中であること、投資銀行入りを考えていることを話すと、彼女は食事の席を面接試験場に変えた。一時間近くにわたってぼくを質問攻めにし、身元や履歴をほじくり、へどもどさせたあとで、彼女はようやく満足した。そして、ぼくの二十四年の人生経験を吟味したうえで、ソロモンのトレーディング・フロアで働いてみないかと持ちかけてきたのだった。

ぼくは平静を保とうと努めた。必要以上に乗り気な様子を見せると、夫人の目にあさましく映るのではないかと恐れたからだ。ちょうどそのころ、ぼくはジョン・グッドフレンドの、いまや伝説となった発言を読んだばかりだった。ソロモン・ブラザーズのトレーディング・フロアで成功を収めるには、毎朝、〝熊の尻《しり》っぺたをかみちぎる〟意気で目を覚まさなくてはならない、というものだ。そんな仕事ぶりがぼくには楽しそうに思えなかったので、夫人に正直にそう言い、自分の思い描く投資銀行での生活のありさまを説明した（その理想像には、ガラス張りの広い執務室、秘書、多額の交際費、企業幹部との頻繁な会合などが含まれる。実は、ソロモン・ブラザーズにもそういう職種は存在しているのだが、重きを置かれてはいない。企業金融という部門だ。セールスやトレーディングとはちがうが、広い意味で投資銀行業務に含まれる。株券や債券が売買されるグッドフレンドのトレーディング・フロアは、カネとリスクが飛び交う戦乱の中心地だ。トレーダーたちは秘書も執務室も持たず、企業幹部と会合することもない。それに比べると、借り手である企業や政府、いわゆる〝お得意様〟を相手にする企業金融部門は、おっとりした上品な職場だと言える。リスクと戦うことのないこの部門の社員は、トレーダーたちから腰抜けと見られていた。それでも、ウォール街の外から見れば、企業金融の世界だって、猛獣でいっぱいのジャングルなのだ)。

ぼくのささやかな演説が終わると、ソロモンの重役夫人はしばらく黙り込んだ。それから、企業金融部門で働いているのはめめしくて気取りすぎの安月給の男ばかりだ、とひと息にまくしたてた。あなたには、気概というものがないの？　一日じゅう、執務室に座っていたいの？　その歳で、もう隠居するつもり？

彼女が返答を求めていないことは明らかだった。それよりは質問のほうを好みそうだ。そこで、ぼくは質問した。ぼくに勤め口を世話する権限が、あなたにあるんですか？　このひと言で、夫人はぼくの男らしさに対する疑いを解き、帰宅したら夫に頼んでみると約束してくれた。

食事が終わり、八十四歳の皇太后が退室する段になった。全員――八百人の保険業者とふたりのソロモン・ブラザーズ取締役、その夫人たち、そしてぼく――が立ち上がり、うやうやしく押し黙る中、陛下は頼りない足取りでドアに向かって歩きだした。ぼくは最初、そのドアを裏口だと思っていたのだが、どうやらそちらのほうが宮殿の正面で、われわれの通されたのがいわば勝手口だったのだと気がついた。とにかく、皇太后はぼくらのいるほうへ歩いてきた。その後ろに、白の蝶ネクタイと燕尾《えんび》服に身を固め、銀の盆を持った、ほうきの柄みたいに背すじのまっすぐな執事が付き従う。執事の後ろには、コーギーと呼ばれる胴長の小さな犬の一団が、太った鼠の群れさながらに列を作っていた。イギリス人の目には、コーギーがかわいく映るらしい。あとで聞いた話だが、英国の王族たちはどこへ行くにもこの犬を連れ歩くのだという。

完璧《かんぺき》な静寂がセント・ジェームズ宮の大広間を包み込んだ。皇太后が近くを通りかかると、保険業者たちは礼拝出席者みたいに頭を下げる。コーギーの一団は、十五秒おきに後ろ脚を交差させ、鼠のような腹を床につけて、おじぎをするよう訓練されていた。やがて、行列は目的地に到着した。ぼくらは皇太后のすぐそばに立っていた。上位取締役夫人は顔を紅潮させた。ぼくの顔も紅潮していたに違いないが、彼女のほうがすごかった。お目に留まりたいと熱望する気持ちが伝わってくるようだった。失礼のないようにとしゃちこばる八百人の無言の衆の中にあって、やんごとなき方の注意を引く方法はいくつかあるが、一番確実なのは大声で叫ぶことだろう。夫人はまさにそうした。はっきりと叫んだのだ。

「ねえ、皇太后様、すてきな犬をお飼いですこと！」

何十人かの保険業者の顔から血の気が引いた。もっとも、その前から彼らは青白い顔をしていたので、そう書くと誇張になるかもしれない。しかし、誰もが一様にせきばらいをし、飾りひも付きの靴を履いた自分の足に視線を落とした。夫人の声を聞いた中で、露骨に不快の表情を示さなかったのはただひとり、皇太后ご自身だけだった。陛下は足をもつれさせることもなく、平然と退室した。

セント・ジェームズ宮でのこの珍妙な一瞬に、ふたつの誇り高い階層の代表が、それぞれの特質をともに遺憾なく発揮した。気まずい状況を無視の一手で雅《みやび》やかに処理した冷静沈着な皇太后陛下と、秘かにたくわえた胆力と直感に訴え、室内の力の不均衡をひと声で修正してしまったソロモンの重役夫人だ。ぼくは昔から、英国王室に、なかでも皇太后に深い親しみを感じてきた。しかし、この瞬間を境に、セント・ジェームズ宮の外野席の観客であるソロモン・ブラザーズにも、同じぐらいの愛着を覚えるようになった。ほんとうの話だ。彼らを、粗野で、無教養で、礼儀をわきまえない人種だとかたづける見かたもあるだろう。けれど、そういう部分がなければ、ぼくは引きつけられたりはしなかった。投資銀行家というものに対する同族意識を、彼らは最大限にかきたてたのだ。そして、ソロモン文化の並みはずれて強力な産物ともいうべきこの重役夫人が、夫を説き伏せ、職を与えてくれることを、ぼくは少しも疑わなかった。

ほどなく、ぼくは彼女の夫に招かれ、ソロモンのロンドン支社でトレーディング・フロアのトレーダーやセールスマンたちに紹介された。ぼくは彼らが気に入った。彼らを取り囲むせわしない勤務環境も気に入った。ところが、正式の入社要請はなく、面接試験らしいものもない。あれこれうるさくきかれなかったことから考えて、取締役夫人の言葉どおり、ソロモンがぼくを雇う気でいることは明らかだと思えた。なのに、もう一度来いとは誰も言ってくれないのだ。

数日後、もう一本の電話が入った。翌朝六時半に、ロンドンのバークレー・ホテルで、ニューヨークから来たソロモンの採用責任者レオ・コーベットと朝食をとらないかというのだ。ぼくは当然のように話に乗った。そして、五時半に起きて、朝食のためにブルーのスーツを着るという、慣れない手順を踏んだ。しかし、コーベットが差し出してくれたのは働き口ではなく、水っぽいスクランブル・エッグの皿だけだった。楽しく語り合ったが、そのことがまた不安をそそった。ソロモン・ブラザーズの求人係といえば、もっと無愛想な人種のはずだからだ。コーベットはどうやらぼくをソロモンで働かせたがっているらしいのだが、ひと言もそれを口に出しては言わなかった。ぼくは部屋に帰り、スーツを脱ぎ捨てて、また寝直した。

思い悩んだ末に、スクール・オブ・エコノミクスの同級生に事情を話してみた。自分でもソロモン・ブラザーズ入りを熱望していたその同級生は、ぼくのなすべきことをずばっと指摘してくれた。ソロモンという会社は、けっして入社の要請をしないのだという。求職者の側に拒否のチャンスを与えないための知恵だろう。会社のほうからは、ただほのめかすだけ。雇いたい意向をほのめかされた人間としては、ニューヨークのレオ・コーベットに電話して、彼の手から職をもぎ取るというのが、最良の手段のようだった。

ぼくはそれに従った。電話をして、あらためて自己紹介し、「お話をお受けするということを、お知らせしておきたくて」と言った。

「仲間に加わってくれて、うれしいよ」相手はそう言って、笑った。

これでよし。次は？

コーベットの説明によると、七月末からの研修プログラムで、ぼくの〝ブラザーズ〟での生活が始まるという。研修には、方々の大学やビジネス・スクールから集められた百二十人以上の学生が参加する。電話はそこで切れた。給料の話は出なかったし、こちらからも尋ねなかった。おいおい明らかになる種々の理由から、投資銀行の人間はカネの話をするのを好まないのだ。

日は過ぎた。ぼくは債券取引のことなど何ひとつ知らず、ということはつまり、ソロモン・ブラザーズについてもほとんど知識がないままだった。ウォール街のどの投資銀行にも増して、ソロモンは債券取引に大きな比重を置く会社なのだから……。ぼくの知識といえば、もっぱら新聞から拾ったものであり、新聞によれば、ソロモン・ブラザーズは世界一の収益を誇る投資銀行だった。それはまあ事実だろうから、その会社に職を得るまでの過程は、手放しというわけではなくとも楽しかった。けれど、終身雇用の甘い約束に気持ちが浮かれていた最初の一時期を過ぎると、トレーディング・フロアでの生活が望ましいものとばかりは思えなくなってきた。初志を貫いて、企業金融の道に進もうかという考えも頭をよぎった。

状況が許せば、レオに手紙を書いて（そのころには、ファースト・ネームで呼び合う間柄になっていた）、こんなにやすやすと会員にしてくれるようなクラブには属したくないと大見得を切っていたかもしれない。しかし、実際には、ほかに就職のあてがないという状況だった。

結局、不名誉なことではあったが、コネで手に入れたはじめてのまともな仕事に、ぼくは飛びついた。勤め口がない不名誉よりはましだ。ほかの道を通ってソロモン・ブラザーズのトレーディング・フロアにたどり着こうとすれば、不愉快な障害をいくつも乗り越えなくてはならないところだった（その年の就職希望者は六千人にのぼった）。やがて机を並べることになる同期新入社員の大半は、面接でこっぴどく痛めつけられ、身の毛もよだつようなエピソードをいくつも持っていた。英国王室に対するソロモンの奇襲に立ち会ったという珍妙な記憶以外に傷らしい傷を持たないぼくは、なんだか恥ずかしい気がしたものだ。

いいだろう。ここで白状しよう。ぼくが飢えた魚みたいにソロモン・ブラザーズのえさに食いついた理由のひとつは、すでにウォール街での求職活動の暗黒面を見せつけられた経験があり、二度とそんな思いをしたくないということだった。大学の最終学年を迎えた一九八一年、セント・ジェームズ宮で幸運を拾う三年前のことだが、ぼくはいくつかの銀行の試験を受けた。ぼくに接する試験官たちの態度は、どの銀行でもまったく同じだった。ひとつの問題に対して、ウォール街の男たちの意見があれほど完璧《かんぺき》に一致した例を、ぼくはその後も目にしたことがない。履歴書を見て、せせら笑う試験官もいた。大手の数社では、きみには営利感覚が欠けていると言われた。死ぬまで貧乏で過ごすしかないと、遠回しに宣告されたようなものだ。

ぼくはもともと急激な変化に弱いたちだが、ソロモンへの就職は生涯最大の激変だった。自分のスーツ姿を頭に描けなかったことを覚えている。それに、ブロンドの髪の銀行員というものにもお目にかかったことがなかった。ぼくが会った金融関係者はみんな、髪が黒いか、髪がまったくないかだった。ぼくはそのどちらでもない。そういうことまでが悩みの種になった。ソロモン・ブラザーズでいっしょに働き始めた人間の約四分の一は、大学の新卒者で、つまり、ぼくが落ちたような試験を通ってきていた。どうすればああいう試験に合格できるのか、ぼくにはいまだにわからない。

そのころ、ぼくは債券取引についてまともに考えたことがなかった。ぼくだけが特に無関心だったわけではない。トレーディング・フロアと聞くと、当時の大学生は、訓練されていない動物を押し込めた檻を思い浮かべたものだ。そういうイメージが、米英両国の最高等教育を受けた人々によって緩和されてきたのが、八〇年代の大変動のひとつだったと言える。ぼくを含むプリンストン大学一九八二年卒業組は、その潮流に乗るのが一番遅かった口なので、誰もトレーディング・フロアを志望しなかった。かわりに、給料の安い企業金融部門が人気を集めた。初任給は、年二万五千ドル・プラス・ボーナスといったところだ。単純計算で、時給約六ドル。肩書は〝投資金融アナリスト〟ということになる。

名前は分析家《アナリスト》でも、何かを分析するわけではない。企業金融部員の一団に奴隷として仕えるのだ。企業金融部というのは、アメリカの企業が新たに発行する株式や債券の事務処理（取引や販売は含まない）を行なう部署で、そのアナリストは、ソロモン・ブラザーズでは下の下、他の銀行では上の下のランクに位置する。いずれにしても、あわれな職種だ。アナリストたちは、コピーをとったり、校正をしたり、泣きたくなるほど退屈な書類を整理したりして、週九十時間以上働く。まじめに働くほど、上司の覚えもめでたい。

　それが名誉なことかというと、はなはだ疑わしい。上司は、お気に入りのアナリストにはポケットベルを持たせ、どんな時間にでも呼び出せるようにする。ひと握りのごく優秀なアナリストは、職に就いて何カ月もたたないうちに、普通の生活を送ろうという望みを捨ててしまう。身柄をそっくり雇い主に預け、夜昼なく働くのだ。彼らはめったに眠らず、おおむね顔色が悪い。仕事の腕が上がるにつれて、風貌《ふうぼう》は死人に近づく。一九八三年にディーン・ウィッターの下で働いていたとびきり有能なあるアナリスト（ぼくの友人で、当時はその前途洋々たる身分がうらやましかった）など、日中のやや暇な時間にトイレに駆け込み、便器に座って眠るのを日課にしていたほどだ。平日はほとんど徹夜、週末にも出勤しながら、彼はもっと働けないことに罪悪感を覚えていた。長く席をあけたことに気づかれたときのために、便秘症のふりまでしていた。アナリストとして働くのは二年だけという規定になっていて、そのあとは、ビジネス・スクールへ行かされる。多くのアナリストが、大学とビジネス・スクールの間の二年間は人生で最悪の時期だったと、あとあと述懐することになる。

アナリストは、みずからの野心の囚人のようなものだ。カネが欲しい。間違った道に足を踏み入れたくない。同種の人間たちから成功者と思われたい（こんなことが言えるのも、ぼくがかろうじて、それも単なる偶然の力で、この自縄自縛《じじようじばく》の罠《わな》を逃れることができたからに過ぎない。罠にかかっていたら、今ごろこんなことはしていないだろう。多くの仲間と同じ階段を、いまだにのぼり続けていたはずだ）。確実に先へ進める道が一本、たった一本だけあり、一九八二年には誰の目にもそれが見えていた。経済学を専攻し、その学位を使ってウォール街のアナリストの椅子を手に入れ、その椅子を使ってハーヴァードかスタンフォードのビジネス・スクールに入る。そして、そのあとのことはあとで心配するという道だ。

というわけで、一九八一年の秋と八二年の春にぼくや級友たちが自分に問いかけたことは、何よりもまず、いかにしてウォール街のアナリストになるかだった。この問いかけが、いくつかの途方もない現象を生み出す。一番最初に起こった一番めだつ現象は、狭き門へ応募者がどっと押しかけたことだろう。この事実を示す統計の数字は、いくらでもある。一例をあげよう。一九八六年のイェール大学卒業生千三百人のうち、投資銀行の試験を受けた者の割合は、ファースト・ボストン一社だけを取りあげても四十八パーセントに達する。この数字には、安心を求める心理が反映されているのではないだろうか。同じ行動をとる人間の数が多くなればなるほど、それが利口な行動なのだと自分を欺くことがたやすくなる。トレーディング・フロアに入って最初に得られる教訓は、株であれ、債券であれ、勤め口であれ、とにかく同じ商品に大人数が群がると、その商品はたちまち過大評価されてしまうということだ。しかし、残念ながら、当時のぼくはトレーディング・フロアを見たこともなかった。

第二の現象は経済学専攻者の急増で、これは当時のぼくにとって悲劇的なことだった。一九八七年のハーヴァード大学経済学部は、四十学科、学生千人を擁している。十年で三倍の規模にふくれあがったのだ。プリンストンでも、ぼくの最終学年のころには、創立以来初めて、経済学部の学生数が全学で一位となった。そして、経済学を勉強する人間が増えるのと時期を同じくして、経済学の学位がウォール街に職を得るための必須条件になっていった。

これにはりっぱな理由がある。経済学は、投資銀行家たちの最も基本的なふたつの要求を満たすのだ。まず、投資銀行家は実践的な人材を求める。実践的というのは、学歴より職歴に重きを置くことだ。経済学は最近ますます難解になり、役に立たない数理的論文ばかりを生み出して、今ではふるい分けの道具としての存在価値しかとどめていないように見える。つまり、ほんとうに好きで経済学を勉強する人間など、ほとんどいない。学問的な興味は皆無で、むしろ、自己犠牲の儀式という色合いが濃いのだ。もちろん、ぼくにはそれを証明することはできない。経済学者たちの言う場当たり的経験主義にもとづいた荒っぽい仮説だ。ぼくは傍観者として、友人たちが日に日に生気を失っていくのを見てきた。銀行家志望のもともとは頭のいい連中に、どうして経済学を勉強するのかよく尋ねたものだが、返ってくるのは、一番実践的な学問だからという答えばかりだった。その実、彼らは妙ちきりんなグラフを描くことに時間を費やしていた。いや、彼らの言うことは正しい。それだけに、いっそう腹立たしさがつのる。経済学は実践的な学問だ。就職の役に立つ。そして、それはなぜかといえば、経済が人生のすべてに優先するという信仰を持っているあかしになるからだ。

投資銀行家はまた、あらゆる排他的集団の構成員と同様、自分たちの人材採用技術の論理に一分のすきもないことを信じたがる。不適格者はけっして門をくぐれない。このうぬぼれが、自分たちの運命は自分たちの手中にあるという思い上がった信念と固く結びついている。経済学のおかげで、投資銀行の求人担当者は応募者たちの学業成績を直接比較することができる。ただひとつ不可解なのは、経済理論（それこそが経済学部の学生に求められる知識なのだが）が投資銀行の業務にほとんど役立たないという点だ。結局、採用者側は一般教養の順位付けテストとして経済学を用いていることになる。

そのヒステリーじみた経済学熱に、ぼくは感染しなかった。プリンストンであえて経済学を学ばないことにしたのは、誰もがまちがった理由で経済学に飛びついているように思えたからでもある。誤解しないで欲しい。いつかは自分で生計を立てなくてはならないということはわかっていた。ただ、ほんとうに興味をかきたてられる方向へ知力を伸ばすめったにない機会を、みすみす逃してしまうのはもったいないという気がしたのだ。それに、大学のほかの部分を利用しないのももったいない。というわけで、ぼくは学内でも一番人気のない部類に属する学科を専攻した。美術史は、経済学の対極にある学問だ。誰も履歴書に書きたがらない。経済学部の友人に、〝コネティカットあたりのお嬢さん向き〟の学問だと言われたことがある。経済学部の学生にとって、美術史の主な価値は、学業平均値をひそかに押し上げてくれるところにあった。彼らは一学期一単位の割でぼくの学科に顔を出したが、彼らの履歴書には平均値の一要素としてしか痕跡《こんせき》が残らなかった。美術史が知力を向上させるとか、知力の向上こそが教育本来の目標であるとかいう考えは、愚直で向こう見ずだと見なされた。そして、四年間の学生生活が終わりに近づくと、状況のほうがその風潮ににじり寄っていった。同級生の中には、ぼくにあからさまな同情の目を向ける者もいた。まるでぼくが不治の病に冒された患者か、うっかり清貧の誓いを立ててしまった修道僧であるかのように。浮世離れした学科にもそれなりに利点はあったが、ウォール街への切符はその中に含まれていなかった。

実のところ、美術史はぼくのかかえる問題のほんの一端に過ぎなかった。〝詩人のための物理学〟という科目の単位を落としたことや、履歴書の特技の欄にカクテル作りとスカイダイビングを挙げたことも、不利な材料にしかならなかった。ディープサウスに生まれ育ったぼくは、最初の面接を受ける数カ月前まで、そもそも投資銀行員という職種を耳にしたことがなかったのだ。

にもかかわらず、当時のぼくには、ウォール街こそ自分の居場所だというかなり強い思い込みがあった。世の中はこれ以上弁護士を必要としていないし、医者になるような能力はないし、マンハッタンの歩道を糞害《ふんがい》から守るために犬の尻《しり》に付ける小さな箱を作るという新事業（うたい文句は「糞便は勘弁！」）には出資者が寄りつきそうにない。まあ、心の奥の奥にあったのは、知り合いの誰もが席を予約しているらしい急行バスに乗り遅れまいという気持ち、次のバスが来なかったらどうしようという恐《おそ》れだったのだろう。大学を出て何をするというはっきりした考えはなく、ただウォール街なら何の取り柄もないぼくに高い給料を払ってくれそうだという甘い期待だけがあった。あさはかな動機だ。それ自体は嘆くほどのことでもないし、自分がその職に値するという確信がかすかにでもあれば、強みに変えることさえできる。ところが、ぼくには確信がなかった。同級生の多くは、学校教育のかなりの部分をウォール街のために犠牲にしてきていた。ぼくは何の犠牲も払っていない。北東部のプレップ・スクール出身者ばかりが覇を競っている戦場へ、白いリンネルのスーツを着た南部の少年が迷い込んできたようなものだ。

要するに、すんなり投資銀行に入れる見込みはなさそうだった。それを悟ったのは、一九八二年の求職活動の皮切りとして、ウォール街のリーマン・ブラザーズの面接試験を受けた直後だ。その面接にこぎつけるために、ぼくはほかの五十人ほどの学生とともに深さ六インチの雪の中に立ち、プリンストン大学就職相談室の開場を待たなくてはならなかった。その冬の間じゅう、マイケル・ジャクソンのコンサートの切符売場さながらに、相談室には徹夜で順番を取る種々雑多な学生たちが列を作っていた。ようやく扉が開くと、ぼくらはどっと駆け込み、リーマンの面接日程表のあいた部分に自分の名前を押し込んだ。

投資銀行で働く心構えはできていなかったくせに、妙な話だが、面接の準備は整っていた。投資銀行面接サバイバル・キットの一部として、プリンストンの学生の間に広く知れ渡っているいくつかの必須事項を暗記したのだ。投資銀行志願者は一般常識に精通していることを求められる。例えば、一九八二年には、最低限、次のような用語を定義できなくてはならな

「直接引受け」「債券」「株式」「重労働」「野心」「投資銀行」「商業銀行」「パートナーシップ」「グラス・スティーガル法」

グラス・スティーガル法は連邦議会で定められた法律だが、施行の効果は神の掟《おきて》に近かった。人類を真っぷたつに引き裂いてしまったのだから。アメリカの立法者たちは、一九三四年のこの法律の力で、投資銀行業務を商業銀行業務からもぎ離した。以来、投資銀行は株式や債券などの証券類の引き受けに専念する。シティバンクのような商業銀行はもっぱら預金を集め、それを貸し付ける。つまりは、この法律が投資銀行家という職種を創り出したことになる。世界史の流れの中で最も重大な出来事だ。少なくとも、ぼくはそう信じ込まされた。

この法律の実効性を支えたのは排他の原理だった。グラス・スティーガル法以後、大半の人間が商業銀行を志した。今のぼくに商業銀行員の知り合いはひとりもいないが、商業銀行で働く人間は、まっとうなアメリカの野心を持つまっとうなアメリカのビジネスマンと目される傾向がある。日々、南米諸国に数億ドルの金を貸し付けているが、害意があってのことではない。果てしない指揮系統の上位にいる誰かから下った命令を、そのとおりに遂行しているだけだ。商業銀行員の品行方正ぶりは、ダグウッド・バムステッドをもしのぐ。妻とステーション・ワゴンと二・二人の子ども、それに、六時に帰宅するとスリッパをくわえてきてくれる犬が一匹……。ぼくらはけっして、投資銀行員の前では、商業銀行を併願しているなどとは言わなかったが、実際には多くの学生がふた股《また》をかけていた。商業銀行は、綱渡りをするときの安全ネットだった。

投資銀行員は、取引の世界のサラブレッドともいうべき特別な種族だ。桁《けた》はずれの才能と野心を持っている。犬を飼うとすれば、猛犬を選ぶだろう。赤いスポーツカーを二台所有したとしても、さらにもう二台欲しがるだろう。それを手に入れるために、彼はスーツを着ている人間にはおおよそ似つかわしくないトラブルを好んで引き起こす。例えば、ぼくみたいな就職前の学生にいやがらせをして楽しむのだ。投資銀行員の間には、〝無理難題方式〟として知られる面接テクニックがある。リーマンのニューヨーク本社に面接に呼ばれたとすると、まず最初に、窓をあけなさいと試験官に言われる。試験場は、ウォール街を見下ろす四十三階の部屋だ。窓は密閉されている。ポイントはもちろんそこにある。試験官が見たいのは、指示に従えないと知ったときの受験者の反応だ。懸命に窓を押したり引いたりし、とめどなく汗を流して、ついえた野心の水たまりに溶け入ってしまうか。それとも、うわさに聞くある気の毒な受験者みたいに、椅子で窓ガラスをぶち破るか……。

もうひとつ、〝だんまり方式〟というのがある。面接室に入っていくとする。試験官は椅子に座ったまま、何も言わない。あいさつをすると、こちらをにらむ。面接を受けに来ましたと言うと、なおもにらむ。その場しのぎのつまらない冗談を言うと、にらんだまま首を振る。受験者はやきもきする。そのうち、試験官は新聞を（ひどいときには、こちらの履歴書を）取り上げ、読み始める。

商談の主導権を握る能力が試されているわけだ。この場合には、椅子を窓に投げつけるのもひとつの回答になるのではないだろうか。

〈ぼくは投資銀行で働きたい。リーマン・ブラザーズは最高の投資銀行だ。ぼくは金持ちになりたい〉指定された日の指定された時刻に、面接室の外で汗ばんだ両手をこすり合わせながら、ぼくはそういう呪文めいたスローガン（半分は真実だが）だけを頭にめぐらそうと努めていた。離陸に備える宇宙飛行士みたいに、装備をすばやく点検する。ぼくの長所……頑張り屋で、チーム・プレーヤーで、人付き合いがいい。ぼくの弱点……熱意が過剰で、自分の属する組織のために速く動きすぎる傾向がある。

ぼくの名前が呼ばれた。リーマンの面接は、ふたりの試験官によって行なわれる。ひとりでさえ手ごわい相手なのに、ふたりというのは荷が重すぎた。

いい兆候。リーマンは男女ひとりずつの試験官をプリンストンに送り込んできていた。男のほうは知らないが、女のほうはプリンストンの卒業生で、ぼくの古い友人だった。こんな所で会えるとは……。これは、勝ち残れるかもしれない。

悪い兆候。ぼくが入っていっても、彼女はほほえむどころか、ぼくを知っているそぶりすら見せなかった。あとで本人から聞いたが、親しげなふるまいはプロフェッショナルとしてご法度《はっと》なのだそうだ。握手を交わすときも、彼女の態度は試合前のボクサーを思わせた。まるでゴングを待つように、彼女は自分のコーナーにしりぞいた。ブルーのスーツと小さなボウタイというでたちで、すまして座っている。相棒は二十二歳ぐらいのいかり肩の若い男で、ぼくの履歴書のコピーを手にしていた。

ふたり合わせても、投資銀行での勤務経験は二年に満たないはずだった。大学で行なわれる投資銀行の面接試験の最もばかげた点は、派遣されてくる試験官の質にある。彼らの多くはウォール街で働き始めて一年にもならず、そのくせウォール街人種の気取りをしっかり身につけている。彼らの好んで使う言葉のひとつが、〝プロフェッショナル〟だ。しゃちこばって座り、力を込めて握手し、てきぱきとしゃべり、冷たい水をちびちび飲むのがプロフェッショナル。大声で笑ったり、脇《わき》の下を掻《か》いたりするのはアマチュアということらしい。ぼくの友人とその相棒は、プロフェッショナルになることの悪しき実例その一だ。ウォール街に一年いただけで、すっかり別の生き物に化けてしまっている。七カ月前には、ブルー・ジーンズをはき、野暮なスローガン入りのTシャツを着たこの友人の姿を、キャンパスで見ることができただろう。彼女はいつも適量以上のビールを飲んでいた。言いかえれば、きわめて大学生らしい大学生だったわけだ。その彼女が今、ぼくのオーウェルふうの悪夢でちょい役を演じている。

若い男が冷たい金属の机の向こうに座り、ぼくに質問を浴びせ始めた。この対決について述べるには、ぼくらの間で交わされた会話らしきものを、記憶の許すかぎり正確に再現するのが、おそらく最良の方法だろう。

〈いかり肩の若い男〉　商業銀行と投資銀行のちがいを説明してくれませんか？

〈ぼく〉　〈早くもここで、第一の失敗を犯す。投資銀行家を持ち上げ、商業銀行家の短い労働時間としみったれた野心をあげつらう機会を、とらえ損な

ったのだ）
投資銀行は証券を引き受けます。つまり、株券とか債券です。商業銀行は融資だけを行ないます。

〈いかり肩〉美術史を専攻したようですね。なぜです？　就職の心配はしなかったのですか？

〈ぼく〉（プリンストンの美術史学科の学習要綱にのっとって）まあ、一番興味のある分野でしたし、この大学の美術史学科は内容がとても充実していますからね。プリンストンには職業訓練の制度はないので、何を専攻に選ぼうと、職を探すうえでたいしたちがいはないだろうと思ったのです。

〈いかり肩〉アメリカのＧＮＰの額を知っていますか？

〈ぼく〉正確なところは知りません。五千億ドルぐらいじゃないですか？

〈いかり肩〉（ぼくが友人だと思っていた女のほうへ、意味ありげな視線を投げて）三兆ドルと言ったほうが近いでしょうね。われわれは、募集定員ひとりにつき数百人の学生に面接します。あなたは、専門知識を持った多数の経済学専攻の学生諸君とせり合っているわけです。なぜ、投資銀行に入りたいのですか？

〈ぼく〉（正直に答えるなら、わかりませんと言うべきところだが、それでは通

らないだろう。迷ったあげく、相手が聞きたがっていると思われる答えを言った）

そうですね、単刀直入に言えば、カネを稼ぎたいからです。いい理由とは言えませんね。長時間労働を強いられますから、金銭的な動機以上のものがないとやっていけません。確かに、われわれは働きに見合う高額の報酬を得ています。しかし、率直なところ、金銭に興味を持ちすぎる方には、この仕事はお勧めしないようにしているのです。面接を終わります。

〈いかり肩〉

面接を終わります？　その言葉が耳に響き渡った。失点を取り返すいとまもなく、ぼくは面接室の外に立ち、次の受験者が尋問にさらされるのを、冷や汗をかきながら聞いていた。金銭への愛着の表明が、投資銀行員に快く受け入れてもらえることを、ぼくは露ほども疑っていなかった。フォードの社員が車を作るように、投資銀行員はカネを作って生計を立てていると考えていたのだ。アナリストは他の投資銀行員ほど高給取りではないにしても、少しばかりの金銭欲はあって当然ではないか。リーマンから来たあのいかり肩の若い男は、なぜあんなことに腹を立てたのだろう？　リーマンに就職の決まったある友人が、あとで謎解きをしてくれた。

「それは禁句なんだよ。なぜ投資銀行に入りたいのかときかれたら、やりがいのある仕事だからとか、取引の緊張感を味わいたいからとか、腕の立つ人たちといっしょに仕事をしたいからとか、そんなふうに答えるもんだ。まちがってもカネという言葉を口にしちゃいけない」

新たなうそを覚え込むのは簡単だった。そのうそを信じるかどうかとなると、話は別だが。それ以後、投資銀行の人間に志望の動機をきかれるたびに、ぼくは迷わず穏当な答えを返した。やりがい、有能な人材、取引の緊張感……。そんな答えにはまったく信憑性《しんぴょう》がないと確信できるまでに、数年を要した（ソロモン・ブラザーズの取締役夫人と話したときでさえ、似たようなきれいごとを並べた記憶がある）。金銭が動機として大きな力を持たないなどというのは、もちろん根も葉もないうそっぱちだ。しかし、一九八二年のプリンストン大学就職相談室の中では、真実は職を得る妨げでしかなかった。ぼくは銀行員たちにへつらったと同時に、彼らの偽善者ぶりに憤りを覚えた。いくら無知な時代だとはいっても、ウォール街における金銭の重大さに口をぬぐっていたのは、当のウォール街の人間たちぐらいのものだ。

憤りは同時に、心の慰めでもあった。ぼくは慰めを必要としていた。プリンストンを卒業したとき、ぼくには勤め口がなかったからだ（ソロモンは面接さえしてくれなかった）。それからの一年、三つの職場を渡り歩いたが、自分が勤めに向かない人間であることをみずから証明し、結果的に投資銀行側の評価の正しさを裏付けるはめになった。彼らの拒否が不当だったとは思わない。ただ、拒否のしかたが気に入らなかっただけの話だ。ウォール街からの不合格通知の束は、投資銀行の求人担当者たちがぼくの愚直さにも実務能力にも（このふたつの資質の間には、べつに関連性はない）買い気をそそられなかったという事実以外、あまり多くのことを教えてくれなかった。型通りの質問には型通りの答えが期待されているのだ。うまく運んでいる面接試験は、受け答えが修道院の詠唱のように聞こえる。かんばしくない面接試験は、まるで衝突事故だ。リーマンがぼくに対して行なった面接は、単なる個人的体験にとどまらず、一九八一年以降に数十の大学のキャンパスで十数社の投資銀行によって実施された数千の試験を代表するものだった。

しかし、この話にはめでたい落ちがついている。リーマン・ブラザーズはやがて転覆してしまうのだ。債券取引部門と企業金融部門の対立が高じて、会社は一九八四年初頭に崩壊に追い込まれる。抗争はトレーダーたちの勝利に終わったが、由緒あるリーマンの館は住むに耐えない廃屋となっていた。会社はシェアソンに買収され、主立った共同経営者たちは、同じウォール街にある買収元へ頭を下げて入っていくしかなかった。リーマン・ブラザーズの社名はウォール街の名刺から永遠に姿を消すことになった。『ニューヨーク・タイムズ』でその記事を読んだとき、キリスト教徒としてはほめられたことではないが、ぼくは「いい気味だ」と胸の中でつぶやいた。カネを稼ぐために働いているのだと認めたがらなかったことが、リーマンの不運の直接の原因かどうかは、ぼくの知るところではない。

3　社風を愛することを学ぶ

みずからを野獣に仕立てる者は、人間であることの痛みを免《まぬが》れる。
——サミュエル・ジョンソン

ソロモン・ブラザーズでの第一日めに感じたこと、見聞きしたことは、ほぼ正確に覚えている。冷たいわななきが周囲にさざ波を立て、俸給《サラリー》付きの学生という身分に甘やかされた肉体は、まだ眠りの感覚をとどめていた。無理もない。午前七時までに出社すればよかったのに、早起きをして、ウォール街をひと回りしてきたのだ。この通りを見るのは初めてだった。ほんとうに川で始まり、墓地で終わっていた。その間に、きわめつきのマンハッタンがあった。開いたマンホールのふたや路面のくぼみやごみの塊のあいだを縫って、タクシーが走り回る狭くて深い谷。眉間《みけん》にしわを寄せたスーツ姿の男たちの大軍が、レキシントン街の下を走る地下鉄からあふれ出し、曲がりくねった歩道を行進する。裕福な見てくれの割に、彼らの顔色はさえない。いかにも深刻そうだ。少なくとも、ぼくの心構えに比べると……。ぼくの胸の内にあるのは、何かが始まるときにいつも感じるほのかなときめきだけだった。こう言うと変だが、働きに行くというより、宝くじの賞金でももらいに行くような気分だった。ソロモン・ブラザーズはロンドンのぼくの所に手紙をよこして、給料をＭＢＡ（経営学修士）並みの——ぼくはＭＢＡを取っていなかった——年四万二千ドルとし、六カ月勤めた時点で六千ドルのボーナスを加算すると通知してきた。そのころのぼくは、四万八千ドルの年収をけちくさいと感じるような教育は受けていなかった。給与水準の低いイギリスでこの知らせを受け取ったせいで、ソロモンの気前のよさがいっそうきわだった。物質的なことへの関心も高いロンドン・スクール・オブ・エコノミクスのさる教授は、ぼくの初任給の額を聞いて、目を丸くし、のどを鳴らした。彼の稼ぎの倍だったのだ。かたや、学問の世界の頂点に立つ四十代半ばの知名士。かたや、業界の長い階段をこれからのぼろうという二十四歳の駆け出し。世の中はまったく不公平ではないか。ありがたい話だが。

当時はあまり意識しなかったのだが、そのカネがどこから来るのかということは、ここで説明しておく価値があるだろう。一九八五年に、ソロモン・ブラザーズは社員ひとり当たりの収益で世界一におどり出た。少なくとも、ぼくはくり返しそう聞かされた。一見してなるほどと思えたので、わざわざ確認しようとは考えなかったが……。ウォール街は沸き立っていた。そして、わが社はウォール街で一番の収益をあげていた。

ウォール街は株券や債券が行き来する通りだ。七〇年代終盤、アメリカの超放任政策と金融新時代の幕あけにあたって、債券のことをどの会社よりもよく知っていたのがソロモン・ブラザーズだった。債券をどう評価するか、どう取引するか、どう売るか。債券市場の中でたったひとつ、ソロモンの完全支配の網をのがれていたのがジャンクボンド（高リスクの高利回り債券）の分野で、このことについてはあとで述べるが、当時は、いろいろな点でソロモンと似たところのあるドレクセル・バーナム社の独占商品だった。といっても、七〇年代終わりから八〇年代初めにかけての時点では、ジャンクボンドの売買高はごくわずかだったので、事実上、ソロモンが債券市場全体を支配しているようなものだった。ウォール街のほかの会社がソロモンの独占に手をこまねいていたのは、利益の面でも、信用の面でも、債券取引がさほど魅力的な業務ではなかったからだ。利益をあげるには、企業のために株を売って資本金をかき集め続ける必要があった。信用を高めるには、企業のＣＥＯ（経営責任者）の知り合いを増やし続ける必要があった。ソロモンは、社会的にも、財政的にも、はずれ者だったわけだ。

とまあ、ぼくは聞かされた。口伝えの情報しかないので、立証するのはむずかしい。しかし、四〇年代半ばから七〇年代に至るまでウォール街きっての債券アナリストと言われたソロモン・ブラザーズのシドニー・ホーマーが、一九七七年にウォートン・ビジネス・スクールで行なった講演で最初に笑いを取ったくだりなど、時代の雰囲気をよく表わしている。

「この仕事をしていると、がっくり来ることがあります。カクテル・パーティーなどで、美しいご婦人がたが詰め寄ってきて、わたしに市場についての意見を求めたりしますが、わたしの専門が債券だとわかると、皆さん音もなく遠ざかっていくのです」

あるいは、情報がないという事実そのものを考えてみるといい。ニューヨーク市立図書館には、ボンド（債券と結合の両方の意味がある）についての本が二百八十七冊あるが、その大半は化学の本だ。そうでないものには、退屈な数字が羅列され、『債券戦線異状なし』『投資家のための低リスク戦略』などというタイトルが付いている。要するに、手に汗握ったり、椅子に釘付《くぎづ》けになったりするような心躍る読み物ではない。社会的影響力を持つと自任する人々は、往々にして回顧録とか自叙伝とかいう形で紙の上に足跡を残したがるものだ。ところが、株式市場をめぐる回顧録や自叙伝がずいぶんと目につくのにくらべて、債券市場のほうはほぼ音なしと言っていい。文化人類学者から見ると、債券取引に携わる人種は、アマゾンの奥地に住む文字を持たない部族と同じくらい資料の少ない研究対象なのだ。

理由のひとつとして、債券市場には高学歴層の人間がいなかったことが挙げられるが、そのことはまた、債券というものがいかに不人気だったかを裏付けている。ソロモン・ブラザーズで最後に学位調査が行なわれた一九六八年には、二十八人のパートナーのうち十三人が大学に行っておらず、小学校を出ていない者もひとりいた。その集団の中では、ジョン・グッドフレンドはインテリのほうだったが、それでも、彼はハーヴァードの試験に落ち、最終的にはオバーリン大学を（平凡な成績で）卒業したのだった。

債券トレーダーについての最大の神話、つまり八〇年代におけるウォール街の爆発的な繁栄についての最大の誤解は、彼らが大きなリスクを冒して大金を稼いだという通念だろう。実際にそうした人間は少ない。もともと、トレーダーという職種には若干のリスクがつきものだ。しかし、ほとんどのトレーダーは売買を仲介して手数料を取るだけの役に徹している。

彼らの富の源を、カート・ヴォネガットが見事に要約してくれている（といっても、本来は弁護士について述べた部分なのだが）。

「財宝がある人物の手を離れ、なおかつ受取人の手にはまだ渡っていないという魔法の瞬間がある。目はしのきく弁護士［これを債券トレーダーと読み替える］はこの瞬間をわがものとし、百万分の一秒だけ財宝を所有して、ほんの一部を懐に入れたうえで受取人の手に渡すのである」

つまり、ソロモンは一回ごとの金融取引からわずかな口銭を得る。正当な報酬だ。ソロモンのセールスマンが、五千万ドル相当のＩＢＭの新発行債券をＸという年金基金に売ったとする。セールスマンにその債券を供給したソロモンのトレーダーは、販売額の八分の一パーセント、すなわち六万二千五百ドルを手にする。その気になれば、取りぶんを多くすることもできる。株式と違って、債券市場では手数料率を明示する必要がないからだ。

さて、ここからがおもしろい。ＩＢＭ債の所在地と持ち主の気質を頭に入れてしまえば、飛び抜けて頭の回転の速いトレーダーでなくとも、その債券（財宝）をもう一度動かすぐらいの知恵は働く。魔法の百万分の一秒を、自分の手で創り出すのだ。例えば、配下のセールスマンのひとりをＹという保険会社に差し向け、ＩＢＭ債には年金基金Ｘが支払った額以上の価値があることを納得させる。それが真実かどうかは二の次だ。トレーダーはＸから買い戻した債券をＹに売って、また八分の一パーセントを稼ぎ、年金基金のほうも短期間にささやかな利益をあげて喜ぶ。

この過程で、売る側と買う側の両方が財宝の値打ちを知らないとしたら、仲介者は大助かりだ。トレーディング・フロアの男たちは、たとえ大学を出ていなくとも、他人の無知につけ込むことにかけては、博士号を持っている。どんな市場にも、ポーカーのゲームと同様、だまされ役がいるものだ。鋭敏な投資家ウォーレン・バフェットの好んだ言い回しを借りると、市場のだまされ役の存在に気づかないプレーヤーこそ、その市場のだまされ役だということになる。債券市場が長い休眠状態から覚めた一九八〇年には、多くの投資家が、そしてウォール街の銀行筋までもが、誰が新しいゲームのだまされ役なのか、見当もつかないありさまだった。ソロモンの債券トレーダーたちは、それを仕事にしているだけあって、だまされ役を知っていた。市場を知るということは、ほかの人間の弱みを知るということだ。債券を本来の価値より安く売ったり高く買ったりする人間を、彼らはだまされ役と呼ぶ。債券の価値とは、それを正当に評価できる人間が納得して支払う額のことだ。そして、ソロモンは債券を正当に評価できる会社だった。これでぼろ儲けのサイクルが完成する。

しかし、ソロモン・ブラザーズが特に八〇年代に高収益をあげた理由の説明としては、これではまったく不十分だ。ウォール街で利益をあげるというのは、七面鳥の腹に詰められた料理を食べる行為にやや似ている。権力機構の上位にある誰かが前もって料理を詰めておいてくれなくては、食べるにも食べられない。八〇年代の七面鳥には、これまでになくふんだんに料理が詰め込まれていたのだ。そして、債券の専門家であるソロモン・ブラザーズは、ほかの会社が食事の始まったことにすら気づかないうちに、二度、三度とおかわりをすることができた。

料理を詰めてくれた情け深い料理人のひとりは、連邦準備制度理事会（FRB）だった。皮肉な話だ。八〇年代のウォール街の過剰な繁栄ぶりを誰より苦々しく思っていたのが、FRBのポール・ボルカー議長だったのだから。一九七九年十月六日に行なわれたためずらしい土曜日の記者会見で、ボルカーは通貨供給を景気の循環と連動させない方針を明らかにした。貨幣の供給量を固定し、金利を変動させるというのだ。これこそ、債券マンの黄金時代の幕あけを告げる事件だった、とぼくは思う。ボルカーがその過激な政策転換を強行しなかったら、世の債券トレーダーたちはいまだに不遇をかこっていたことだろう。実際には、この金融政策の変化は金利の激変を意味する。債券価格は金利と完全に反転した動きをとるので、金利が激変すれば、債券価格も逆向きに激変するわけだ。ボルカーの会見の前までは、債券は無難な投資手段であり、投資家は株式市場の危険な波にさらされたくない資金をこの安全な市場に預けた。ところが、会見後、債券は投機の対象となり、単なる貯蓄よりは資産作りの手段となった。債券市場は一夜にして、ひなびた保養地からカジノに姿を変えたのだ。ソロモンには取引の注文が殺到した。この新しい業務をさばくために、多くの新人が四万八千ドルの初任給で雇われることになる。

ボルカーが金利のたがをはずしたあとを受けて、新たな料理人が七面鳥の詰め物に取りかかった。アメリカの借り手たちだ。八〇年代には、アメリカの政府、消費者、企業が、それまで以上の勢いで金を借りまくった。すなわち、債券の量が爆発的に増大した（逆の見かたをすれば、投資家たちがそれまで以上に金を貸したがったということだ）。一九七七年の負債総額は三者合わせて三千二百三十億ドルで、その大半は債券ではなく、商業銀行からの借入れだった。それが一九八五年になると、三者の負債はなんと七兆ドルに達する。しかも、ソロモンをはじめとする金融業界の起業家の存在と商業銀行の弱体化のせいで、負債額に占める債券の割合が以前よりはるかに大きくなった。

というわけで、債券価格の変動性が高まったばかりではなく、取引される債券の数そのものが増えた。ソロモン・ブラザーズの内部に、トレーダーの能力を高めるような変化が起こったわけでもないのに、規模の面でも、頻度の面でも、取引はふくれあがった。以前はトレーダーの帳簿を通じて週に五百万ドルの商品を動かしていたソロモンのセールスマンが、今では一日に三億ドルを動かすようになった。トレーダーも会社も潤い始めた。そして、はた目にはどうにも不可解なある理由から、ぼくのような学生たちを雇い入れるのに儲けの一部を投じることにしたのだった。

ソロモン・ブラザーズの研修授業は、マンハッタンの南東端にある本社ビルの二十三階で行なわれた。とうとう、ここでぼくの職歴が始まるというわけだ。見渡したところ、展望は厳しそうだった。ほかの研修生たちはもう何時間も会社にいるように見えた。事実、大半の人間が、同僚に差をつけようと数週間前から出社していたのだ。ぼくが研修会場に入っていくと、廊下や教室後方の休憩所にいくつも雑談の輪ができていた。さながら家族の再会だ。誰もが顔見知り。すでに派閥が形成されていた。いいロッカーはすべてふさがっていた。新顔には猜疑《さいぎ》の目が向けられる。〝合格〟するのは、つまりソロモンのトレーディング・フロアに抜擢《ばってき》されるのは誰か、落ちこぼれるのは誰か、早くも評価が固まりつつあるようだった。

休憩所の片隅で、一団の男たちが輪になってゲームに興じていた。そのときは知らなかったが、今思うと、それがうそつきポーカーだった。彼らは笑い、罵声《ばせい》を飛ばし、横目で探り合い、おおむね盟友同士のように、いっぱしのトレーダーのようにふるまっていた。全員がベルトをしていた。ぼくが速やかにソロモン・ブラザーズの雰囲気になじむことをあきらめてしまったのは、たぶんそのベルトを見たときだ。ぼくはこの日のために、金色の＄マークの入った真っ赤なサスペンダーをしてきていた。投資銀行員になりきろうと意気込んだのだ。それがまちがいだった。あとで、研修仲間のひとりが善意の忠告をしてくれた。

「そんな格好をトレーディング・フロアにさらさないようにしろよ。サスペンダーをしても許されるのは、重役連中ぐらいのものだ。きみの姿をひと目見たら、みんな、〝あの新米野郎は何様のつもりなんだ？〟って言うぞ」

同じ第一日めの朝、教室に入っていくと、女の研修生のひとりが接続の悪いらしい電話に向かってどなっていたことも覚えている。うだるような七月のさなかだというのに、電話中のそのやや太めの女性はツイード地のベージュのスリーピース・スーツに身を固め、ちょっと大きすぎる白のボウタイを締めていた。受話器を片手で押え、小人数の女たちの集団に向かってまくしたてる。

「ねえ、スーツ六着、七百五十ドルで作ってくれるって。上等の生地よ。それに、値段も手ごろ。こんなに安くは手に入らないわよ」

これでわかった。ツイードを売るだけのために、彼女はツイードを着ているのだ。研修クラスそのものが格好の市場であることを、鋭く見抜いたのだろう。小遣い銭に事欠かず、うまい話に目がなく、衣裳《いしょう》棚にはエリートふうの服を並べるすきまがあるという購買者層……。そこで、東洋系の低賃金縫製工場に、冬着を大量に卸してくれるよう交渉しているというわけだ。ぼくの視線に気づいた彼女は、少し時間をくれれば〝紳士もの〟も手配できると持ちかけてきた。けっして、からかいの口調ではなかった。そういうわけで、同僚研修生の中でぼくに初めて言葉をかけてくれたのは、商売っ気の旺盛《おうせい》なこの女性だった。いかにもソロモン・ブラザーズらしい歓迎のあいさつではないか。

休憩所の一番暗い隅から、ほのかな希望の光が差していた。ソロモン・ブラザーズにも規格をはみ出した人生観の持ち主が存在するという最初の徴候だ。太った若い男が床に大の字に寝そべっている。どう見ても熟睡中らしい。シャツはすそがはだけ、しわだらけだ。ボタンのはずれた所から、白鯨を思わせるおなかがのぞいている。口は、ぶどうを房ごと呑《の》み込もうとするように、大きく開いていた。彼はイギリス人だった。ロンドン支社への配属が決まっていて、あまり将来を思いわずらう必要がない身の上だということが、あとからわかった。ほとんどの研修生と比べて、彼は世間慣れしていた。会社から子ども並みの扱いを受けることに、絶えず不満を漏らした。ロンドン市場でまる二年働いてきた彼には、研修プログラム自体がばかばかしいものに思えたのだろう。そこで、彼はマンハッタンを夜遊びの場と見なし、昼間の時間を疲労回復に振り向けることにした。かくして、コーヒーをがぶ飲みし、教室の床で眠るその姿が、多くの新しい同僚にとって、彼のぬぐいがたい第一印象となった。

百二十七名を擁する一九八五年度の研修クラスは、世界一の収益を誇るトレーディング・フロアに一年ごとに押し寄せる人材の波のひとつだった。ぼくらのクラスは、人数において ソロモンの過去の研修の規模をはるかにしのいでいたが、次の年にはさらにその倍の新入社員が研修を受けた。補助職員と専門職(われわれは、なんと〝専門職〟なのだ)の比率は五対一だったから、研修社員百二十七人に対して、六百三十五人の補助職員を雇い入れることになる。社員数三千人ちょっとの会社としては、劇的な数の増えかただ。過度の増員はいつか会社の首を絞めかねないし、われわれ雇われる側の目から見ても、植物に大量の余分な肥料を振りかけるような不自然さが感じられた。どういうわけだか知らないが、経営陣はわれわれとはちがう見かたをしていたようだ。

振り返ってみるとはっきりわかるが、ぼくのソロモンへの入社の時期は、たまたまあの神聖な組織が失墜し始めた時期と重なっていた。どこへ行っても、地盤が揺らぎかけていることに気づかされた。ひとりの力で機械の崩壊を早められるほど、ぼくは大きな歯車ではなかったが、会社がぼくのような風来坊を戸口に立たせたこと自体、そもそも要注意の徴候だった。警報が鳴り響いたことだろう。彼らは自社の持ち味を見失っていたのだ。ぼくよりは営利にさとい同僚たちでさえ――いや、スーツを売っていたあの女性のように、営利にさとい同僚たちだからこそというべきか――、ソロモン・ブラザーズに一生をささげようというような気持ちは持ち合わせていなかった。もちろん、ぼくもだ。

会社を志願するに至った動機以外に、ぼくらを会社にしばりつけるものはなかった。動機とは、カネと、ほかにやりがいのある仕事はないという奇妙な信念だ。永続的な忠誠心など、どこをさがしてもない。三年以内に、同期生のうち七十五パーセントが会社を去ることになる（ちなみに、それ以前の研修クラスでは、三年後にも平均して八十五パーセントが在籍している）。距離を保つことに熱心なこの異人種の群れをごっそり受け入れた会社は、大量の異物をとり込んだ胃袋のように、そのうちけいれんの発作に見舞われる。

ぼくらは逆説的な存在だった。市場で取引をするために、隣りの人間より賢く立ち回るために、縮めて言えばトレーダーになるために雇われた。ところで、有能なトレーダーに、最良の仕事をするこつを尋ねてみるがいい。ありきたりの知恵の裏をかくことだという答えが返ってくるだろう。いいトレーダーは常に予想のつかない行動をとる。それにひきかえ、ぼくらの行動は情けないぐらいに見え透いている。ソロモン・ブラザーズを志願するというのも、正気の範囲内でカネに飢えた人間なら誰もが考えることだ。処世の枠を打ち破れないぼくらに、市場の枠が打ち破れるだろうか？　就職市場もまた、市場のひとつなのだ。

ぼくらはその大男の講師に対して、ほかの講師に対するのと同じくらい従順にふるまった。つまりは、あまり従順ではなかったということだが。その日の午後はずっと、彼が講師を務めることになっていた。すなわち、細長いテーブルと教壇と黒板のある長さ十ヤードの塹壕《ざんごう》に、三時間閉じ込められるわけだ。その溝の中を行ったり来たりしながら、彼は時折床に視線を落とす以外は、威嚇するようにぼくらをにらみつけていた。二十二列に並んだ椅子を、白いシャツを着た白人の男たちが埋め、ちらほらとブルーのブレザーの女たちの姿も見え、黒人がふたりと日本人の一団も交じっている。ニューイングランドのクラム・チャウダーを思わせる壁と床の鈍い色合いが、研修室の雰囲気を決定づけていた。片側の壁に、ニューヨーク港と自由の女神を一望する細長い切れ目のような窓があいていたが、ながめを味わうにはすぐそばの席に座らなくてはならず、運よく座れたとしても、うっとり見とれている暇はなかった。

ならして言えば、そこはオフィスというより監獄に近かった。室内は蒸し暑い。椅子のクッションは人工芝ふうのどぎつい緑色で、一日の講義が終わって立ち上がろうとすると、ズボンの布地がこちらの尻《しり》とそのクッションの両方にぺったり貼《は》りついているという具合だ。昼食に脂くさい大きなチーズバーガーを一個口に詰め込んだだけで、講師に対してはささやかな社会学的興味しか持てず、ぼくは眠気に押しつぶされそうになっていた。五カ月の研修プログラムが始まってまだ一週間しかたたないというのに、もう消耗しきった気分だった。ぼくは椅子に深く腰を沈めた。

大男の講師は、ソロモンでも指折りの債券セールスマンだった。テーブルには電話機が置いてあり、債券市場が荒れだすといつでもベルが鳴ることになっていた。歩きながら、大男は両腕を体にぴったりと付け、脇の下に広がりつつある半月形の汗のしみを隠そうとした。

肉体の汗か、神経の汗か？　たぶん、神経のほうだろう。無理もない。心の底にある信念を公の場にさらし、そうすることで、これまでのどの講師にも増して自分を無防備の状態に置いているのだから。ぼくのように彼の講義を退屈に感じている人間は、少数派だった。彼はうまく聴衆をつかんでいた。後列のほうの研修生も話に聞き入っている。いつものように『ニューヨーク・タイムズ』のクロスワード・パズルに熱中する者もいなかった。大男は競争に勝ち残るすべを語っているのだった。

「諸君は、ソロモン・ブラザーズをジャングルのようなものだと考えるべきだ」歯切れがよすぎてかえって聞き取りにくい声で、彼はそう言った。「トレーディング・フロアはジャングルだ。そして、諸君はジャングルのボスのために働く。成功を収められるかどうかは、ジャングルで生き延びる技術の修得いかんにかかっている。諸君はそれをボスから学び取るのだ。かぎはボスが持っている。ここで、ふたりの人間を、一方には案内人を付け、一方には何も持たせずに、ジャングルのまんなかにほうり出したと仮定しよう。ジャングルの中では、危険が次々と降りかかってくる。ジャングルの外では、テレビがＮＣＡＡの決勝戦を映し、大きな冷蔵庫にはバドワイザーがいっぱい……」

この講師は、一九八五年度ソロモン・ブラザーズ研修クラスを掌握する秘訣《ひけつ》を発見していた。後列にいる聴衆の耳と心を引き付けること。研修が始まって三日めぐらいから、後列の研修生たちは折あらば講義をかき乱そうとしてきた。講師に対して特に悪意を持たない場合ですら、これ見よがしに眠ったり、前列の優等生連中に紙つぶてを投げたりする。何かの理由で講師が気に入らなかったりすると、大騒ぎが始まるのだ。今は違う。ジャングルの太鼓の音が、後列に素朴な啓示をもたらしていた。偶然に新しい武器を発見したクロマニョンの狩猟隊のように、数日来ではじめて、後列の研修生たちが身を乗り出して講義を聞いていた。ウォォォォォォー。アァァァァァー。

後列グループを手なずければ、講師としては教室全体を制圧したも同然だった。前列に座っているのは、いわば自動操縦装置付きの研修生ばかりだからだ。彼らは、世界じゅうの前列種族と同じ性向を、標準以上に強く持っていた。大半がハーヴァード・ビジネス・スクールの卒業生だ。そのうちのひとりは、新しい講師を迎えるたびに自前の組織図を作成する。ジョン・グッドフレンドを頂点に、われわれ研修生を底辺に置いたクリスマス・ツリーのような図で、その中間に、小さな升目が飾り付けの聖具みたいにたくさんちりばめてある。講師の肩書きを確かめ、社内での序列を思い描き、しかるべき升目に押し込めるというのが、状況を把握する彼なりの手立てなのだ。

そういう図を描く作業は、ビジネスよりまじないに近い。トレーディング・フロアでは、肩書きなどさほど問題にならない。ソロモン・ブラザーズ内の上下関係は半ば冗談の産物だといっていいほどだ。何より大切なのは、カネを稼ぐこと。ここは稼ぎがものを言う実力主義の会社なのだが、前列グループの連中は、後列グループほど単純にそう割り切ることができない。ソロモン・ブラザーズが万一、学校で習ったとおりの企業形態に転じたときのために、彼らはヘッジを掛けているのだ。

「……冷蔵庫にはバドワイザーだぞ」講師がくり返す。「十中八九、案内人を付けたほうの男が先にジャングルをぬけ出して、テレビとビールにありつくことになる。もうひとりだって、いつかはぬけ出してこれるかもしれない。ただ」――ここで足を止め、いたずらっぽい目を聴衆に向ける――「そいつはすごおおおく喉《のど》が渇いているのに、ビールは一本も残っていない」

これがとどめだ。ビール。後列グループは喜ぶ。手をたたきながら、互いにもたれ合う。スーツ姿の白人たちが黒人の親愛の表現を必死にまねているような珍妙な光景。彼らはうれしさと共に、安堵《あんど》を感じているのだ。

こういう楽しい講義があるかと思うと、別の日には、胸ポケットにビックの細字ボールペン・セット（〝野暮天パック〟とも呼ばれている）を差したぐっと小柄な講師が、半年ごとの債券利回りを年利回りに変換する数式を説明したりする。後列グループはそれが気に入らない。債券の算術など知りたくもない。ジャングルの話をしてくれ、という騒ぎになる。

ウォール街一の収益を誇る投資銀行の幹部候補の宝庫というより、試合後のシャワー室という形容がふさわしいこのグループのふるまいは、研修クラスの教壇に立つ心配性の重役連を悩ませ、とまどわせた。後列グループも前列グループと同じだけの時間と労力をかけて採用したのだから、理屈のうえでは、クラス全体が軍隊のように一様に勤勉で、規律正しくなるはずではないか。この自堕落な集団の興味深い特色は、構成員が雑多で、いっしょに騒ぐこと以外につながりを持たず、それゆえに統制しにくいということだった。ハーヴァード・

ビジネス・スクール出身者のほとんどは前列グループに属しているが、何人かは後列に座っている。そして、その周りに、イェールやスタンフォード、ペンなどの卒業生がいる。後列にも、名門出身のエリートは多いのだ。少なくとも、優秀な頭脳が前列にばかり固まっているわけではない。では、なぜ、後列の研修生たちはああいうふるまいに及ぶのか？

それに、なぜソロモン側が手をこまねいていたのか、ぼくにはいまだにわからない。経営陣は研修プログラムという容器を創り出し、それをなみなみと満たしたあげく、さっさと歩き去った。あとに残った混乱状態の中で、悪は善を駆逐し、大は小を駆逐し、腕力は頭脳を駆逐した。ほかの人が気づいたかどうかは知らないが、後列の常連たちにはひとつの共通した傾向があった。彼らは、自分が本来持っている上品な性格とか知性とかを、会社ではかなぐり捨てなくてはいけないと思い込んでいたのだ。意識的にそうしたわけではなく、反射のようなものだろう。言ってみれば、彼らは、ソロモン・ブラザーズにおいて特に根強い神話、トレーダーは野蛮人であり、折紙付きのトレーダーは折紙付きの野蛮人である、という神話の犠牲者だったのだ。この神話は必ずしも真実を突いてはいない。彼らの野蛮な仕事ぶりを裏付ける証拠がトレーディング・フロアに転がっていることは確かだが、その反対の証拠も少なくないのだから。結局、人は自分の信じたいものを信じるということだろう。

後列グループの傍若無人ぶりには、もうひとつの理由がある。ソロモンの研修生としての生活は、近所のごろつきに毎日たたきのめされるようなものなので、そのうちに気持ちがすさみ、陰鬱《いんうつ》になってくる。そもそもソロモンの研修プログラムに参加するには、ぼくのような幸運な例は別にして、約六十倍の難関をくぐり抜けなくてはならない。それだけの倍率を制した人間には、ほっと息をつくぐらいの権利はあるはずだ。ところが、息をつける場所がどこにもない。会社が合格者をそっと呼び寄せ、あとのことは心配いらないと背中をなでてくれるようなことはないのだ。それどころか、会社の体制そのものが、研修生はいたぶり、小突き回すべしという信念を軸に成り立っている。ソロモンの面接試験の勝者たちは、研修室でさらなる闘いを強いられる。何よりきついのは、将来の部署をめぐって競争しなくてはならないことだった。

部署は、プログラム修了時に、トレーディング・フロアのわきにある黒板に記されることになっていた。入ったときに予期したのとちがって、われわれは椅子を保証されているわけではなかった。「自分の左右を見渡してみなさい。そこにいる人の大半は、一年以内にこの通りから姿を消しているだろう」という意味のことを言った講師は、ひとりやふたりではない。黒板の配属表の横欄には、トレーディング・フロア内の部門名が書いてあった。地方債、社債、国債……。縦の欄には支社名。アトランタ、ダラス、ニューヨーク……。その表の中の好ましくない部署に自分の名前が記されるのではないか――あるいは、どこにも記されないのではないか――と考えると、研修生は戦々恐々とした気持ちにさせられる。ほかの会社に比べれば恵まれているなどという考えは、すでに頭にない。ソロモン・ブラザーズに入社できただけでも幸運だった、と自分を納得させることができないのだ。納得できるような精神構造の持ち主は、最初から試験でふるい落とされただろう。ソロモンの研修生の目には、成功と失敗の両極端しか見えない。アトランタで地方債を売るのは、とんでもなく屈辱的な仕事に映る。ニューヨークでモーゲージ債を扱う仕事は、垂涎《すいぜん》の的だ。

プログラム開始後数週間たったころから、各部門の長たちが、他社と比較したソロモンの長所を語りだした。しかし、この会社の管理職はみんな、抜きがたいトレーダー気質の持ち主だ。取引の感覚なしに、人間や場所や物事を論じることができない。だから、研修生を奴隷のように売買し始めた。ある日、三人の取締役が、われわれの写真と履歴書を収めた分厚いブルーのフォルダーをあいだにして、顔を付き合わせていたとする。その翌日には、誰それが次年度の新人選択権付きで前列の誰それとトレードされた、などというわさが飛び交うのだ。

プレッシャーはどんどん大きくなる。誰が誰の話をしていたか？　どの研修生がどこへ自分を売り込んだか？　どの仕事に空きがあるのか？　何を選抜する過程でもそうだが、勝つ者がいれば負ける者もいる。しかし、この場合の選抜のしかたは、恐ろしいまでに主観的だ。能力を客観的に測る物差しがないので、いい職にありつくには、まず運のよさ、次に〝押し出し〟、そして、しかるべき重要人物の尻に食らいつく方法と時機についての知識が欠かせない。最初のふたつは自分でどうこうできるものではないから、第三の要素に努力を傾けることになる。スポンサーが必要なわけだ。百十二人いる取締役のひとりと懇意になるだけでは充分とは言えない。力のある取締役に付くことが肝心だ。もちろん、ここでひとつ小さな問題がある。ボスたちがいつも研修生の世話をすることに熱心だとは限らないということだ。

だいたい、彼らになんの得があるだろう？　取締役が関心を示すのは、引く手あまたの研修生だけだ。そういう研修生なら、世話のしがいもある。ほかの取締役の手から人気のある研修生を奪った取締役は、そこで点数を稼いだことになる。だから、多くの研修生は競って人気者の役を演じようとする。そして、ボスたちは、ほかのボスが欲しがっているからというだけの理由で、その研修生を手に入れたがる。儲け話を考え出してそれに投資し、あとから投資した人間の金をそっくりだまし取るポンジー式と呼ばれる詐欺の方法があるが、人気という市場でその詐欺が行なわれているようなものだ。虚像を創りあげるには、多大な自信と意志の堅さ、それに周りの人間のだまされやすさが不可欠になってくる。ぼくは職場獲得の策として、この手口を選んだ。研修プログラムに入って数週間たったころ、トレーディング・フロアに友人をひとり作った。ただし、働きたいと思っていたのとは別の部署に。その友人はしきりにぼくをそこへ引き入れようとした。ぼくは勧誘されていることをほかの研修生たちに話した。その研修生たちがトレーディング・フロアにいるそれぞれの友人たちに話し、その友人たちの興味をかきたてた。ついには、ぼくの希望していた部門の取締役がうわさを聞きつけ、ぼくを朝食に誘ってきた。

これが計算ずくの悪賢い手口だというのなら、ほかの選択肢についてよく考えて欲しい。経営陣の手に自分の運命を委ねるか。ぼくの予測するかぎりでは、そういう単純でおめでたい人間に対して、大きなお情けがかけられる望みはまずないだろう。では、自分が仕えたい取締役の自尊心に直接訴えかけるか。この戦術をとった同僚が何人かいる。彼らは君主にひれ伏す家臣のように、あこがれのボスの足もとに身を投げ出し、歯の浮くようなへつらいの言葉を述べる。「あたくしはあなた様の卑しく忠実なしもべです。どうか、わたくしをお雇いくださいい。おっしゃることはなんでもいたしますから」という具合に。あわよくば、取締役が好意的な反応を示し、「頭を上げたまえ。若いの。何も恐れることはない。誠意をもって尽くしてくれるなら、不幸や失業の猛威からわたしが守ってあげよう」などと言ってくれることを見込んでいるのだ。この手が功を奏することもある。しかし、失敗するとみじめなものだ。売れ残り品になるしかない。研修クラスの中でも、そういう状況で屈従できるかどうかという議論が戦わされたことがある。まるで、ソロモン・ブラザーズでの将来が、プレッシャーへの対応のしかただけで決まってしまうかのように。

決断は、研修生各自が下さなくてはならない。そこに、〝大いなる分水嶺〟が生じる。のっけから上役にかしずく道を選んだ者は、前列に席を取り、五カ月の研修期間中ずっと、まじめくさった顔でそこに座り通すことになる。プライドを重んじる者——あるいは、超然と構えるのが最良の道だと考えた者——は、冷ややかな無関心を装って後列に陣取り、重役連中に紙つぶてを投げることになる。

当然ながら、そういう行動様式には例外もある。一部の人間は、分水嶺のどちら側にも流れていけず、嶺にとどまるのだ。プログラム開始時に取締役に話をつけ、早々と職を確保した研修生も二、三人いた。彼らは奴隷の群れに交じった自由市民のように、あちこち好き勝手に飛び回り、みんなからお偉方のスパイと目された。また、後列グループの心意気を持ちながら、扶養すべき妻子をかかえている研修生も何人かいた。彼らは党派に属さなかった。前列グループに加わることは自尊心が許さず、後列グループといっしょになって騒ぐには責任感が強すぎたのだ。

ぼくももちろん、自分を例外と見なしていた。おまえは前列の一員だと決めつける同僚もいたが、それはぼくが例のハーヴァード・ビジネス・スクール出身の男の隣りに座り、彼の書く組織図をながめるのを好んだからだ。こんな男がちゃんとした職に就けるのだろうか、とぼくは心配した（彼は結局、落ちこぼれた）。それから、ぼくは多すぎるくらいたくさん質問をした。前列グループの連中と同じように、講師に取り入るためにそうしていると見えたことだろうが、事実はちがう。しかし、後列グループに弁解してみても始まらない。好奇心のささやかな埋め合わせに、ぼくは大物トレーダーたちにいくつかの紙つぶてを投げつけた。そして、あるトレーダーの講義の最中に新聞を読んでいたために、教室からたたき出されたとき、後列でのぼくの株は急騰した。それでも、ぼくはけっして後列グループと親しい関係は持たなかった。

しかし、例外の中でもきわめつきは、日本から来た研修生たちだろう。教室内の文化に関するどんな分析も、日本人には当てはまらなかった。六人いる全員が、前列に座って居眠りをするのだ。頭が前後に揺れ、ときには片側に傾いて、頬が床と平行になる。日本のビジネスマンは話をよく聞くために目を閉じることがあるが、それとはどうも様子がちがう。彼らのこの講義への無関心ぶりは、精いっぱい親切に解釈すれば、英語が聞き取れないことから来るものだろう。といっても、彼らは仲間以外と付き合わないので、語学力についても動機についてもはっきりしたことはわからない。リーダー格は、ヨシとかいう名前の人物だった。毎日の午前と午後の授業で、後列の研修生たちはヨシが何分で眠りに落ちるかを賭《か》けた。後列グループとしては、彼がわざと講師を困らせているのだと考えたがった。ヨシは彼らの英雄だった。ヨシが舟をこぎ始めると、後列で小さな喝采《かっさい》が起こったが、それは誰かが賭けで小銭を儲けたという理由からだけではなく、前列で堂々と居眠りをする度胸のよさへの賞賛も含まれていた。

日本人研修生は保護された種族であり、本人たちもそれを知っているようだった。彼らの祖国は、貿易収支の黒字のおかげでたいへんな額のドルをため込んでいる。東京にあるそのドルをアメリカ国債やその他のドル投資に誘導すれば、大金を稼ぐことができる。ソロモンは経験豊かな地元の人間を雇い入れることで、東京支社を拡張しようとしていた。そこに落とし穴があった。日本人には生涯ひとつの会社に勤め続けたいという志向があって、有能な人材は普通、アメリカ企業で働くことなど夢にも考えない。ソロモン・ブラザーズに入社して、スシや安全な職場と引き換えにチーズバーガーやヤッピー病を手に入れたいと思う人間は、めったにいないのだ。どうにか捕まえたひと握りの日本人は、ソロモンにとって何トンもの金塊に匹敵する値打ちを持つから、家宝の瀬戸物並みにていねいに扱わなくてはならない。教壇に立つトレーダーたちも、彼らに対して非難めいたことは何ひとつ言わなかった。そのうえ、ソロモン・ブラザーズという会社はもともと外国文化に鈍感なのに、日本人の特殊性については妙に理解があった。といっても、彼らがどのように特殊であるかをはっきり理解していたわけではない。日本人研修生が毎朝、あいさつに鼻をこすり合わせ、キワニスクラブ式の握手をしたとしても、誰もそれを非日本的だとは思わなかっただろう。

それでも、日本人研修生は結局、得体の知れない不気味な存在という以上のものではなかった。クラスの雰囲気を支配したのは、やはり、結束が固く、並みはずれて騒々しい後列の研修生たちだった。午前から午後にかけての研修クラス、授業が終わってからのトレーディング・フロア、夜の〈サーフ・クラブ〉、そしてまた翌朝の研修プログラムと、後列グループは群れをなして移動した。安全と楽しさのためだ。きらいなものに対してと同様、好きなものに対しても、彼らはひとつに結束した。気に入った講師には、いっせいに立ち上がり、教室の後方から手を振ることで報いた。

そして、今教壇に立っている人物にも、彼らは全面的な支持を示していた。ところが、大男の講師は柄にもなく考え込むように、言葉をとぎらせたあとで言った。

「諸君は自分を有能だと思っているだろうが、トレーディング・フロアに入れば、ほんのひよっこでしかない」

そんなことを言う必要があったのだろうか？　彼は不良研修生たちの耳に快い言葉を吐くことで、実にうまく授業を進めてきた。ソロモンで勝ち抜くには、ジャングルの荒武者となるべし。それなのに、今度はわざわざ耳障りなことを言い、反発を買う危険を冒している。ジャングルにおいては、おまえらの素朴な才能などなんの力にもならない、と。野次や紙つぶてが飛ぶのではないかと、ぼくは様子をうかがった。何も起こらなかった。講師は、一回の失言ごときでは崩れない堅い地盤を築きあげていたのだ。後列の連中はうんうんとうなずいている。もしかすると、講師の発言を前列グループに対する批判だと受け取ったのかもしれない。

いずれにしても、この点に関して、大男の講師の指摘は完全に的をはずれていた。研修生がひよっこの地位にとどまっていたのは、せいぜい最初の二カ月ほどだった。債券のトレーダーやセールスマンは犬並みに歳を取る。トレーディング・フロアで過ごす一年は、ほかの職場の七年に相当した。一年働けば、トレーダーもセールスマンも一人前になる。終身在職権のことなど、誰が気にするだろう？　トレーディング・フロアの何よりの美点は、先のことをまったく考えないでいられるところにあった。

新入社員は、トレーディング・フロアに席を得ると同時に、二台の電話機を手渡される。いきなり第一線に押し出されるわけだ。その電話機から数百万ドルを稼ぎ出せれば、凄《ビッグ・》腕野郎《スウィンギング・ディック》という最高位の称号を与えられる。巨額の債券が売れ、ソロモンの現金箱に数十万ドルが投げ込まれると、取締役はその取引の担当者に「よう、凄腕野郎、やってくれたな」と呼びかけるのだ。ビッグ・スウィンギング・ディックという言葉を聞くと、ぼくは今でも、巨体を左右に揺すってのし歩く象のイメージを頭に浮かべる。ぶるん、ぶるん。ジャングルには、凄腕野郎の行く手をはばむものは何もない。

それこそが、ぼくらの目指すゴールだった。まあ、ぼくみたいに称号の響きにまでこだわる人間ばかりではなかっただろう。大事なのは呼び名よりも野心であり、野心は全員に共通していた。もちろん、誰も「トレーディング・フロアに入ったら、凄腕野郎になってやる」と口に出しては言わなかったけれど、誰もが凄腕野郎になりたがった。女の研修生だって、凄腕女郎《めろう》を志した。前列グループでさえ、凄腕の意味がわかってからは、そちらの路線を目指した。後列グループにとっての問題は、どうやってその役を演じればいいのかがわからないことだった。凄腕野郎たちは、プレッシャーの中でも前列グループ以上のたしなみを見せる人種だからだ。

前列で、一本の手がさっと上がった。いつも講師の真正面に座っている女性の手だ。授業には、ちょうどはずみがついてきたところだった。後列の研修生たちが椅子から立ち上がって、講師に手を振っていた。講師としては、ここで流れを止めたくなかった。前列からの横《よこ》槍《やり》とあっては、なおのこと。彼は苦い顔をしたが、目の前で上がった手を無視するわけにもいかない。しかたなく、彼女を指名した。サリー・フィンドレー。

「もしよろしかったら、成功なさった秘訣《ひけつ》のようなものについて、ご自分でどうお考えになっているか、お聞かせ願えませんか？」フィンドレーは言った。

あんまりだった。そっけない技術的な質問でもしたのだったら、まだ点数を稼げたかもしれない。しかし、これには講師も苦笑いするほかなかった。前列の研修生はいくらでもこけにしていい存在であることを、彼は知っていた。彼の笑みは、後列グループに向かって多くのことを語っていた。「いやあ、おれの研修時代にも、こんなおべっか使いがいたもんさ。

それにほいほい乗せられる講師も多くて、うんざりさせられたよ。この女をちょっとさらしものにしてやろうじゃないか、へっへっへ」

後列の連中はどっと笑い声をあげた。意地の悪い研修生が、甲高い声でフィンドレーの口まねをした。

「ええ、そおおんなに成功なさったわけを、お聞かせ願えません？」

ほかの誰かが、興奮しすぎたプードルを叱《しか》りつけるように叫ぶ。

「これっ、お黙り！」

三番めの男が両手をメガホンみたいに口に当てて言う。

「ダラスの株式部門行きだ」

かわいそうなサリー。一九八五年度の新人の配属を示す黒板の表に、思わしくない部署はいくらでもあったが、中でも最悪と見られたのが〝ダラスの株式部門〟だった。ぼくらの狭い世界の中では、ダラスで株券を売る以上にみじめな仕事は想像できなかった。株取引はわが社で一番活気のない部門だったし、ダラスといえば、まあとにかくニューヨークから遠く離れている。だから、研修クラス内では、「あんなに程度の低いやつは、誰の目にもつかない所へ葬ってしまえ」という意味のことを、縮めて〝ダラスの株式部門〟と言っている。サリーを葬れ。後列グループはそう叫んでいるわけだ。

講師は質問に取り合おうとしなかった。自分が煽動《せんどう》した騒ぎが収拾不可能になる前に、彼は早口で締めくくった。

「諸君は自分への問いかけに多くの時間を割く。自分は地方債に向いているだろうか？　それとも、国債向きか？　社債のほうがいいか？　諸君はそれを考えることに多くの時間を割く。それはいいことだ。だが、こうも考えてくれ。商品を選ぶよりも、ジャングル案内人を選ぶほうが大切かもしれない、とね。以上」

研修室はたちまち空っぽになった。次の講義が始まるまでに十五分の休憩があり、いつもどおり、ふたつの出口に別々の群衆が殺到する。前の出口からは前列グループが、後ろの出口からは後列グループが飛び出し、四台の無料長距離電話目指して、徒競走をくり広げるのだ。

ソロモン・ブラザーズの有力幹部たちは、研修プログラムによってぼくらが彼らに似てくることを当て込んでいた。彼らに似るとは、どういうことか？　創業以来のほとんどの期間、ソロモンは、大きなリスクを負う力と意思を持つ戦闘的な債券取引業者として名を馳《は》せてきた。例えばモルガン・スタンレーのような上品なキリスト教的団体とはちがって、金離れのいい法人顧客リストを持たないので、収益をあげるにはあぶない橋を渡るしかなかったのだ。世間一般がソロモンに対して抱いていたイメージといえば、排他的なユダヤ人の集まりで、社会的地位は低く、抜け目ないけれど正直で、他社ならひるみそうな深さまで債券市場に足を突っ込んでいる会社、というようなところだろう。もちろん、これは戯画化した見かただが、かつてのこの会社の雰囲気をおおまかにはつかんでいる。

そのソロモンが変貌《へんぼう》に向かって動きだす。社風の移り変わりの先行指標となるのが、代表取締役会長ジョン・グッドフレンドの社交生活だろう。彼は、熱い社交的な野心を持つ二十歳年下の女性と結婚した。夫人は盛んにパーティーを開いて、ゴシップ・コラムニストたちを招待した。ひとりひとりに直接手渡されるリボン付きの招待状の値打ちは、社の株価に合わせて上下するようだった。客の選定を誤らないよう、彼女はコンサルタントまで雇った。会長と同様のりっぱな身づくろい（新しい衣裳《いしょう》を夫人に着せられていた）が従業員に強いられるところまではいかなかったが、そういうきらびやかな放縦の空気が少しずつ社内に漏れ出すのは避けられないことだった。

社風の新たな揺らぎにもかかわらず、ソロモンの研修プログラムが、ウォール街での職業生活の幕あけとして最高の内容を誇っていたことはまちがいない。修了した研修生は、貴重な経験と、ウォール街のほかのトレーディング・フロアの倍近い給料を手にすることができる。ウォール街の基準から言って、熟練の域に達する専門技術を身に付けたことになるのだ。教育そのものの中に、手っとり早くこの道の〝達人〟となるためのこつが組み込まれている。ほかの投資銀行の多くは、研修プログラムを持たない。これは極端な例だが、ドレクセル・バーナム社などは、ソロモンの研修プログラムの資料が欲しいばかりに、自社の志願者のひとりにソロモンの社員と懇意になることを求めた。ドレクセルで働きたければ、手みやげを持ってこいというわけだ。

しかし、資料に書いてあることは、ぼくらの研修のほんの瑣末《さまつ》な部分に過ぎない。ほんとうに実になったのは、二年後に思い返してみると、ソロモン・ブラザーズの口承文芸ともいうべき業界内の戦争秘話だった。三カ月間にわたって、第一線のトレーダーやセールスマンや金融専門員が自分たちの体験を研修生に語るのだ。実践的な知恵が、荒削りな形で教室を行き交った。カネはどうやって世界を回るか（カネの欲するままに回るのだ）、トレーダーは何を感じ、どうふるまうべきか（本人の欲するままに感じ、ふるまうのだ）、顧客とどういうおしゃべりをすればいいか……。三カ月の授業のあと、研修生はさらに二カ月、トレーディング・フロア内を回らされる。そのあとはじめて、実務に就くわけだ。研修の間はずっと、ひそかな至上命令の網が張り巡らされている。研修生をソロモン化すべし。研修生は、まず第一に、自分たちがソロモン・ブラザーズ社内において海底の鯨《くじら》の糞よりも下層に位置すること、第二に、他社の待遇に比べればソロモン・ブラザーズの鯨の糞の下はかぐわしい花園のようなものであることを教え込まれる。

短期的には、この洗脳はほぼ成功を収めたと言っていい（長い目で見ると、そうはいかない。くびきを受け入れるには、それしか道がないという気構えが必要だ。ところが、われわれ研修生には、自分の市場価値に対する過大な意識があるばかりで、永続的な忠誠心などかけらもないのだから）。新人に研修を施す投資銀行はいくつかあるが、ゴールドマン・サックスをおそらく唯一の例外として、これほど強力なプロパガンダに満ちたプログラムを持つ会社はほかにないだろう。開始後三カ月めにわれわれを取材した『ニューヨーク・タイムズ』の女性記者は、われわれの会社に対する姿勢が画一的であることに驚いて、記事の見出しを〝エリートMBAたちのための新兵訓練〟としたほどだ。ソロモン・ブラザーズに関するすべての新聞記事と同様、この記事もすぐに忘れ去られた。後列グループは、「あの女はわけもわからずに書いているんだ」と一笑に付した。その記者に向かって、「上から檄《げき》を飛ばされるまでもなく、ぼくたちは愛社精神に燃えています」などと歯の浮くような発言をした世間知らずの優等生たちが、こっぴどくやり込められたことは言うまでもない。

この記事はもうひとつの理由でも意味深かった。外部の人間が教室に入ってきて、素朴このうえない質問をすることを許されたのは、そのときだけだったのだ。あなたがたは、なぜそんなに高い給料がもらえるのですか？　シカゴ大学でMBAを取ったばかりの後列の研修生が、『タイムズ』の読者に向かって説明した。

「需要と供給の問題ですよ。ぼくの姉は障害児に勉強を教えています。姉はぼくと同じぐらい仕事を楽しんでますが、ずっと少ない給料しかもらっていません。同じ仕事を希望する人間がほかにいなければ、もっと稼ぎはよくなるんでしょうが」

『タイムズ』の読者がこの分析に納得しただろうか？　同じ記事の中に、百二十七の研修生の椅子に六千人以上の応募があったことが述べられている。とすると、もっと安い報酬で同じ仕事をしたがる人間がいくらでもいるはずなのに、ソロモン・ブラザーズの給料は高い水準にとどまっていることになる。投資銀行での需要と供給の関係には、どうもうさんくさいところがあるようだ。

しかし、ぼくらに支払われるカネの出所を説明するというのは、一面おもしろい試みでもある。ビジネス・スクールふうの解釈をしてみせた前出の同僚に、ぼくは賞賛を惜しまない。ほかには誰も試みなかったことだ。黙っていても、カネは入ってくる。投資銀行はなぜ、これほど多くの、これほど無経験な人間に、これほど高い報酬を支払うのか？　答え…電話機を持たせれば、それ以上の金を稼いでくれるから。経験もなしに、どうやって稼げるのか？　答え…投資銀行での稼ぎ高は、技術よりも嗅覚《きゆうかく》や粘りや幸運など無形の要素に左右される。高給をえさにしなくてはならないほど、稼ぎ手の素質を持つ人間は少ないのか？　答え…イエスでもあり、ノーでもある。これは質問についての質問だ。なぜこんなにカネがあふれているのかとか、いつまでこれが続くのかとかいう問いを、最初から口にしないことが、ぼくらの黙従の意思を何より雄弁に表わしていた。答えを得たければ、ウォール街のどこへ行くより、ソロモン・ブラザーズのトレーディング・フロアでさがすほうがたやすかっただろうが、多くの研修生はそういうことにまったく関心を払わなかった。

授業が終わると毎日、三時か四時か五時ごろに、ぼくらは二十三階の研修室から四十一階のトレーディング・フロアへ移動させられた。たまにすっぽかしてもおとがめはないが、頻繁に顔を出していないと忘れられるおそれがある。ソロモンでは、忘れられることは職を失うことだ。椅子を獲得するには、積極的に動かなくてはならない。取締役からの指名で部署が埋まる仕組みだからだ。研修プログラム修了時に、三人が解雇された。ひとりはダラスに配属されて、赴任を拒んだ。ひとりはどこへともなく行方をくらましたが、うわさでは、ソロモンの女性管理職を三角関係に巻き込んだのだという（性的いやがらせには寛容でも、性的逸脱には厳しい会社なのだ）。そして、三人めは、これが一番の変わり種で、四十一階でエレベーターから降りることができなかった。毎日、夕方になると、エレベーターの奥に立ったまま、上ったり下ったりをくり返すのだ。おそらく、降りるつもりなのに、足が動かないのだろう。うわさが広まり、研修プログラムの責任者である女性の耳にも届いた。その女性は四十一階のエレベーター・ホールに立って、とてもおどおどしたひとりの研修生の前でドアが開き、また閉じるのを、一時間ほども自分の目で見ていた。ある日、その研修生は姿を消した。

気力の充実した日には、自分の面倒を見てくれそうな取締役、つまりは師匠、もっとなじみのある呼び名でいえば〝親方〟を求めて、トレーディング・フロアをめぐり歩く。さらには、仕事を覚えようと意気込む。最初にひらめくのは、現場に飛び込み、ぴったりくる教師を選び、正面切って教えを請うというやりかただろう。残念ながら、事はそれほど容易ではない。第一に、研修生に教えても、教師の側にはなんの得もない。第二に、トレーディング・フロアは地雷原のような場所で、柄が大きく気が短い男たちが、息を吹きかけられただけでも爆発しようと待ち構えている。近づいていって、気軽にあいさつできる雰囲気ではない。というより、それは失礼に当たる。大半のトレーダーは上品な気質の持ち主なので、あいさつしても無視されるだけだろう。しかし、たまたま足が地雷を踏んでしまうと、次のような会話が交わされることになる。

〈ぼく〉　こんにちは。
〈トレーダー〉　どこの石の下から這《は》い出してきたんだ？　おい、ジョー、おい、ボブ、こいつのサスペンダーを見ろ。
〈ぼく〉　（顔を赤らめながら）二、三、お尋ねしたかっただけなんですが。
〈ジョー〉　このおにいさん、何様のつもりなんだ？
〈トレーダー〉　ジョー、こいつにちょっとテストをしてみよう！　金利が上がると、債券価格はどうなる？
〈ぼく〉　下がります。
〈トレーダー〉　すばらしい。Aをやるよ。さて、おれは仕事だ。
〈ぼく〉　いつでしたら、お時間が――
〈トレーダー〉　この仕事を何だと思ってるんだ？　慈善事業か？　時間なんてあくわけがないだろう。
〈ぼく〉　何か、お手伝いできることがありますか？
〈トレーダー〉　ハンバーガーを一個、持ってきてくれ。ケチャップも付けてな。

というわけで、ぼくは慎重にふるまった。こまごまとしたルールが何万とあって、ぼくはどれひとつ知らなかった。フロアにはセールスマンやトレーダーや取締役があふれていて、最初は三者の区別すらつかなかった。もちろん、基本的なちがいはわかる。投資家と話すのがセールスマンで、賭《か》けをするのがトレーダー、葉巻を吹かすのが取締役だ。だが、それ以上のことになると見当もつかない。誰を見ても、たいてい同時に二個の受話器をかかえている。たいてい数字でいっぱいの小さな緑の画面をにらんでいる。一方の受話器に向かってがなり、続いてもう一方にがなり、それから、何列か向こうの机にいる誰かにがなり、また電話に戻り、今度は画面を指差して「ちくしょう!」と叫ぶ。注意持続時間は、長くて三十秒。研修生として、ひよっこ社員として、鯨の糞に埋もれた若造として、ぼくは研修生なら誰もがやることをした。忙しそうな誰かのそばに無言でにじり寄り、透明人間になるのだ。

どこから見ても屈辱的な姿だが、それに耐えることがまず肝心だ。ときには、こちらの存在が正式に認知されるまで、一時間待たなくてはならない。数分で気づいてもらえることもあるが、それでさえ果てしない時間に感じられる。〈今のこの卑しめられた自分を、見ていてくれる人間がいるのだろうか?〉ぼくは自問したものだ。〈ここまで徹底的に無視された状態から、いつか浮かび上がれるのだろうか? ここに透明人間がいることに、誰か気づいてくれるのだろうか?〉じっと立っているぼくと、めまぐるしい動きを見せるトレーダーとの対比が、この場面をことさら耐えがたいものにした。自分の無能さがいっそうきわだつようだった。しかし、いったんにじり寄っておいて、きちんと受け入れてもらえないうちに立ち去るというのは、むずかしいことだ。立ち去れば、顔を覚えてもらうためのこの儀式での敗北を、みずから認めたことになる。

そうでなくとも、ほかに行くべき場所がないというのが実情だ。トレーディング・フロアは長さがフットボール競技場の三分の一ほどで、つながり合った机が一面にずらっと並んでいる。トレーダーたちは肘《ひじ》と肘を付き合わせ、人間の鎖を作る形でそこに座る。机の列と列の間隔は、ふたりの人間が横向きでしかすれ違えないほど狭い。研修生があてもなしにうろつきだすと、仕事中の神々の怒りに触れるおそれがある。グッドフレンド会長以下ありとあらゆるお偉方が、トレーディング・フロアを縦横に歩き回っている。ほかの会社とは違って、ここでは、将来をになう研修生が中年の幹部に優しい笑みをかけられることはない。ソロモンの研修生は、無罪が確定するまでは罪人として扱われる居候《いそうろう》なのだ。そういう身分でボスと顔を合わせるのはあまりうれしいことではないが、不幸にも逃げ道はない。ボスはそこらじゅうにいる。金色の＄マークの入った赤いサスペンダーを目にしたとたんに、こちらの正体はお見通し。

たとえ真っ赤なサスペンダーを捨て、保護色を採用したとしても、研修生であることはたちどころに見破られてしまう。話にならないぐらい、職場のリズムとずれているからだ。トレーディング・フロアの動きは、一本の糸で結ばれているように市場の動きに呼応する。アメリカの債券市場は、例えば商務省が重要な景気指標を発表すると、そのたびに大きく揺れる。トレーディング・フロアの債券部門も、それに合わせて揺れる。重要なデータかどうかを決めるのは、市場だ。ある月にはアメリカの貿易赤字が、次の月には消費者物価指数がものを言う。問題は、どの数値がその月の目玉となるかを、トレーダーは知っていて、研修生は知らないということだ。午前八時三十分、ソロモン・ブラザーズのトレーディング・フロア全体がかたずをのんでひとつの数字を待ち、跳び上がって叫ぼうと身構え、何十億ドルもの債券を今にも売り、あるいは買い、それによって数千万ドルが転がり込み、あるいは消え去ろうとしているところへ、研修生がのほほんと顔を出して、「あのう、これから食堂へ行くんですけど、何か買ってきましょうか？」などと言う。要するに、研修生はでくのぼうなのだ。

ひとりだけ、そういう通過儀礼を免れた幸運な研修生がいた。名前はマイロン・サミュエルズ。地方債部門の責任者にうまく渡りをつけたらしく、ぼくがソロモン・ブラザーズに入社したころには、取締役ふたり、先輩トレーダーひとりと通勤の車を相乗りする身分だった。上層部の誰かと血縁関係にあるというもっぱらのうわさだったが、そうでなければよほどの天才だと解釈するしかない。いずれにしても、その底上げされた地位を、彼はそつなく利用していた。現場の社員の中にもめったに見られないような自信満々の態度で、トレーディング・フロアを闊歩《かっぽ》した。実際には仕事をしていないのだから、父親の会社に訪ねてきた子どもみたいに無邪気に楽しめるわけだ。地方債部門へ行き、椅子に座り、靴磨きを呼び、友だちに長距離電話をかけ、葉巻に火をつけ、磨いていないほうの靴を机にのせる。通りかかった取締役たちとは、旧友のように親しく言葉を交わす。サミュエルズ以外の人間には夢見ることもおぼつかないふるまいだ。概して地位の高い社員ほど、サミュエルズの行状をおもしろがる傾向があった。上層部に近くなるにつれて、彼のコネの強さを意識させられるということなのだろう。中には憤慨する人間もいたが、地方債部門では、彼は触れるべからざる存在だった。あるとき、ふたりの副部長が小声で彼のことを話しているのが、通りすがりのぼくの耳に入った。「あの生意気な野郎には我慢がならん」と、ひとりが言い、「わかるよ。しかし、手出しのしようがないからな」と、もうひとりが答えていた。

トレーディング・フロアに行くとき、ぼくは誰かにどやされるような状況を避けるため、なるべく隅のほうに寄り、おとなしくしているよう努めた。グッドフレンドだけは、実業家というより有名人として雑誌の写真などで知っていたが、それ以外は見知らぬ顔ばかりだった。だから、誰を避ければいいのか、よくわからない。ほとんどが白人、ほとんどが男、全員が綿百パーセントのボタンダウン・シャツを着ていて、同じように見えてしまうのだ（同僚のある日本人は、一生かかっても見分けがつきそうにないとこぼしていた）。ソロモンのニューヨーク本社四十一階は、現在の経営陣ばかりではなく、未来の管理職をもかかえる権力の中枢だ。近づくべき人間と避けるべき人間を判別するためには、彼らの歩きっぷりをじっくり観察するしかない。

時間を経るに従って、ぼくがトレーディング・フロアの雰囲気になじんでいったかだって？

まあ、なじんでいったと言っていいだろう。しかし、社内でなんとか認められるようになってからも、四十一階に降り立つたびに、やっぱりむずむずするような不安を覚えたものだ。ただ、ある程度の進歩は自分の中に見いだすことができた。ある日、例によって透明人間を演じながら、鯨の糞のぬくもりを感じ、世の中に自分より下賤《げせん》な人間はいないだろうなどと考えていたときのことだ。不名誉のバッジみたいにジャケットをまとった企業金融部門の社員が、エレベーターから飛び出してきた。四十一階には、ジャケットを着ている人間などいない。この社員はガラス箱の執務室からはじめてここへ来たらしく、騒がしい戦場をきょろきょろと見回している。と、誰かが彼にぶつかり、よく見て歩けとどなりつけた。よく見て歩け？　彼はそこに立っていただけなのだ。かわいそうに、世界じゅうの視線を浴びている気分になったのか、彼はせりふを忘れた役者みたいにうろたえだした。おそらく、この階へ来た用事まで失念したのだろう。結局、すごすごと立ち去った。そのとき、ぼくはいやらしい考えを頭に浮かべた。酷薄な考え。まさに許しがたい考えだ。けれど、それがぼくの投資銀行員としての成長を物語っていた。こう考えたのだ。〈なんてとろい男だろう。脳みそが働いてないいんじゃないのか〉

4　成人教育

　四週間が過ぎた。クラスには権利意識が浸透してきた。研修生として絶対に譲り渡せない第一の権利は、朝、席につく前に、だらだらと気ままに時間をつぶすことだ。食堂で買ってきたベーグルとコーヒーを持ち込んで、そそくさと朝食をすませる者。『ニューヨーク・ポスト』を読み、その晩のスポーツの試合で賭けをする者。『ニューヨーク・タイムズ』のクロスワード・パズルが百二十六枚コピーされ、みんなに配られる。誰かが市内の安っぽいポルノテープ・サービスに電話をかけ、受話器を教壇のスピーカーにつなげる。みだらな会話が教室に流れる。ぼくはというと、この時間はいつも、クニッシュにかぶりついている。

　ポコーン！　海軍の元戦闘機乗りマックス・ジョンソンの投げた紙つぶてが、インディアナ大学出身の眼鏡を掛けた経営学修士レナード・パブリックの側頭部に命中した。よくあることで、別に驚いたはずはないのに、パブリックは痛そうな顔をして、犯人を突き止めようとした。

「髪型がいかしてるぞ、パブリック！」

　後列グループのひとりが、ジョンソンの隣りの椅子に片足をのせて叫んだ。

「ううううう、きみたち、子どもっぽいまねはよせ！」前列でパブリックがうめく。

スーザン・ジェームズが入ってきて、『ガリ勉の復讐《ふくしゅう》・パートⅡ』は中断された。スーザンは奇妙な職務をになっていた。プログラムの子守り役とまとめ役の中間といったところだ。この役を見事に務めあげた場合の彼女への報酬は、おかしな話だが、次年度の研修プログラムに無試験で参加することだった。ほかのみんなと同様、彼女もトレーディング・フロアで働きたがっていた。ただ、その野心の実現に至る道で、ぼくらに一歩後れを取っているというわけだ。金儲《かねもう》けの現場から遠い位置にいるというそれだけのために、彼女の威信はゼロにまで失墜した。権限といえばぼくらに小言を言うぐらいのもので、それすら思いのままには行使できない。ぼくらは彼女の将来の上司だからだ。ぼくらがトレーディング・フロアに配属され、次年度の研修プログラムが始まると、彼女はぼくらに職を乞《こ》う立場になる。研修生たちは彼女が代用教員程度の力しか持たないことを知っており、だから、彼女をさんざんからかうか、さもなくば無視していた。ところが、この日のスーザンは重大なメッセージを伝えに来たのだった。

「ふざけるのはやめてください、皆さん」父兄参観日を控えたキャンプ指導員のような口調。「もうすぐ、ジム・マッシーがここに来ます。このクラスは、すでに随分評判を落としてますからね」

それはほんとうだった。数日前、後列の研修生が債券調査担当の取締役の頭に紙つぶてをぶつけ、取締役は木いちごシャーベットの色に顔を染めて、五分間どなり散らした。結局犯人はわからずじまいだったので、立ち去りぎわに、彼はわれわれ全員に報復すると言い残していったのだ。

ジム・マッシーは三十分ほど時間を割いて教壇に立つが、そのときに彼が受けた印象しだいで、ぼくらの退職するか死ぬまでの待遇（つまりは給料！）が大きく変わるだろう。スーザン・ジェームズは十回ほどもそういう意味のことをくり返した。ぼくらはみんな、マッシーのことをジョン・グッドフレンドの首切り代行人《ハチェット・マン》だと思っていた。アメリカの企業には、人の恨みを買うような仕事をボスの代わりに引き受けるそういう奇妙な役どころがあるのだ。特に想像をたくましくするまでもなく、彼が山高帽の鋭利なつばで生意気な研修生の首をはねている場面は容易に思い浮かべることができた。彼には、どうも悪いイメージがつきまとっていた。絶対に笑顔を見せないのだ。正式な身分は、ソロモン・ブラザーズの執行委員会の一員で、セールスを担当し、ぼくらの未来をもその手に握っている。トレーディング・フロアのわきの黒板に研修生の配属を書き込むのも、マッシーの役目だ。手首を軽く動かすだけで、ひとつの名前をニューヨークからアトランタへ飛ばすことができる。研修生たちはマッシーを恐れた。彼のほうもまた、恐れられるのを好んでいる節があった。

表向きは、マッシーは会社のことについてのぼくらの質問に答えに来るのだった。ぼくらは研修に入って数週間にしかならない。当然、ききたいことがいろいろあるはずだ。というより、無理にでも質問をこしらえなくてはならない。精いっぱい好奇心のあるところを示すことだ、とスーザンも言う。

「それに、どうせならいい質問をすることね。評価が固まりかけていることを忘れないで」

という具合にらっぱが鳴り響き、いよいよ会長直属の風紀係のおでましとなった。ケーキでも切れそうなくらいに鋭いあごの線、短く刈り込んだ髪。グレーのスーツに身を固め、ほかの重役連と違って、胸ポケットからハンカチをのぞかせていない。スタイルにむだがなく、生まれながらの運動選手のように、動きにもむだがない。爆発すべきときに備えて、エネルギーを節約しているかのようだ。

彼は短い話をしたが、その要点は、ソロモン・ブラザーズの社風がいかに非凡で風変わりなものかを強調することにあった。そう、諸君はわが社が世界一の証券会社だということを知っている。そう、ソロモンがチームワークに重きを置いていることも知っている（どの会社だってそうだが）。そう、くびになるための一番の早道は、マスコミの前に出て、わが社の稼ぎの大きさを自慢することだという教訓も、行き渡っているに違いない（ソロモンは謙虚で慎み深い会社なのだ）。プールサイドで『ニューズウィーク』の取材に答え、裕福な暮らしぶりを得々と語ったロサンジェルス支社の社員のその後の運命については、諸君も聞いていることだろう。そう、彼は免職された。そう、諸君はソロモンの三十億ドルという資本金が金融市場でぬきんでた力を発揮していることも知っている。そう、研修生がどんなに頑張っても、トレーディング・フロアの社員にコーヒーを運ぶ仕事さえこなせないということも、身にしみてわかったはずだ。そう、諸君は自分の身の上に余分な神経を使わず、プログラム修了時にトレーディング・フロアのどの部署に配属されるかについては、会社の（このマッシーの）判断に任せておけばよろしい。

ソロモンのほかの幹部連と同様、一九八五年のマッシーは意気軒高だった。四半期ごとに収益の最高記録を更新する好業績を後ろ盾にしていたからだ。それは単なるソロモン・ブラザーズの記録にとどまらず、ウォール街全体の記録でもあった。彼のやることにまちがいのあるはずがない。彼の説明によると、会社のやることにもまちがいのあるはずがない。なのに、彼が質問を求めると、場内は沈黙した。ぼくらは口もきけないほどおびえていたのだ。

ぼくももちろん、何も言う気はなかった。ぼくが知りたいことをマッシーはたくさん知っているにちがいないけれど、彼が質問を求める裏には何かがありそうに思えたのだ。そう感じたのは、ぼくだけではなかった。誰ひとりとして、例えば、ソロモンの全社員がマスコミとの接触を禁じられているのに、なぜグッドフレンドのぽっちゃりした顔が国じゅうのビジネス雑誌の表紙を飾っているのか、などと問いただそうとはしなかった。あるいは、これから数年で自分たちはどれくらい稼げるのか、と、全員がほんとうに知りたがっていることを尋ねる者もいなかった。それに、研修生の雇用担当者であり、会社の急激な成長にも直接関わってきたジム・マッシーが、どうしてソロモンの拡張政策の無謀さ（研修生の目から見ても明らかだった）に不安を覚えないのかという一番素朴な問いも、誰の口にものぼらなかった。そう、ぼくらは手づまりの状態にあった。そのとき気づいたことだが、そこに仕事と学校の違いがある。マッシーが求めていたのは、好奇心旺盛《おうせい》な生徒ではない。狂信的な追随者だ。ただし、軟弱このうえない前列グループの面々には、彼もうんざりしている様子だった。

その前列グループですら、あれほどはっきりした要求に応えるのに二の足を踏んでいた。

前列のぼくの隣りには、もどかしげな乳母といった風情でスーザン・ジェームズが座っていた。〈お願いだから、あなたたち、質問をしてよ！〉ようやく、ぼくの右側の席で、前列グループのひとりの手が上がった。そいつの顔を見て、ぼくは目をつぶり、気恥ずかしい思いをする準備を整えた。そいつは期待を裏切らなかった。

「おうかがいしたいんですが、社としては東ヨーロッパに支社を開く考えはないんでしょうか？　例えば、プラハとか」

プラハ！　講師がマッシーほどの大物でなかったら、紙つぶてと野次が飛び交うところだが、この日は、十数人の若い男が嘲笑《ちょうしょう》をぐっとのみ込むような異様な音が、後列から聞こえただけだった。ソロモン・ブラザーズのプラハ支社とは、創業以来七十五年の歴史の中で誰も頭に浮かべなかった考えではないだろうか。執行委員会の幹部重役に質問を強要されることで、それだけの独創性が喚起されたというわけだ。

それでも、マッシーは国務省のスポークスマンのように、質問を客観的に受け止めた。ほんとうのところは、「ソロモンで成功なさった秘訣《ひけつ》は何ですか？」とでもきかれたかったのだろうが、どうやらきょうは日が悪いとあきらめたようだった。

マッシーが去って一カ月ほどの間、彼と同格以上の幹部が研修プログラムに顔を出すことはなかった。ぼくらがこのゲームにあまり長じていないことを、彼が重役会に知らせたのかもしれない。ところがやがて、突然に、しかも立て続けに、ぼくらは執行委員会の大物を迎えることになった。デール・ホロウィッツを、そして、会長おんみずからを。

　ホロウィッツは五十代半ばの昔気質《むかしかたぎ》の投資銀行家、世知にたけた社交家、プラハ支社開設のあかつきには初代支社長にうってつけの人物だった。大きな体に頭がちょこんとのっかり、顔はいつもぼくに漫画の熊を思い出させた。入社時にぼくが彼について知っていたのは、彼がグッドフレンドと同じ地方債の世界で名を成したこと、ぼくのユダヤ人の友だちのうち何人かが彼に心酔しきっていることぐらいだった。優しくて頭がよく、大きな葉巻を好む、根っからの親分肌。人は彼をアンクル・デールと呼ぶ。彼は教壇に立つことをせず、教室の前にあるテーブルに座り、両腕を大きく広げた。職歴を持つより家庭を持つことのほうが大事だというその話は、研修プログラムの中にあって最も毛色の変わった主張として、のっけから大方の研修生の心をとらえたのではないかと思う。それから彼は、豊かな温かい声で、質問があれば何にでも答えようと言った。気軽にきいてくれたまえ。どんなことでも。

　何本かの手が上がった。待ちに待った〝ソロモンについて知りたいけどきけなかったこと、なんでもどうぞ〟の時が来たのだ、とぼくは思った。部屋の中ほどから、プログラム開始以来初めてのまともな質問が発せられた。

「なぜ、ソロモンはアラブ諸国のブラックリストに載せられているんですか？」

　アンクル・デールは顔をしかめた。

「何のために、そういうことを知りたいのかね？」

　たたきつけるように言う。怒った熊みたいな表情だ。アラブのブラックリストの件は禁句だったらしい。理由はわからないが……。わが社がリストに載っていることは、鬼刑事ディック・トレイシーでなくとも知っている（ただし、リストからソロモンの名を消すことは、ジェームズ・ボンドでなくてはできない。ダマスカスに外交使節でも送り込む必要がある）。アラブ諸国は、ソロモンが商品取引業者フィリップス・ブラザーズに併合されたときに、わが社との関係を断ち切った。ぼくが聞いた話では、フィリップスがイスラエルとつながりを持っているからだという。しかし、原油の値崩れと共に、そのブラックリストの持つ脅威は失われたはずだ。今のアラブは、稼ぐ金より使う金のほうが多い。一バレル十二ドルでは、顧客としての彼らの価値も以前よりはるかに劣る。どう考えても、そこに企業秘密の介在する余地はなかった。それでも、この質問をした男の名前に罰点が記されたことはほぼまちがいない。

　おじさん《アンクル》はもう、子どもたちと戯れることをやめていた。ぼくらが浸っていた安心感はにせものだったのだ。全員がすぐにそれを感じ取った。閉じかけた罠《わな》からあやうく逃れるように、上がっていた手が引っ込められた。しかし、ひとりだけ反応の鈍い男がいた。ホロウィッツがその哀れな男を指した。

「わが社はなぜ、南アフリカの企業が筆頭株主となることを許しているんですか？　社内の誰も、株式所有者の倫理性を考慮しないんでしょうか？」

　ホロウィッツは質問者を、〈研修生の分際で生意気なことを言うな〉と言いたげな険しい顔でにらんだ。このころには、彼は口にくわえた太い葉巻をぐるぐる回し、目を貯金箱の投入口みたいにすぼめていた。ソロモンの株の十二パーセントが、ミノルコという南アフリカの鉱山会社の所有になっていることは事実だった。アンクル・デールの答えは、倫理性は当然考慮されるべきだが（倫理性をまったく考えないと公言する投資銀行家がいるだろうか？）、この件についてこれ以上論じるつもりはない、というものだった。情報公開《グラスノスチ》もここまでというわけだ。

数日後、午前の講義にジョン・グッドフレンドが登場した。ぼくらはもう、幹部経営陣と腹を割って話す努力をすることに疲れきっていた。グッドフレンドがしゃべっている間、ひたすら睡眠を取ろうと企てている者もいた。スーザン・ジェームズは、この偉大な人物のためになんとか聴衆をかき集めようと、役員秘書たちを使って、当日の朝、とてつもなく早い時間にぼくらの自宅に電話をさせ、欠席したら罰を与えると脅しをかけてきた。ぼくに関しては、そんな心づかいは無用だった。ジョーン・コリンズの講演があったら聞き逃せないのと同様、ぼくはこの講義をすっぽかすつもりはなかった。何か新しいことが聞けると期待していたわけではないが、間接的に学べることがあるのではないかと思ったのだ。会社を自分の個性に染めたといわれる人物だけに、彼の長所や欠点が、そのままソロモン・ブラザーズの長所であり、欠点でもあるわけだから。

グッドフレンドはよく、英国なまりを気取る癖があると非難されるが、この時点では、ほかの男たちを〝輩《フェロー》〟呼ばわりする程度にとどまっていた。「ジム・マッシーはとても有能な輩《フェロー》だ」という具合に。それですら、ぼくが判断するかぎりでは、英国気取りというよりアメリカ北東部気取りに聞こえた。いや、彼のまとっていた唯一の気取りは、沈着な経世家気取りとでも呼ぶべきものだった。度をはずれて慎重かつ穏やかなので、かえっていらだたしい思いをさせられたほどだ。加えて、うたぐり深くもあった。質問を受けるたびに、おそろしく長い時間考え込んだ。ぼくらの胸のうちをほんとうに知りたがっているように見えた。ある研修生が慈善事業に対するソロモン・ブラザーズの姿勢を問うたとき、彼は息苦しいほど長く、無言で立ち尽くした末に、慈善というのは非常にむずかしい問題なので、諸君にも意見があれば聞かせて欲しいと答えたのだった。

人々がジョン・グッドフレンドに対していだいている口の悪いどら声のトレーダーというイメージからすれば、この経世家ぶった態度は楽しいほうの期待はずれだと言える。それに、態度だけではなく、風貌《ふうぼう》までがその役にぴたりとはまっていた。丸っこい体はチャーチルを思わせ、薄くなった白い髪はハリー・トルーマンそっくり。身長はともかく、威厳はドゴール並みだ。しかし、毎朝〝熊の尻《しり》っぺたをかみちぎる〟意気で目を覚ますと豪語していた男は、どうなってしまったのか？　情け容赦ない荒技でウォール街じゅうに知れ渡った男はどこへ行ってしまったのか？　名前を出すだけで取締役たちの恐怖心をかきたてたあの男は？

ぼくらにはわからなかった。強いて知りたいとも思わなかった。彼の取り澄ました物腰と意味ありげな思案のそぶりの弱点は、せっかくのポーズが彼自身の評判によって完全に損なわれていることだった。日ごろからいろいろ耳にしているぼくらにしてみれば、会長室でお茶を飲みながら彼と慈善事業の話をする場面など、とても想像できなかった。彼がどこからあの超然としたポーズを拾ってきたのかは、この際知ったことではない。とにかく、誰ひとりとしてそれをまともには取らなかった。コブラの魅惑的なまなざしのごとく、危険きわまりないものだとしか思わなかったのだ。

あまり多くを語らず、金融界の国際的名士を間近に見る機会をぼくらに与えただけで、彼は去っていった。そして、それを最後に、ぼくらがソロモン・ブラザーズの経営幹部の目にさらされることはなくなった。

こういった取締役たちの奇妙な言動は、労せずして転がり込んできた多大な利益に対する素朴な反応に過ぎなかったのではないかと思う。彼らはまだ、ポール・ボルカーとアメリカの能天気な借り手たちが詰め物をした七面鳥に舌鼓を打っていた。他人のおこぼれで暮らしを立ててきたつつましやかな人々の前に、突然、料理のたっぷり詰まった丸々としたその鳥が投げ出されたのだ。それまでどおりのことをしているだけなのに、一夜明けると、栄光が彼らの上に輝いていた。収入が激変し、それに合わせて生活も変わった。想像してみて欲しい。

銀行口座とのあいだに健全な距離を置く冷静沈着な人間なら、誰かにいきなり数千万ドルの小切手をもらったとしても、宝くじでも当てたみたいにふるまい、幸運な奇跡に高笑いして、ぐっすり眠ることができるかもしれない。しかし、金銭的な成功度で自己の価値を測るという病に冒された人間なら、自分にはそれだけの実入りを得る資格があると信じ込んでしまうだろう。自分の中にある何か偉大な力への見返りだと納得するわけだ。威厳を身にまとい、ソロモン・ブラザーズの非凡であっぱれな社風について論じるたびに、その威厳をオーデコロンのように振りまくことになる。

ウォール街の人間のほとんどは、どこから得た稼ぎであれ、自分のカネをまっとうなものと見なすし、わが社のボスたちも例外ではなかった。しかし、ソロモンの古株の何人かは、もっと複雑な反応を示した。自分たちが不相応な収入を得ていると考えたわけではない。ただ、アメリカ全体の負債額の急速なふくらみかたに懸念を覚えたのだ（大恐慌を思い返すにつけ、借入れによるアメリカ経済活性化の図式が疑わしく思えてきたということだろう）。債券調査の責任者であるヘンリー・カウフマンは、ぼくが入社した時点で、経験にもとづく懐疑論の急先鋒《きゅうせんぽう》だった。彼は債券市場の権威であり、ソロモンの良心でもあった。動きの速い債券の浮き沈みを予測し、それを投資家に告げる役どころだが、その予測が実によく当たったので、英語圏全域というのはおおげさだとしても、少なくとも『ウォール・ストリート・ジャーナル』を読むような人々のあいだでは名が知れ渡っていた。ただし、彼には〝憂鬱《ゆううつ》博士〟という異名があった。自分のために開かれたパーティーを、早く終わらせたがっているように見えた。『機関投資家』一九八七年七月号に、彼はこう書いている。

一九八〇年代に起こった最も注目すべき事象のひとつは、過去のいかなる水準をもはるかに超える急激な負債の増加である。ＧＮＰに比較しても、金融緩和の速度に比較しても、その勢いは度をはずれている。しかし、思うに、これは金融制度を自由化し、起業家精神の発揮を促しながら、十分な規律や安全措置を導入しなかった結果として生じたことであろう。われわれは、至るべくして現在地に至ったと言える。

現在地とは、乱れきって救いようのない借金地獄を指している。ソロモン・ブラザーズにいるわれわれは、先頭に立って資金調達活動を率いる立場にあった。カウフマンが言っているのは、われわれも地獄を創り出すのに荷担してきたのだということだった。

アメリカ人の大半がウォール街とは株式市場のことだと考えている一方で、八〇年代のウォール街の方向と速度を設定してきたのはわが債券市場だった。岐路に立っていたソロモン・ブラザーズは、しかるべき時にしかるべき場所にいたおかげで授かった恵みを存分にむさぼり、その債券取引の技術の卓越ぶりを誇らかに示した。ただし、終始目隠しをしたままでだ。債券市場の急速な拡張が何をもたらすかという的確な展望を欠いていた。拾いものの収益をどう処理するかという意見なら、いくらでもあった。どんなトレーダーだって、自分なりの見通しは持っている。しかし、どれも気まぐれで独善的なものでしかなかった。それに、一九八〇年以後、ソロモン・ブラザーズはアメリカ企業史上まれにみる大飛躍を遂げた。その間ずっと、この会社は自分で自分をおだて続けるばかりだったと言っていい。

研修が始まって八週間近くが経過すると、講師の顔が頭の中でごちゃ混ぜになってきた。

そんなときに、しきりに空咳《からせき》をするブルックリンなまりのトレーダーが戦列に加わり、肺癌《はいがん》のもとをぷかぷかくゆらせながら講義を始めた。どこかがほかの講師たちとちがっていた。それが何なのか、ぼくには最初わからなかった。そのうち、ようやく気がついた。顔のしわだ。彼は年を取っていた。仕事に対する姿勢が、ぼくらの基準からすれば感傷的だった。自慢の鳩でも見せるように、寸鉄めいた訓話を披露する。

「取引をするときはだな、自画自賛するような暇を作らんようにする。なぜかというと、自画自賛したあとにはたいてい、強烈な蹴《け》りで足もとをすくわれるからだ。それはあんまり気持ちのいいことではない」

成功した秘訣《ひけつ》は、と水を向けられて言う。

「近眼ばかりの国で、おれだけ眼鏡をかけてたのさ」

きわめつけは、市場における情報についての経験則。これは、ぼくにもあとで役立った。

「しゃべるやつは何も知らんし、知ってるやつはしゃべらんものだ」

彼が話しているのは、株式市場のことだった。彼は株式トレーダーなのだ。職歴の行き止まりともいうべき〝ダラスの株式部門〟を擁する、あの恐ろしい部署に属している。ダラスへ飛ばされて株券を商う悲運におちいらないための一番安上がりな方法は、株式部門の人間と絶対に会わないことだった。向こうとしては、研修生を雇い入れる前に、まず候補者を選び出さなくてはならない。そこで、株式部門の講師が授業をする週は、ぼくらはひたすら席で頭を低くしていた。プログラムの期間さえしのげば、二度と彼らの顔を見なくてすむだろうと思ったのだ。彼らが無能だというのではない。ソロモン・ブラザーズは株式の引受けでもウォール街で有数の業者だし、株式取引高でも上位二、三社のうちに入る。しかし、ソロモン内部では、株式部門所属の社員は第二級市民と見られていた。債券と比較しての話だが、株はカネにならないからだ。

　株式部門は、第一トレーディング・フロアである四十一階ではなく、その下の階にある。四十階は天井が低く、窓がなく、さながら機関室の趣だ。株式トレーダーのほかに、かなりの数の債券セールスマンが詰め込まれている（〝凄腕野郎《ビッグ・スウィンギング・ディック》〟のセールスマンだけが四十一階に席を与えられるのだ）。夜の森で聞く虫の音のように、四十階には株券や債券の売買にともなう旋律のない音楽が切れ目なく流れ続ける。百人ぶんの懇願の声、入荷したなまのデータを見栄えよく出荷するためのお色直しの音……。〝がなり箱〟と呼ばれるスピーカーを通して、四十一階の男たちが四十階のセールスマンにもっと債券を売れとわめき、せきたてる。ぼくは一度、会社がレヴコというドラッグ・ストア・チェーンの債券（のちに倒産し、債務不履行となったまさにその債券だ）を売ろうとしていたときに通りかかったことがある。がなり箱ががなりたてていた。

「しっかりしろよ。おれたちは真実を売ってるわけじゃないんだ！」

　四十階の生活は、つらく切ない。

　四十階は、単なる地理的な距離以上に、権力の中心地である四十一階から遠く隔たっている。止まるエレベーターも違う。四十階と四十一階の間では一日じゅう言葉が交わされるが、たがいに顔を合わせることはまずない。通信手段は発達し、人間関係は原始的な部分をとどめたままなので、ダラスにいるセールスマンも四十階のセールスマンと同じくらい、四十一階を近く感じることができる。ある意味では、ダラスのセールスマンのほうが中枢に近いとも言える。少なくとも、四十一階に表敬訪問をした場合、遠方から来たということで、取締役たちにも声をかけてもらえるだろうから。

株式部門は、盛者必衰の格好の実例でもある。かつて、株式市場はウォール街の最大の収入源だった。手数料は高率で固定され、値引きの余地もなかった。株券がやり取りされるたびに、仲介業者はたいした苦労もせず、自分の報酬だけはたっぷり手にした。二百ドルの株券を扱うと、百ドルの株券の場合と手間は同じなのに、倍の手数料が支払われた。この固定株式委託手数料制は一九七五年五月一日――株式仲買人たちはメーデーと呼ぶ――に廃止され、それ以後、おおかたの予想どおりに、手数料は値崩れした。投資家たちは少しでも請求額の安い仲買人に切り替えた。結果として、一九七六年のウォール街の収入は、全体で六億ドルほど落ち込んだ。カネのなる木がついに倒れたのだ。

そのあと、窮乏に侮辱で追討ちをかけるように、債券市場が沸騰した。債券取引高の急増にともなって、株式のセールスマンやトレーダーは、けちな口銭取りへと相対的に地位を下げた。たまに小銭を稼ぎ、うまい汁を吸うことはあっても、債券部門の活況とは比べ物にならない。例えば、うそつきポーカーで百万ドルの勝負をすることなど、株式トレーダーには想像も及ばないだろう。どこから、そんな金が湧《わ》いてくるというのか？　ぼくら研修生としても、わざわざ貧しいほうの道へ進みたくはない。とすると、株式部門の管理職たちはどうやって研修生を誘い込むかで頭を悩ますことになる。プログラムに顔を出すとき、彼らは多くの債券トレーダーみたいにへそ曲がりな登場のしかたはせず、とうとうと長広舌《ちょうこうぜつ》をふるった。取りすがるような哀れっぽいその口調は、しかし、かえって状況を悪化させた。ぼくら研修生には、いろいろな面で鈍いところがある。それでも、はやりすたりには敏感だった。そのうえ、研修クラスでぼくらが受ける待遇の質が、だいたいにおいてその講師の提供する職の居心地のよさと反比例することを、ぼくらは知っていた。そこから導き出される教訓。最良の職を得るためには、最悪の虐待を耐えしのぐべし。

その点でいえば、研修生であることは顧客であることとたいしてちがわない。株式部門の社員は、ぼくらをおだて、甘やかすのとちょうど同じように、顧客にへつらわなくてはビジネスを制することができない。株式市場は過酷なまでに競争が激しいからだ。投資家はIBMの株をソロモンから買ってもいいし、ほかの四十の株式仲買業者のどこから買ってもいい。それにひきかえ、債券部門の社員は、研修生を思うままにいたぶり、打ちのめすのと同様、その気になれば顧客を横暴にあしらうこともできる。債券市場には、ソロモンがほぼ独占的に君臨している分野がいくつもあるからだ。ぼくらは、研修での待遇をもとに、あらゆる市場における行動の基準と、その市場におけるソロモンの支配力を推し測ることができた。全員がはっきり意識していたわけではないだろうが、根本的なメッセージは行き渡っていた。株式部門に入って、『セールスマンの死』のウィリー・ローマンみたいに客に取り入るか、債券部門に入って、ランボーみたいに客を従わせるか。

それでも、株式部門の社員たちは現状に満足しているように見えた。彼らと時間をともにしてみてようやくその理由がわかってきたのだが、債券のトレーダーやセールスマンに比べて、プレッシャーを感じることが少ないのだ。ブリューゲル描く田園風景の中の農夫のように、彼らは与えられた境遇を受け入れ、人生の素朴な喜びに満たされている。ハンプトンズではなくニュージャージーの海岸べりに家を持ち、ツェルマットではなくヴァーモントでスキーを楽しむ。それに、ぼくには評価がむずかしいところだが、株式部門の人たちには経験の重みがあった。上げ相場も、下げ相場も、沈滞市況もくぐり抜けてきている。いとおしい株式市場が健在であるかぎり、相対的な貧しさなど気にならないらしかった。その辺の意気に感ずる仕事ぶりを、彼らはどうにかして研修生に伝えたがった。そのため、株式の授業の初めに、詩や随筆や引用句を収めた冊子が配られた。ただ、『あるトレーダーの手記』と題する次のような文章が巻頭を飾っていたのは、不幸というべきか。

市場は海のように敬い恐れるべきものであることを、彼は学んだ。真夏の風のない日に、穏やかな海面に船を出す。かすかな追い風で沖へと運ばれ、ひと泳ぎ楽しんだあと、日差しを体に浴びる。あるいは、静かな流れに揺られて、まどろむ。と、冷たい突風が吹きつけてきて、はっと我に返ると、空はにわかにかき曇り、太陽の姿はなく、稲光と共に雷鳴がとどろきだす。逆巻く波が小さな船をもてあそび、甲板を洗う。乗組員の半分は海に投げ出されてしまい……この身は岸に打ち上げられて……疲れ果て、ほとんど丸裸で砂に横たわりながら、生きていることがただただありがたく……

株式部門は、荒波ばかりか、拒絶の嵐《あらし》にもさらされた。見ていて痛ましいほどだった。毎日、株式関係の授業の進行役を務めるラスロ・ビリーニが、敢然と、しばしば才気あふれる名調子で、ぼくらを懐柔しようとした。けれど、そのたびに失敗した。ラスロの勧誘演説の骨子はひとつの問いに集約された。六時半にテレビをつけ、ダン・ラザーがきょうの市場は二十四ポイント高で引けたと言うとき、それは何の市場のことだと思うか？「どうだね？　A級社債のことを言ってるんだと思うか？　とんでもない！　市場といえば、株式市場のことさ」

つまり、株式部門に入れば、自分がどんな仕事をしているかを母親にもわかってもらえるというわけだった。

ラスロはまた、株式市場の長い歴史と文化にも力点を置いた。ウィル・ロジャーズからジョン・ケネス・ガルブレイスに至るまで、誰もが株式市場について熱弁をふるってきた。株式部門に入れば、われわれ自身よりもはるかに大きなものの一端を担うことができる。しかし、われわれ自身よりもはるかに大きなものを、ぼくらは頭に描けるのだろうか？　描けたとしても、それが株式市場であるとは限らないのではないか？　結果的に、ラスロのこの訴えはまったく功を奏さなかった。ぼくらは歴史にも文化にも心を動かされなかったし、第一、彼が名をあげた賢人たちの話は、株式市場をますます魅力のない職場にするものばかりだった。彼らの駄文はどれも、『あるトレーダーの手記』同様、いちいち鼻に付いた。件《くだん》の冊子にも、ウォルター・グットマンと称する人物の文章が引用されている。〈相場を伝える受信紙に似ているものといえば、女しかない。毎時間毎時間、来る日も来る日も、急激な進展への期待をいだかせる。たびたび失望を味わわせ、ほんのときたま、目もくらむような強烈な達成感を与えてくれる〉これを読んで、セックスの達成感しか思い浮かべられない男の研修生たちは、白目をむき、顔を赤らめた。女の研修生たちの感想に至っては、尋ねることさえはばかられる。

株の世界の人間は、しかし、本音のところでは、書物で得た知識や学校教育など、生身の体験以外のものをあまり重視していない。その立場を弁護すべく、株式市場の伝説的人物ベンジャミン・グレアムの言葉が引かれている。〈株式市場においては、数理計算が高度で複雑になればなるほど、そこから導かれる結論は不確かで投機的なものになる。……算術やもっと込み入った数式が用いられるときは、相場師が理屈に経験の代理を務めさせようとする注意信号だと見てまちがいない〉

こういう態度は、研修クラス内の八十人のMBAや十五人の博士たちにとっては笑止千万だった。弓と矢で狩りをするのが掟《おきて》なら、そこへバズーカ砲を持ち込んだって意味がない。株式部門は後進地域だと見なされた。幹部連も、自分たちの歌がひどく調子っぱずれであることに、ようやく気がついた。そこで、ある日、古い歌をやめ、新進気鋭の講師を研修室へ送り込んだ。ぴかぴかの秘密兵器というわけだ。回転の速さでぼくらをけむに巻き、科学知識で目をくらませるのが彼の役目だった。彼は株式部門の中でも最も新しく、最も刺激的な領域で働いていた。すなわち、プログラム・トレーディング（のちに、一九八七年十月の株価大暴落の元凶とされる）。自分の専門分野について講義をしたあと、彼は自由質問の時間を設けた。フランキー・サイモンというシカゴ出身のＭＢＡがこの機をとらえた。

「株式オプションを売買するとき、ガンマとシータをヘッジしますか、それとも、デルタだけですか？　ガンマとシータをヘッジしないとしたら、それはなぜですか？」

株式オプションの専門家である講師は、十秒ほどの間、ただうなずいていた。質問の意味が理解できたかどうかもあやしいものだ。ぼくら研修生も同様にまごついたが（なにしろ、いやみな質問だった）、いやしくもオプション・トレーダーを名乗る人間なら、ほやほやのＭＢＡにやり込められるわけにはいかないはずだった。講師は笑い飛ばして窮地を逃れようとした。

「いやあ、その答えはわからないな。わからないから、平気で取引ができるのかもしれない。調べてきて、あした返事をしよう。オプションの理論のほうには、あまり詳しくないもんでね」

「だから、あなたは株式部門にいるんでしょう」わが友フランキーが言い放った。身をちぢこめて、とどめの一撃だった。株式界の若き幹部候補は、返す言葉も持たなかった。苦痛にもだえるばかりだ。なんという屈辱！　研修生にたたき伏せられるとは。

いよいよもって、株式部門はさえない職場となった。ほどなく、その株式部門が研修生狩りを始めたときのぼくらの恐怖を、想像してみて欲しい。ビリーニが研修生を個別に食事に誘い始め、たちまち、クラス全員が〝ダラスの株式部門〟の候補者になった。みんなうろたえた。多くの人間が、うとましがられようと努めた。それを得意技とする人間も、何人かいた。が、その何人かさえ、逃げ回ることはできても、もはや隠れることはできなかった。株式部門が〝有望な〟研修生の選抜リストを作成したというウワサが流れた。それに続いて、衝撃的なニュースが伝わってきた。そのリストにのぼった研修生と親交を深めるために、株式部門が遊覧船の夕べを企画しているというのだ。

ほんとうだろうか？　ほんとうだった。ビリーニは六人の研修生に的を絞ったのだが、その六人の顔触れは、招待状が届いてからようやく明らかになった。四通は後列グループに届けられた。おおまかに言って、公正な配分だ。一通はマイロン・サミュエルズが受け取った。彼には笑い飛ばす余裕がある。地方債部門が救いの手をのばしてくれる手はずになっていたからだ。最後の一通は、ぼく宛《あ》てだった。

政略結婚の犠牲者である花嫁が、初めて相手の醜悪なご面相を見て、むなしい悲鳴をあげている。ぼくの絶望感を形容するとすれば、そんなところだろうか。ソロモン・ブラザーズでの自分の将来に関して、ぼくには発言権というものがほとんどなかった。わずかばかりの力を、取締役たちを通じて間接的に行使するぐらいでは、どうにもならないことだった。閉じかけた罠《わな》から逃れる手立てといえば、株式部門に対してひたすら冷淡にふるまい、それと同時に、ほかの部門の取締役の気を引くことしかない。ただ、その場合、株式部門の不興を買って、くびになってしまう危険がある。確かに、ぼくにはたいした力はない。それはしかし、ぼくをくびにするにもたいした力は要らないということなのだ。

遊覧船がマンハッタンの南端を離れた。株式部門の社員たちはぼくらを追い詰め、市場について熱っぽく語ろうとした。研修生たちはボクサーさながら、蝶のように舞い、蜂のように逃げた。前部甲板に三分ほどいたかと思うと、後部に回り、その次は機関室へと、ぐるぐる逃げ回るうちに、船がだんだん小さくなっていくようだった。一時間もたったころには、遊覧船が救命ボートほどの大きさに思えてきた。そのうち、船腹を打つ波を指差しながら、誰かが『あるトレーダーの手記』を暗誦《あんしょう》しそうな雰囲気だった。

彼らの求愛の儀式は、武骨なまでに直線的だった。えものを追い詰めると、ウィスキーを何杯か飲ませ、ウォール街の峡谷に月がのぼるのを待つ。株式取引所が見えてきたところで、取締役が研修生の肩に腕を回し、ささやきかけるのだ。きみは特別な才能に恵まれている。輝かしい将来の約束された株の世界で、その才能を生かしてみたくはないかね？　歴史を考えるがいい！　文化を考えるがいい！　ぼくは、そんなものを考えるかわりに、ウォール街で生き残るための鉄則を頭にめぐらした。他人の船の上で成された提案には、絶対に同意するべからず。同意すれば、翌朝は後悔にさいなまれることになる。人一倍機敏なぼくは、どうにか難をのがれる方法を見つけた。

マイロン・サミュエルズは、遊覧船に乗った次の朝のことを〝コヨーテの朝〟と表現している。無分別な行きずりの情事のあと、目が覚めたときに初めて、相手の女の顔を見る。自分の片腕は女の頭でベッドに押えつけられている。女を揺り起こすよりは、罠に掛かったコヨーテのように、自分の腕をかみちぎって逃げ出すほうがましというわけだ。非情な朝の光のもとでは、株式部門はふたたび、吹き出物だらけの醜い顔に見えた。

それでも、追っ手はあきらめなかった。ぼくらは翌日、ソロモンの株式部門と上客である某社とのソフトボールの試合に招かれた。前の晩、ぼくの耳に甘い言葉をささやいた取締役は、もうぼくの名前すら覚えていなかった。お得意様を喜ばせることに全神経を傾けていて、ほかのことに構う余裕がないのだ。どうやら、わがソロモン・チームは勝ってはいけないらしかった。それに、相手チームが冗談を言ったときには、どんなにくだらなくても笑わなくてはならなかった。ショートを守らされたぼくは、愛社精神からゴロを何本かトンネルし、まぬけな照れ笑いを見せながら、ゆうべの遊覧船でずっとトイレに閉じこもっていたのは大正解だったと、つくづく思ったものだった。

研修プログラムも終わりに近づいてくると、教室の後ろで行なわれるうそつきポーカーがますます盛んになった。クラスの半分以上の人間が、債券取引に想像力まで支配されていた。一般人のように〝買う〟とか〝売る〟とか言うかわりに、彼らは〝買い付ける《ビッド》〟と言い、〝売りに出す《オファー》〟と言った。野心に燃えるトレーダー志望者たちは、おおよそ計量できるものならなんでも取引の対象にした。ジャイアンツが何点取るか、日本人研修生の最初のひとりが何分で眠りに落ちるか、『ニューヨーク・ポスト』の裏ページにはいくつの単語が印刷されているか……。毎朝、教室の前に立って、「そのベーグル、二十五セントで買い付ける」などと叫ぶ若き事業家もいた。

債券、債券、また債券。債券の取引を志望しない研修生は、債券のセールスに携わりたがった。この集団の中には、当初トレーダーをめざしていた何人かの女性も交じっていた。ソロモン・ブラザーズでは、取引は男の仕事、女はセールスだけと相場が決まっている。この性別格差に疑問を差しはさむ者はいなかった。しかし、取引業務から女性を排除することが、直接的にどんな結果を生むかは、誰の目にも明らかだった。女性をいつまでも権力から遠ざけることになるのだ。

トレーダーはソロモン・ブラザーズを代表して、市場で賭《か》けをする。セールスマンはトレーダーのいわば伝令として、外の世界との連絡役を務める。セールスマンの接触する相手は、年金基金、保険会社、S&Lなどの機関投資家だ。ふたつの職種に必要な最低限の技能は、大いに異なっている。トレーダーには、市場に対する勘が必要だ。セールスマンには、対人関係の処理能力が欠かせない。しかし、超一流のトレーダーは優秀なセールスマンでもある。セールスマンが顧客を説得して債券Xを買わせたり、債券Yを売らせたりするには、まずトレーダーがセールスマンを説得しなくてはならないからだ。また、超一流のセールスマンは優秀なトレーダーでもある。そういうセールスマンに対しては、顧客は手持ちの資金の運用をほとんど任せきりにする。

トレーダーとセールスマンとの間には、単なる職能のちがい以上のものがある。トレーダーは会社を取りしきっている。理由は考えるまでもない。セールスマンの年末のボーナスは、トレーダーによって決まる。トレーダーのボーナスは、彼自身の帳簿の利益額によって決まる。セールスマンはトレーダーに逆らえないが、トレーダーはセールスマンを思うままに動かすことができる。若いセールスマンがおどおどしながらフロアを駆けずり回っている一方で、若いトレーダーが悠然と葉巻を吹かしているのは、別に意外な光景ではない。トレーダーの暴虐が慣行化してしまっていると聞いても、誰も驚かないだろう。トレーダーはカネに一番近い所にいる種族なのだ。経営陣のトップもトレーダーで占められている。御大グッドフレンドも、かつてはトレーダーだった。いずれは営業担当者を全員解雇し、純然たる取引だけを行なう会社になるといううわささえ、たまに流れるほどだ。火元はおそらく、トレーダーたちだろう。客などいなくても商売はできるというわけだ。

優秀な債券トレーダーは、回転の速い頭と底なしのスタミナを持っている。彼らは一日に十二時間、忙しいときには十六時間、市場に目を凝らす。それも、債券市場だけではない。金融から商品にまたがる何十という市場を観察するのだ。株式、石油、天然ガス、通貨、その他、債券市場に影響を及ぼしそうなものならなんでも。午前七時に席につき、暗くなるまでずっと座り続ける。自分の仕事については、ほとんど話したがらない。悪名高い戦争から復員してきた兵士のように寡黙だ。彼らは利益を尊重する。そして、カネを。カネへの執着、カネで買えるすべてのもの、カネに付随するすべての名誉への執着は、ことのほか強い。

入社したとき、ぼくには確固とした将来の計画などなく、とにかくどんな可能性でも考慮に入れるつもりでいた。けれど、ほどなく、債券トレーダーには絶対になれそうもないという結論に達した。多くのトレーダーに会ってみて、少しでも自分に似たところのある人物を、ひとりも見いだせなかったからだ。ぼくと彼らの間には何ひとつ共通点がなく、トレーダーになるのは中国人になるのと同じぐらいむずかしいことだと思えた。

となると、セールスマンをめざすしかない。債券トレーダーとしての自分よりは、債券セールスマンとしての自分のほうが、まだしも想像しやすかった。ソロモンに入る前に味わった学校から職場へ移行するぎこちなさを、ぼくはソロモン内部でまた味わおうとしていた。困った話だが、トレーディング・フロアで働くという考え自体、身になじんでくるよりはむしろ、プログラムの進行につれてうっとうしく感じられてきた。四十一階から講義をしに来る債券セールスマンたちは、いわば第一線の働き手であり、役割モデルを示してくれることはあっても、滑らかな金属の表面みたいに取り付く島がなかった。彼らは債券を売ること以外に興味がないようだったし、ソロモン・ブラザーズの外での暮らしぶりをめったに口にしなかった。彼らの生活は、四十一階で始まって四十一階で終わるのだ。ぼくは、自分が『トワイライト・ゾーン』に足を踏み入れようとしているのではないかと不安を覚えた。

トレーディング・フロアで成功を収める人間のタイプは、ぼくが最初考えたより多岐にわたっていた。研修室に来た講師の何人かは、まったく度しがたい人間だった。自分の昇進のためなら、平気でひとを踏みにじる。女性にはいやがらせをする。研修生は侮辱する。顧客など眼中にない。他人はすべて、愚弄《ぐろう》する対象でしかないのだ。別の何人かは、気さくで、実に敬愛すべき性格の持ち主だった。まわりの気持ちを引き立てる。顧客はていねいに扱う。研修生にも優しい。要するに、凄腕野郎《ビッグ・スウィンギング・ディック》が必ずしも極悪人だとはかぎらないということだ。仕事で凄腕をふるい続けているかぎり、善人か悪人かはこれっぽっちも問題にならない。悪人たちが四十一階で狼藉《ろうぜき》を働いても、とがめだてされることはない。やりたい放題だ（ただし、悪人だから成功したのかどうか、仕事自体の中に徳性を排除する部分があるのかどうかとなると、別問題だが）。善良さは、トレーディング・フロアでは考課のうちに入らない。報われもしなければ、罰を受けることもない。善人は善人、悪人は悪人、単にそれだけのことだ。

四十一階は社内で最も野心的な人間たちを集めたよりすぐりの場所なので、また、利益と名誉の追求に歯止めをかけるルールも存在しないので、そこで働く男たちは、血に飢えたひと握りの猛者《もさ》連も含めて、一様にせっぱ詰まった表情をしている。節操なくどこまでも私欲を追い求めるのは健全な行為であるという素朴な申し合わせが、フロアを支配する。食うか、食われるか。四十一階の男たちは、誰かが後ろから狙《ねら》ってはいないかと、常に肩越しにうかがいながら仕事をしている。いつ、何の拍子で、同じ梯子《はしご》のすぐ下の段に他人がのぼってこないともかぎらないからだ。ソロモン・ブラザーズ内部で正当と認められる行為の範囲は、実に広い。自由市場には、人間の行動を社会的に許容されるひとつの型に鋳込んでしまう力があるということだろう。これは最も粗野な形の、自滅の危機をはらんだ資本主義なのだから。

ソロモン・ブラザーズの研修生は、当然ながら、倫理的なことにあまり頭を悩ませない。それより、生き延びることが先決だ。傍若無人にふるまう男たちと同じチームに入ると、自分まで偉くなった気分になる。なぜか番長に気に入られてしまった小学生みたいなもので、庇護《ひご》を受けるのと引き換えに、債券部門の社員たちの欠点をついつい大目に見ることになる。債券部門の講師が来ると、ぼくは目を大きく見開いて、小説の世界でしか会ったこともないような種々雑多な奇人たちを観察した。生徒としては、まずそれぞれの講師が偉大な成功者であるという前提に立ち、それがなぜなのかを知ろうとしなくてはならない。〝人間ピラニア〟の実物をはじめて目にしたときも、ぼくはそういう心構えで授業に臨んでいた。

人間ピラニアは国債についての講義をしに来たのだが、実のところ、カネを扱うことにかけては何でもしゃべれるほど該博な知識の持ち主だった。トレーダーをびくつかせることのできる唯一の債券セールスマンでもある。それは彼がトレーダーの仕事を本人たちよりよく知っているからで、相手がうっかり不当な値段を言ってきたりすると、がなり箱に向かって侮辱の言葉を吐きかけるのが常だった。ほかのセールスマンたちは、それを見て大いに溜飲《りゅういん》を下げた。

人間ピラニアはラグビー・チームのフッカーみたいに小柄でがっしりしていた。一番変わった特徴は、その凍りついたような顔の表情だった。ブラック・ホールみたいな黒い目は、めったに動かない。動くときは、潜望鏡のようにひどくゆっくりと動く。口はけっして形を変えず、しゃべると相似形のまま大きくなったり小さくなったりした。そして、その口から、実利本位の分析や不敬の言葉がとうとうと流れ出すのだ。

その日のピラニアは、フランス政府にかみつくことから講義を始めた。フランス政府は、ジスカールという名で知られる債券を発行した（そう、トム・ウルフの『虚栄の篝火』に出てくるやつだ。ウルフはジスカールに関する知識をソロモンのトレーダーから仕入れた。実際、作中の債券セールスマンについて下調べをするために、ウルフは四十一階を訪れ、つばきのかかる距離まで人間ピラニアに接近している）。ピラニアは、ジスカールがヴァレリー・ジスカールデスタン政府の創案になるものだということで、目の敵にしていた。この債券で、フランスは一九七八年に約十億ドルを調達した。それは、べつに問題ではない。問題なのは、この債券が、一定の条件下では一オンス三十二ドルで金と交換できるという点だった。つまり、例えば額面三千二百万ドルの債券を所有する人間は、現金を受け取るかわりに、百万オンスの金を要求することができる。

「くされ蛙どもがてめえの面の皮をひっぱがしてるってことだな」と、ピラニアは言う。ジスカールがいよいよ金と交換可能になり、金の価格が一オンス五百ドルに跳ね上がった今、フランスはこの債券発行で多大な損失をこうむりつつあるという意味だ。くされ蛙たちの愚行に対して、ピラニアは嫌悪の情を隠さない。五時になったら仕事をやめるという彼らの慣習までやり玉にあげる。ヨーロッパ人の労働観がとにかく気に食わないのだが、それを尋常には表現しない。一度、ソロモンの超過勤務に泣き言を言う上品なイギリス人やヨーロッパ人社員たちのグループを、〝ヨーロッパごくつぶし連合〟とこきおろしたことがある。

フランスへの攻撃を終えると、彼は図表を取り出して、国債裁定取引の仕組みを説明しだした。前列グループはびくびくし始め、後列グループはくすくす笑い始め、そのくすくすがいつピラニアの怒りに火をつけるかと、前列グループはさらにびくびくを募らせた。ピラニアのしゃべりかたは、とても人間とは思えない。「くされ取引でこのくされ債券を買いくされば、くそ壺《つぼ》にはまりくさるぞ」とか、「くされ二年物には用心しくさらんと、くされ面の皮をひっぱがすことになる」とかいう具合だ。形容詞、動詞、名詞。くされ、くさって、くそったれ。彼の世界では、物という物が腐臭を放ち、人という人が顔の皮を剝《は》いでいるらしかった。ぼくらはそれまで、自分の面の皮をひっぱがすなどという表現を聞いたことがなかった。それをピラニアがチック症状みたいに頻繁に口にするので、そのたびに後列グループはくすくす笑うのだ。ハーヴァード出身の人間ピラニアは、そんなことを気にも留めず、ずっとその調子で押し通した。

債券部門の三つのグループ（国債、社債、モーゲージ債）から、それぞれ十数人のセールスマンやトレーダーが講義に訪れたが、ぼくはごく一部の講師しか思い出せない。国債部から来た人間ピラニアは、部署の代表というより、ソロモンのトレーディング・フロアに跋扈《ばっこ》するくされ言葉運動の代表だった。社債部から来たある講師は、もっと斬新《ざんしん》な言語表現の型を持っていた。その男は、より周到なやりかたでぼくらに揺さぶりをかけてきた。人間ピラニアの場合、前列グループは震えあがったが、後列グループはものめずらしがっていただけだった。社債部のこの講師は、全員を震えあがらせた。

彼は、プログラムが九週間めに差しかかったある朝早く、前ぶれもなく登場した。名前は……まあ、彼の血管を流れる氷水のような液体にちなんで、仮に冷静沈着氏としておこう。しゃべるときに空中に放たれる冷気を、穏やかな英国なまりがさらに冷たくした。すらりとした長身は、左右十二列、前後約十五列に机が並んだ教室を、優にながめ渡すことができる。机の間を、階段状の通路が縦に貫いていた。現われてから一分間、彼は何も言わなかった。グレーのスーツを着た長身で冷ややかな男の手に握られた一分間は、ぴりぴりしている百二十七人の研修生にはとても長く感じられた。

冷静沈着氏は通路を後ろのほうへ歩いた。こういうとき、後列グループはパニックに身をすくませる。ささやき交わす声が聞こえる。

「どうして、こっちへくるんだ？　おかしいぞ。いったい……何を……する気なんだ？」

しかし、後列に行き着く前に、氏は足を止める。まんなかあたりの椅子にちょこんと座っている研修生を選んで、質問をした。

「きみの名前は？」

「ロン・ローゼンバーグです」研修生が答える。

「それでは、ロン」と、冷静沈着氏。「きょうのＬＩＢＯＲは？」

ＬＩＢＯＲ？　ＬＩＢＯＲ？　後列グループの十数人が、隣り同士、小声で尋ね合う。

「おい、ＬＩＢＯＲって何だ？」

ＬＩＢＯＲというのは、ロンドン銀行間取引金利《インターバンク・オファアード・レート》の略語で、ロンドンのある銀行が別の銀行に貸付けをする場合の利率のことだ。毎朝、ロンドン時間の午前八時、すなわちニューヨーク時間の午前三時に発表される。授業は七時に始まるから、研修生にはたっぷり四時間、ＬＩＢＯＲを頭に入れる猶予があったことになる。冷静沈着氏は、債券市場のほかのすべての指標と同様、ＬＩＢＯＲがわれわれの口からすらすらと出てくることを期待しているわけだ。

「けさのＬＩＢＯＲは七・二五パーセント」ロンが答えた。「きのうより二十五ベーシスポイントの上昇です」

驚くべきことだ。冷静沈着氏は、クラスの中でＬＩＢＯＲの最新値を知っているごくごくわずかな人間のうちのひとりを指名したのだった。おそらく半数以上は、けさの数値どころか、ＬＩＢＯＲという言葉の意味も知らなかったにちがいない。

それでも、冷静沈着氏は平然と受け止め、ローゼンバーグを祝福することすらしなかった。通路をまた後ろのほうへ歩き始め、一歩ごとに教室内の緊張は高まった。

「きみ」氏は後列グループのひとりを指した。「きみの名前は？」

「ビル・ルイスです」

「ビル、けさのＴＥＤスプレッドは？」

冷静沈着氏の口調はきびしさを加えた。ＴＥＤスプレッドとは、ＬＩＢＯＲと三カ月物財務省証券の利率との差のことだ。財務省証券の利率は、授業の始まる三十分前にならないと発表されない。いや、いつ発表されようと同じことだ。ルイスは無知を売り物にしているような男で、この種の情報にはまったくうとい。顔を赤らめ、唇をかんで、彼は敢然と冷静沈着氏のほうを向いた。

「わかりません」

「なぜだね？」

「けさは見ていないので」

目を開け！　これこそ、冷静沈着氏が後列まで足を延ばして言いたかったことなのだ。無知。怠惰。熱意の欠如。そういったものがまかり通ると思ってはいけない、と彼は言った。グッドフレンドが好んで言うように、ソロモンの研修生は機敏で有能でなくてはならない。トレーディング・フロアでこのクラスの評判が非常に悪いのも、無理のない話だ。云々《うんぬん》、云々。そして、彼は立ち去ったが、その前に、これからも時々顔を出すからと言い残すのを忘れなかった。

冷静沈着氏と人間ピラニアは、四十一階の中でぼくが最も好きなふたりだった。彼らには裏表がない。非情ではあるが、同時に誠実で、ぼくに言わせれば公正でもある。四十一階で問題を起こすのは、辣腕《らつわん》だけれどねじくれた連中、つまり、多くの研修生が秘かに、反吐《へど》が出るほどいやなやつらと呼ぶ手合いなのだ。人間ピラニアや冷静沈着氏なら、こちらが自分の役目をわきまえさえすれば、それ以上の無理難題は言わない。しかし、デスクの前を通りかかると、二回に一回は受話器を頭に投げつけてくるトレーダーに対しては、どうやって身を守ればいいのか？女性の研修生がひとりでいるところを見つけるたびに、みだらな誘いをかけてくる既婚の取締役には、どう対処すればいいのか？

研修プログラムはサバイバル・ゲームではないのだが、時々、四十一階の恐怖を実寸に直してくれる救い主のような人物が行く手に現われる。ぼくにとって、それは一年前に研修を終えて四十一階に入ったばかりのリチャード・オグレイディーという若い債券セールスマンだった。オグレイディーが教室に入ってきて最初にやることは、いつも授業の様子を収録しているビデオ・カメラのスイッチを切ることだった。それから、ドアを閉める。それから、二十三階の窓枠にぶら下がって覗《のぞ》いている者がいないことを確かめる。そしてようやく腰を下ろすのだ。

彼はまず、自分がソロモンに入社したいきさつから話し始めた。彼はこの会社の弁護士団の一員だった。顧問弁護士がトレーダーの羽振りのよさを見て、自分もトレーダーになろうとする例は多い。オグレイディーの場合、会社のほうから応募の誘いがかかった。そこで、ある金曜日の午後、面接を受けた。最初に会ったのは、リー・キンメルという名前の取締役（この本を書いている時点では、執行委員会の一員）だった。オグレイディーが部屋に入っていくと、キンメルは彼の履歴書を読んでいるところだった。キンメルは履歴書から顔を上げて言った。

「アマースト優等学生会員、花形スポーツ選手、ハーヴァード・ロー・スクール……。さぞかしもてたことだろうね」

オグレイディーは笑った(ほかにどうしようがあっただろう?)。

「何がおかしいのかね?」キンメルがきく。

「ぼくがもてたという話がです」

「別におかしくはない」キンメルの声が悪意の響きを帯びてきた。「何人の女をものにした?」

「そんなこと、あなたには関係ありません」

キンメルは机をこぶしでたたいた。

「そういう言いかたは慎みたまえ。きかれたことには、素直に答えればいいんだ。わかったかね?」

オグレイディーはどうにかその場を切り抜け、何人かとの面接を経たのち、その日の最後に、ぼくに勤め口をくれたのと同じ人物と相対した。レオ・コーベットだ。

「さて、ディック」コーベットが言う。「ここで社員の椅子を差し出したら、きみはどうする?」

「そうですね」と、オグレイディー。「ぼくはソロモンで働きたい。だが、その前にまず、うちへ帰って、一日か二日じっくりと考えてみたいんですが」

「トレーダーというよりは、弁護士ふうのものの言いかただな」

「レオ、ぼくは取引をしているわけじゃない。投資をしているんです」

「ハーヴァード・ロー・スクール流の才走ったせりふなど、聞きたくもない。もしかすると、きみに白羽の矢を立てたのはまちがいだったかも……。わたしはちょっと散歩に出て、十分後に戻ってくる。そのときまでに、返事を決めておいてくれ」

オグレイディーが最初に感じたのは、取り返しのつかない失敗をしでかしてしまったのではないかということだった。それから、一個の人間として考えてみた（オグレイディーに新鮮なものを感じるのは、四十一階のほかの男たちとちがって、彼がほんとうに人間らしい人間だからだ）。面接を受けてくれと言ってきたのは、ソロモンのほうだ。あのぼんくら面接官たちは、どこから最後通牒《つうちょう》を引っ張り出してこようというのか？　オグレイディーはしだいに、アイルランド人らしい熱い怒りをたぎらせた。コーベットの散歩は約束の時間より長引き、それがまた怒りに油を注いだ。

「さてと……」戻ってきたコーベットが言う。

「世界じゅうのカネを積まれたって、この会社では働きません」オグレイディーが言った。

「これだけの数のろくでなしを見たのは、生まれて初めてだ。社員の椅子など、あなたの尻《しり》に貼《は》りつけておけばいい」

「ようやく、舌がほぐれてきたようだな。きみの口からさえたせりふを聞くのは、きょう初めてだ」

オグレイディーは憤然とソロモン・ブラザーズをあとにし、ウォール街の別の会社に就職した。しかし、それは物語のほんの出だしにすぎない。レオ・コーベットに向かって勇ましい啖呵《たんか》を切った一年後に、新たな展開が訪れた。ソロモンからふたたびお呼びがかかったのだ。しかも、無礼のわびを入れてきた。会社のこのやりかたは、結果的に賢明だった。オグレイディーは優秀な債券セールスマンになったばかりか、トレーディング・フロアが渇望していた貴重な良心的人材でもあったのだから（ぼくは一度、彼が物乞いに小銭を恵むのを見たことがある）。意外なのは、ソロモンが彼を呼び戻したことではなく、オグレイディーがその話に耳を貸したことだ。歴史から学び取れる唯一の教訓は、歴史からは何も学べないということだ、とさる賢人が言っている。かくして、オグレイディーはソロモン・ブラザーズで働くことになった。

　そして今、彼はぼくらの知りたいことを話そうとしている。

「さて、きみたちは、ろくでなしどもとどう付き合えばいいかを知りたいんじゃないか？」

研修生の多くが、思わずうなずいた。オグレイディーは、勤め始めたばかりのころに実になる経験をして、おかげで大半の人間より早く秘訣《ひけつ》をつかんだのだという。

　彼は、ペン・キングという古参の債券セールスマンの下働きをしていた。世にもめずらしい長身でブロンドの凄腕野郎《ビッグ・スウィンギング・ディック》だ。ある日、キングが彼に、モルガン・ギャランティーという大のお得意様のために、四種類の債券の値段を調べてくるように言った。そこで、オグレイディーが担当のトレーダーにききに行くと、トレーダーは彼を見るなり、「いったい、何の用だ？」と言った。

「値段をいくつか知りたくて」と、オグレイディー。

「今、忙しい」トレーダーが言う。しかたがない、とオグレイディーは思った。クオトロンを使って、自分で調べられるかどうか、試してみよう。

オグレイディーがクオトロン端末のキーボードをいじくっていると、ペン・キングがどなった。

「値段を調べてこいと言ったはずだぞ」

そこで、オグレイディーは足早にトレーダーの所へ戻って、またきいた。

「うるさいな。ほら、このシートから読み取れ」

トレーダーはそう言って、債券価格を列記したシートをオグレイディーに渡した。自分の机に持ち帰って調べてみると、シートには数字がたくさん書いてあったが、知りたい値段は抜けていた。

「値段はいったい、どうなってるんだ?」ペンがせかす。

オグレイディーはそこまでのトレーダーとのやり取りを話した。

「よし、おまえのやるべきことを教えてやるから、よく聞け」すっかり頭に来たペン・キングが言った。「あのとんちきの所へ行って、こう言うんだ。〝おい、とんちき、さっききいたときはあんなにくそ協力的だったんだから、今度はちゃんと、モルガン・ギャランティーのための値段を教えてくれるんだろうな〟」

そこで、オグレイディーは三たびトレーダーの所へ行った。教えられたせりふから〝とんちき〟と〝くそ協力的〟の部分を削除して、毒気を抜いた依頼の言葉を頭の中でこしらえた。

「あの、たびたびおじゃまして申し訳ないんですが、モルガン・ギャランティーはとても大切なお得意様なので、ちょっとお力を拝借できたら……」という具合に切り出すつもりだった。

ところが、行ってみると、トレーダーは椅子から立ち上がり、わめきたてた。

「さっきから、ここで何をちょろちょろしくさってるんだ？　聞こえなかったのか？　おれは……今……忙しいんだ」

「おい、とんちき」毒抜きのせりふなど、オグレイディーは忘れてしまった。「さっききいたときはあんなにくそ協力的だったんだから、今度はちゃんと、まともな値段を教えてくれるんだろうな」

トレーダーは椅子に座り直していた。幸いなことに、オグレイディーの体格はトレーダーの倍ほどあった。彼は威圧するように立って、一分間ほどもトレーダーをにらみつけていた。

「とんちき」もう一度叫んで、だめを押す。

突然、トレーダーは狼狽《ろうばい》を見せた。

「ペーーーン！」半分どなり、半分泣きつくように、オグレイディーのボスの名前を呼ぶ。

「この男、いったい何なんだ？」

ペンは、自分にもさっぱりわからないというように、小さく肩をすくめた。

成り行きを見守っていた三、四人の債券セールスマンが立ち上がって拍手をし、ペンが満面に笑みをたたえて迎える中、オグレイディーは堂々と凱旋《がいせん》した。二分もしないうちに、しおらしい顔をしたトレーダーが自分のほうから値段を知らせに来た。

「そして、それ以後、彼は二度とぼくをこけにしなくなった」

魅入られたように聞く研修生たちに向かって、オグレイディーは言った。

容易に想像がつくことだが、彼の話は後列グループを熱狂させた。満塁ホームランのあと前列グループは感動に目を潤ませていた。オグレイディーは、品がよくて、なおかつ気取らない生まれながらの性格に、鍛錬でさらに磨きをかけた人間だった。確かに、アイルランド人特有の荒い気性も持ち合わせているが、ネアンデルタール人ふう処世術に染まらずに生きていける人物が四十一階にいるとしたら、それはオグレイディーだろう。この寓話の教訓は何か？　簡単だ。たとえアマーストとハーヴァード・ロー・スクールを優等で卒業しようと、花形スポーツ選手であろうと、女の子にもてまくろうと、四十一階に席を勝ち取るためには、誰かをなぐり倒さないわけにはいかないということだ。では、ろくでなしどもと付き合うコツは？

「ウエイト・トレーニングに励むか、空手を習うかだな」と、オグレイディーは言う。

この処世訓を裏打ちするかのように、オグレイディーのすぐあとにモーゲージ部の授業が続いた。ジョン・メリウェザーはまあ別格として、モーゲージ債のトレーダーたちは社内きっての凄腕野郎だった。モーゲージはソロモンでも一番の収益を誇る分野であり、研修生たちが一番働きたがる部署でもある。つまりは、暴虐が許されるということだ。この部署が、ぼくらの研修劇の終幕を飾った。

四十一階のモーゲージのデスクは、エレベーターと、ぼくが隠れ場所にしていた一角との間にあった。ぼくはその一角を慎重に選んだのだった。そこには、好意的な取締役と、小人数の最も暴力に縁遠い部下たちの机がある。その取締役が、確約ではないが、ぼくを〝ダラスの株式部門〟から救ってやると請け合ってくれていた。ついでに、仮の避難所まで提供してくれた。毎日、四十一階でエレベーターから飛び出し、わが取締役の翼の下へ駆け込もうとするとき、ぼくはモーゲージのデスクの前を通り抜けるかどうか決めなくてはならなかった。そして、毎日、通り抜けないほうを選んだ。モーゲージのトレーダーたちが強烈な悪意の波を放射しているので、ぼくはいつも大きく弧を描いてそこを避けるのだ。それでも、不安はぬぐえなかった。彼らは研修生の頭に受話器を投げつけることで知られており、射程を広げるために特別長いコードを取り付けているといううわさもあった。あとでわかったことだが、彼らは古参のプロフェッショナルたちに対しても平気で電話爆弾を投下するので、何年もソロモン・ブラザーズにいてありとあらゆる暴虐をくぐり抜けてきた社員でさえ、モーゲージのデスクには近づきたがらないらしい。ウォール街のどの会社にも、最悪の素行で鳴る部署が必ずあるが、ソロモンの場合はモーゲージ部がそうだった。

モーゲージのトレーダーたちに対してひるむ気持ちがある一方で、ぼくは彼らの仕事や、彼らのボスであるルーウィー・ラニエーリには興味を持っていた。ソロモンの研修生でラニエーリに興味を持たない人間はいない。粗野で武骨な天才、郵便係からたたきあげてトレーディング・フロアに進出した伝説上の人物、アメリカにモーゲージ債券の市場を創設した男（イギリスにも同様の事業を持ち込もうとしていた）。ラニエーリはソロモン、ソロモンはラニエーリだった。常に、わが社の特殊性を示す例として引き合いに出される。トレーディング・フロアが実力社会であることの生きた証拠でもある。ソロモン・ブラザーズは、ラニエーリの働きのおかげで、不可能と思われた多くのことを次々に実現してきた。その偉大な人物を、ぼくはまだ見たことがなかったが、雑誌の記事ではよく読んでいた。そして、ぼくらのクラスに彼が講義をしに来るといううわさが立った。

彼は現われなかった。かわりに、三人の上級トレーダーを部署の代表として送り込んできた。三人合わせると、体重は優に九百ポンドを超えただろう。彼らは教壇に並んで立ち、真ん中の男はぼくがそれまで見たこともないほど大きい葉巻をくゆらしていた。安物だが、とにかく大きい。ぼくが覚えているのは、その男だけだ。

彼は何も言わず、研修生が質問をするたびに、うめいたり笑ったりするだけだった。モーゲージ債の取引に携わりたい研修生は何十人もいた。だから、かなりの数の質問が飛んだのだが、答えはひとつも返ってこなかった。ある研修生がつまらない質問をしたとき、葉巻の男はただ一度だけ言葉らしい言葉を発した。「それで、モーゲージのトレーダーになりたいとはな」そう言うと、タグボートの船団が一斉に汽笛を鳴らすように、三人で声を合わせて笑ったのだった。

あわれなその研修生は、モーゲージのトレーダーを志望していた。ほかにも三十五人の希望者がいた。結局、五人が選ばれた。ぼくは選ばれなかったが、もちろんそれでよかった。ぼくは債券セールスマンとして、ロンドンへ送られた。ロンドンのトレーディング・フロアで個人的に受けた教育については、いずれ触れなくてはならないだろう。しかし、ここではまず、モーゲージのトレーダーたちの物語を追っていくことにしたい。彼らは会社の中核だったばかりではなく、八〇年代のウォール街の縮図でもあるからだ。モーゲージ市場は、金融界を襲った劇的変化をなぞっていく際の数少ない模範例のひとつだ。ぼくはロンドンの自分の席から、わが社のモーゲージ・トレーダーたちの動きをつぶさに観察したが、それは何より、あのむくつけき男どもの鮮やかな身の処しかたに強い興味を覚えたからだった。ぼくはラニエーリに魅了されていた。何年か連続で、彼と配下のトレーダーたちはウォール街の誰よりも巨額のカネを稼いだ。ぼくは彼らをまったく好きになれなかったが、そのこともまた彼らの強みのひとつだったろう。会社にとって、彼らの存在は健康のしるしであり、ぼくのような人間をかかえていることは病気の徴候なのだ。モーゲージのトレーダーたちが去ったら、ソロモンはたぶんつぶれていただろう。あとに残されるのは、気のいい男たちだけの集団なのだから。

5　ならず者たちの兄弟愛

ひとのためには何もしない。借りられるカネはいくらでも借りる。
――古いシチリアの処世訓

一九八五年一月。マティー・オリヴァは、ハーヴァード大学卒業後、ソロモン・ブラザーズの研修プログラムを終えたばかりだった。いいニュースは、念願かなってモーゲージ債の取引デスクに配属されたこと。悪いニュースは、これから一年間たっぷり、虐待の対象にされることだ。モーゲージの先輩トレーダーたちは、虐待こそ啓蒙《けいもう》だとうそぶく。研修生の気取りをたたきつぶし、神のあらゆる創造物のうちの最下層にあることを自覚させる修行というわけだ。何かまずいことが起こりそうになると、トレーダーたちはそれをマティー・オリヴァのせいにすることができる。

いつもマティーに昼食を運んでこさせるトレーダーが二、三人いた。彼らは「おい、変態野郎、食い物はどうした！」とどなる。虫の居所がいいときには、「そろそろ時間じゃないの、マティーちゃん？」と、口調を和らげる。いずれにしても、マティーに対して丁重にふるまう必要はない。マティーは奴隷なのだから。何を持ってこいと具体的に指示する必要もない。モーゲージのトレーダーがいつでもなんでも食べることは、研修生ならみんな知っている。

節操のない大酒飲みというのがいるが、モーゲージのトレーダーたちは節操のない大食漢だ。目の前に食べ物がないと、とたんに機嫌が悪くなる。食べているところをじゃまされでもすると、不機嫌を通り越して殺気立つ。同じ肥満体でも、例えば甲状腺亢進《こうしん》症の人たちは、一日じゅう慎ましやかにダイエット・コークを飲み、「何にも食べないのに、どうしてあんなに太ってるんだろう？」などと言われて、同情を買う余地がある。また、エド・マクマーンみたいに陽気なでぶの場合は、威圧的なところがないから、みんなに愛される。モーゲージのトレーダーたちはといえば、絶えず不満のうめき声をあげながらのし歩く、無愛想な相撲取り型の肥満体に属する。モーゲージの研修生は、食べ物を持ってこいと言われると、種類構わず、とにかくかかえられるかぎりの食べ物をかかえていくのだ。

一月のその宿命の日、かわいそうなマティーは、トレーディング・フロアから五階上の食堂まで階段をのぼっていった。モーゲージ部の奴隷になり果てた姿を仲間の研修生に見られるのは、なんともみじめなものだ。ほかの研修生たちは自由市民に近い身分を楽しんでいる。マティーは持てるだけの数のプラスチックの盆に、フライやバーガー、コーク、キャンディー、二十数枚のチョコレート・チップ・クッキー、その他、ニューヨーク市の衛生検査官からたびたび警告を受けることでウォール街に名を馳《は》せている厨房《ちゅうぼう》の製品を、手早くいっぱいに載せた。それから、カネを払わずに、警備員のそばをすり抜ける。いわば、ささやかな勝利。いわば、他愛ない自己主張。いわば、虐げられた魂の発する控え目な自由の叫び。あるいは、単なる経済的な欲求。食い逃げは、ソロモン・ブラザーズの食堂ではめずらしい行為ではない。食べ物を盗んだのは、マティーの大きな誤りではなかった。大きな誤りは、肥満体のトレーダーのひとりに自分の手柄を吹聴したことだった。

その日の午後、マティーは〝証券取引委員会の特殊業務部員〟と称する男からの電話を受けた。証取委はウォール街の全社員食堂を管轄しており、きょう、ソロモン・ブラザーズの食堂から盆三つぶんの食べ物が盗まれたという届け出があったので、調査中なのだという。何か、心当たりは？

はっはっは。マティーは笑った。実におもしろい。

いや、これはまじめな話なのだ、と相手は言った。ウォール街の倫理基準は、あらゆる面から監視されなくてはならない。

マティーはもう一度くすくす笑って、電話を切った。

翌朝、出勤したマティーを、取締役のマイク・モータ一ラが待っていた。モータ一ラはモーゲージ部の責任者だ。研修プログラムの授業を担当したのも、このモータ一ラだった。トレーディング・フロアの芸達者な連中は、よくモータ一ラのものまねをする。あるときはそれが『ゴッドファーザー』のマーロン・ブランドふうに聞こえ、あるときは『欲望という名の電車』のマーロン・ブランドふうに聞こえる。

モーターラはただならぬ表情をしていた。マティーを執務室に招き入れる。

「マティー、今、証取委の特殊業務部から電話があったんだが、困ったことになった。きみが食堂から食べ物を盗んだというのは、事実なのか？」

マティーはうなずいた。

「何を考えているんだ？　どういうことになるか、ほんとうに知らんぞ。机に戻っていろ。あとでこちらから呼ぶ。困ったもんだ」

その日一日、マティーは当たり券をなくしてしまった宝くじ当選者のように、途方に暮れた顔をしていた。まだ弱輩で、虐待に耐えるぐらいしか仕事のない新米トレーダーだとはいっても、凄腕野郎《ビッグ・スウィンギング・ディック》に至る道に一歩を踏み出したところなのだ。アメリカのモーゲージ市場は世界のどの金融市場より急速に成長しており、モーゲージ債を取引するのは社内でも一番人気の高い仕事だった。ソロモン・ブラザーズで一番ということは、取りも直さずウォール街で一番ということだ。ソロモンのトレーディング・フロアはウォール街全体を支配しているのだから。

ソロモンでの取引経験が二年を数えるころになると、若いモーゲージ・トレーダーは、メリルリンチ、ベア・スターンズ、ゴールドマン・サックス、ドレクセル・バーナム、モルガン・スタンレーなどの投資銀行から盛んに誘いをかけられる。どの会社も、ソロモンのモーゲージ取引の魔術を盗み取りたくて必死なのだ。これらの勧誘は、最低でも年俸五十万ドル、プラス取引利益に応じた歩合を意味する。マティーは一年めのトレーダーだ。うまく仕事をこなせば、四年めぐらいまでに税込み百万ドルは稼げるだろう。二十二歳の青年としては、格好の時機に願ってもない場所に居合わせているわけで、しかもマティーは、運と努力でこの思いどおりの地位を射止めたのだ。そこへ、今回の災難。食堂で証取委に捕まるとは……。事はどれぐらい深刻なのだろう？　悶々《もんもん》と悩む彼の姿を、ほかのモーゲージ・トレーダーたちは遠くからながめ、勇み足をしてしまったこの新人トレーダーに、ままならぬ現実と向き合う時間をたっぷりと与えた。

翌朝、マティーはグッドフレンドの執務室に出頭するよう指示された。ジョン・グッドフレンドにはまだ一度も会ったことがないし、会う必要に迫られたこともない。「グッドフレンドには、雑魚《ざこ》と遊んでる暇はないからな」と、あるトレーダーが言っていた。そのグッドフレンドからお呼びがかかったとなると、あの万引はやはり大事件なのだ。グッドフレンドの執務室は、マティーの席から二十ヤードほどの距離にあった。ふだんは空っぽの部屋だ。ソロモンでの長い職業生活を無難に過ごす社員は、その部屋に一生足を踏み入れずにすむ。その暗い部屋の中では、マティーよりはるかに自衛力に富む人々がたびたび煮え湯を飲まされてきた。なんとか希望を見いだそうとするマティーの必死の思いも、しかし、グッドフレンドの隣りに座っているモーターラの姿を見たとたんにくじけた。マティーは部屋に入っていった。

食堂でチーズバーガーを盗むのがいかにつまらない行為かということを、グッドフレンドはひとしきり説教した。それから、言った。

「マティー、たった今、ソロモン・ブラザーズ執行委員会の長くてつらい話し合いを終えて、結論が出たところだ」――長い中断――「とりあえず、きみを会社に残すことにした。今、わたしに言えるのは、ワシントンの証取委とのあいだでかたづけなくてはならん問題が、わが社にはほかにもあるということだけだ。追って、また連絡する」

市場で働く者の武器は、言葉だけ、名誉だけだ。毎年、ジョン・グッドフレンドは研修プログラムに向けてそういうメッセージを託す。入社して間もないマティーは、そのメッセージを鵜《う》呑《の》みにしていたのかもしれない。いずれにしろ、彼は自分の職歴に取り返しのつかない傷ができたと感じた。ウォール街にとどまるかぎり、万引の汚名はついて回るだろう。証取委がインサイダー取引や食い逃げ事件の調査に来るたびに、まっ先に疑いをかけられる。いわば、前科者。誰もがマティーの名をささやく。

モーゲージ取引デスクの自分の席に戻ったとき、マティーは世界の終わりを見てきたような顔をしていた。ほかの二十数人のトレーダーにとって、それは正視に耐えない姿だった。彼らは忍び笑いをクオトロンの後ろに隠そうとした。しかし、周囲を見回したマティーは、誰もが笑っていること、そればかりか、誰もが自分をあざ笑っていることに気がついた。彼は、部内の符丁で言う〝カモ〟、すなわち悪巧みの犠牲者に仕立てあげられていたのだ。もともとはモータータラの考えだったが、モータータラは策略に信憑《しんぴょう》性を与えるためにグッドフレンドまでかつぎ出した。ジョン・グッドフレンドともあろう者がそういういたずらに手を貸すとは、マティーもまさか思わなかっただろう。「史上最大級のカモだぜ！」モーゲージ・

トレーダーのひとりが叫んだ。研修生のばか正直さには際限がないということが、ここでまた証明されたわけだ。考えてもみろ。社員食堂に証取委が網を張っているなんて！

マティーはどうしても笑い飛ばせなかった。死刑台に送られて、執行間際に冗談だったと知らされた人間のような引きつった表情を浮かべ、やがて泣きだした。トレーディング・フロアを飛び出し、エレベーターに乗る。二度と戻らないつもりだった。誰も彼を止めようとしない。トレーダーたちは笑い転げていた。グッドフレンドとモータラも、グッドフレンドの部屋で腹をかかえていた。結局、同情よりは義務感に駆られて、アンディー・ストーンという上級トレーダーがマティーをさがしに行った。日ごろマティーを専用の奴隷として使っている立場なので、責任を感じたのだ。それに、ストーンはもともとトレーダーとしては人情味の厚いほうだった。彼はニューヨーク・プラザ一番館のロビーでマティーにビールをおごり、ああいういたずらをされるのはみんなに好かれている証拠だと言い聞かせた。人気がなくては、カモになどなれるものではない。マティーは何時間も通りを歩き回った末、会社へ戻ることにした。

マンハッタン南部を憑《つ》かれたように徘徊《はいかい》していたときのマティーの胸中は、想像で推し量るしかない。いったん興奮が冷めると、ほかに行く場所がないことがわかってきたのだろう。ソロモンのモーゲージ取引デスクに黄金の手錠を掛けられた身なのだ。ハーヴァード出のエリートをいびって楽しんでいるあのひと握りのトレーダーたちは、債券市場の三分の一を完全に牛耳っている。企業の従業員としては、おそらくアメリカで一番稼ぎがいい人々だろう。

マティーに市場の牛耳りかたを教えてくれるのは、彼らしかいない。トレーダーたちが好きな相手にだけいたずらをするというストーンの言葉は、真実ではない。彼らは誰にでもいたずらをする。しかし、それは個人的な悪意から来るのではなく、儀式のようなものなのだ。カモにされるのは、成人になるための通過儀礼だと言える。とにかく、一年後には、マティーはカモと反対の側に立つことになる。後輩の奴隷研修生が泣いているのを、クオトロンの陰から笑いを殺してながめる一人前のトレーダーになるだろう。そう、一九八五年一月の時点では、マイク・モータ一ラ率いる精鋭部隊こそ、あの裕福な兄弟分たちこそ、ソロモン・ブラザーズのモーゲージ・トレーダーこそ、頂点に立つ者たちだった。

一九七八〜一九八一

ウォール街はカネの借り手と貸し手との仲を取り持つ。一九七八年春、ソロモン・ブラザーズがウォール街で初のモーゲージ部を創設するまで、借り手といえば、大企業や連邦政府、州、地方自治体などのことだった。個人の住宅所有者は含まれなかった。ソロモンの共同経営者のひとりロバート・ドールは、それを不思議なことだと思った。最も急速に成長しつつある借り手の集団は、政府でも企業でもなく、住宅所有者なのだ。一九三〇年代初頭以来、アメリカの立法担当者たちは、国民が住宅購入資金を借りることを奨励する措置を次々に講じてきた。その一番顕著な例は、モーゲージ・ローン利息への課税控除だろう。次いで目立つのが、貯蓄貸付組合《セイヴィングズ・アンド・ローン》つまりS&Lだ。

S&Lは、平均的アメリカ国民の住宅ローンの大多数を取りしきり、政府から何重もの援助と保護を受ける。預金保険や租税の抜け穴などの特典は、資金コストを押し下げることによって、間接的にモーゲージ・ローンの金利を低くする。ワシントンのS&Lロビイストたちは、民主主義を、星条旗を、アップルパイを引き合いに出して、ひとつひとつの特典の立法化を図った。彼らは住宅所有者の代表を名乗り、住宅を持つことこそアメリカ的生活様式だと主張した。議会でこれに正面切って反論するのは、母性保護反対の運動を展開するようなもので、政治的に賢明とは言えなかった。好意的な公共政策に促されて、S&Lは成長し、一九五〇年に五百五十億ドルだったモーゲージ・ローンの貸付残高は、一九七六年には七千億ドルにふくれあがった。一九八〇年一月には、それが一兆二千億ドルとなり、モーゲージ市場はアメリカの株式市場の時価総額を上回って、世界最大の金融市場の地位へのぼり詰めた。

にもかかわらず、一九七八年のウォール街では、住宅モーゲージが大きなビジネスになると考える根拠は薄弱だった。少なくとも、企業の最高責任者や州の政府首脳に助言する立場にある人々には、モーゲージのすべてが些細で無価値なものに見えた。住宅モーゲージの最高責任者といえば、S&Lの会頭たちだ。典型的なS&Lの会頭は、小さな地域社会の顔役を兼ねている。町のパレードで山車《だし》のスポンサーになるような人物、と言えばわかりやすいだろうか。ポリエステルのスーツを着て、五桁《けた》の年収を取り、労働時間は一桁。ライオンズ

・クラブかロータリー・クラブに所属し、貯蓄業界の内部では三・六・三クラブとして知られる非公式な団体の一員でもある。つまり、三パーセントでカネを借りて、六パーセントで貸し、午後の三時にはゴルフ・コースに出ているというわけだ。

毎年、ソロモンの研修クラスの前で、テキサスのS&Lに債券を売っている四人のセールスマンが寸劇を披露する。ふたりはソロモンのセールスマンを、あとのふたりはS&Lの重役を演じる。

筋書きはこうだ。

重役たちが片手にテニスのラケット、片手にゴルフ・バッグを持ち、退社しようとしているところへ、ちょうどソロモンのセールスマンが入っていく。重役たちはチェックのズボン、広い下衿《したえり》の付いたチェックのジャケットという滑稽《こっけい》ないでたちだ。セールスマンは彼らに取り入ろうとする。ついには、ひとりの重役のジャケットの下衿をほめることになる。すると、もうひとりの重役がむっとして言う。

「そういうちんけな下衿は、安ピカ衿とでも呼ぶべきじゃないかね？」露骨なテキサスなまりだ。「背中から見えるようでなきゃ、下衿とは言えんよ」

くるっと後ろを向くと、なるほど、下衿が両肩から翼のように飛び出している。

むだ話に時間を費やしてきたセールスマンは、いよいよ客を仕留めにかかる。彼らは重役たちに、十億ドルの金利スワップを勧める。重役たちは金利スワップというのが何かを知らないらしく、顔を見合わせ、肩をすくめる。セールスマンのひとりが説明しようとする。重役たちは聞きたがらない。早くゴルフに行きたいのだ。しかし、セールスマンたちは客の髪の毛をつかんで放さない。

「とにかく、その十億ドルの金利スワップとやらをくれよ。おれたちは出かけたいんだ」とうとう重役たちが言う。そこで寸劇はおしまいだ。

住宅モーゲージを握っているのは、そういう種類の人間たちなのだ。ウォール街の豪傑カウボーイたちの隣りに並べると、羊の見張り番ぐらいにしか見えない。カウボーイたちは債券を取引する。社債や国債だ。しかも、彼らは債券をむち打ち、荒々しく乗り回す。例えば、トレーディング・フロアで立ち上がって、声を張りあげる。「ＩＢＭの八・五パーセント債、一千万ドル、今すぐたたき売るぞ」という具合だ。百万年たっても、「マーヴィン・Ｋ・フィンクルバーガー邸の住宅モーゲージ六万二千ドル、手に入れたぞ。満期まで二十年で、返済利子は九パーセント。ノーフォークのすぐ郊外にある三寝室のこぎれいな家だ。持ち主も好人物だぞ」などとは言わないだろう。トレーダーは住宅所有者をむち打つわけにいかないのだ。

この問題は、アメリカ中産階級に対する侮蔑《ぶべつ》というより、もっと根本的なものだ。モーゲージ・ローンは、売買可能な証券ではない。貯蓄機関による融資だから、貯蓄機関の手を離れることはないのだ。大きな数字を扱い慣れているウォール街にとって、家一軒分の抵当権はあまりにちっぽけな投資だ。自分がカネを貸した住宅所有者が信用できるかどうかを調べるために、わざわざ郊外まで足を運ぶ物好きなトレーダーや投資家はいないだろう。モーゲージ・ローンを有価証券にするには、まず非人格化する必要がある。最低条件として、モーゲージ・ローンは他の住宅所有者のローンとプールされなくてはならない。数千の証書が寄せ集められ、確率的に債務不履行の度合がごく小さいものになれば、統計値に信頼を置くトレーダーや投資家はそのプールに資金参加しやすくなる。それを小口化して証券を発行し、出資者はプールからのキャッシュ・フローを、すなわち保証付きの分け前を、出資額に応じて受け取ることができるという仕組みだ。それぞれ固有の特徴を持ち、それぞれの内部では質の均一な、何十万というプールが想定できる。例えば、十一万ドル以下で金利十二パーセントのモーゲージ・ローンばかりを集めたとする。このプールの証券を所有する人間は、貸したカネに対する年十二パーセントの利息と、住宅所有者から繰り上げ返済されたぶんの割り前を受け取ることになる。

ここまで規格化されると、証券は、アメリカの年金基金に、東京の信託銀行に、スイスの銀行に、税金のがれでモンテカルロ港内のヨットに住んでいるギリシャの船舶王に、とにかく投資するカネのある者なら誰にでも売ることができる。ここまで規格化されると、取引することもできる。トレーダーが目にするのは、その債券だけだ。トレーダーが見たがるのも、その債券だけだ。債券なら、むちを当て、乗り回せる。市場の中央に、けっしてまたぐことのできない一本の線が引かれる。線の片側には住宅所有者、反対側には投資家とトレーダー。このふたつの集団は絶対に顔を合わせることがない。片方がもう片方に家を買うカネを貸しているという個人的な観点から見ると、これは不思議なことだ。住宅所有者が接するのは地元のS&Lだけで、カネはそこから来て、いずれそこへ返済する。投資家とトレーダーが接するのは、紙切れだけだ。

ロバート・ドールが最初にモーゲージ・ローンに興味を持ったのは、のちにジェラルド・フォード政権の財務長官になるソロモンの共同経営者のひとり、ビル・サイモン（さらなるのちに、いくつかのS&Lをアメリカ政府から安く買って、十億ドルを稼いだ）のもとで働いていたときだった。サイモンは発展するモーゲージ市場に目を光らせる役目を負っていたが、ドールに言わせると「あれ以上注意散漫な人間はいなかった」。七〇年代の初め、サイモンはソロモン・ブラザーズで国債を取引していた。その際に、冷たい水を何杯も何杯も飲みながら、立ったまま仕事をするのを好んだ。当時、大声で債券を売ったり買ったりする仕事は、ソロモン以外ではもてはやされていなかった。サイモン自身、文筆家のL・J・デイヴィスに語っている。

「わたしがこの業界に入ったころ、トレーダーはりっぱな職業とは思われていなかった。ビジネス・スクール出身の人間を雇ったことなど、一度もない。部下のトレーダーたちによく言ったものだよ。〝債券の取引をしていなかったら、おまえたちはトラックの運転手になってるところだ。市場でインテリぶろうとするな。取引に専念しろ〟とね」

サイモンはハーヴァード卒ではなく、ラファイエット大学を中退して、自力で頂上まで這《は》い上がった男だ。方々の大学やビジネス・スクールを求人活動で訪ね回ったが、野心あふれるトレーダー志望者の群れを引き寄せることはできなかった。野心あふれるトレーダー志望者の群れなど存在しなかったからだ。彼の言動は、『ニューヨーク・タイムズ』や『ウォール・ストリート・ジャーナル』の報道の網にも引っ掛からなかった。七〇年代に、誰が国債のことを気にとめただろう？　それでも、サイモンは自分を大物だと感じ、そうふるまった。大事なのは会社の意向であり、ソロモン内部では国債トレーダーは王様だったからだ。アメリカ国債はあらゆる債券の指標であり、それを思うままに取引する人間はあらゆるトレーダーの指標だというわけだった。

サイモンの住宅用モーゲージ市場への嫌悪感は、一九七〇年の政府抵当金《ガヴァメント・ナショナル・モーゲージ・アソシエー》庫《ション》（通称ジニー・メイ）との論争に端を発している。ジニー・メイは比較的小規模の住宅所有者のモーゲージ・ローンを保証し、それに財務省の全面的なお墨付きを与える機関だ。連邦住宅局および退役軍人庁の抵当権規格を満たす住宅所有者なら、誰でもジニー・メイの証印をもらえる。ジニー・メイは貸付金をプールし、債券として売ろうともくろんだ。ここにサイモンが絡んでくる。債券に最もくわしいアメリカ政府顧問として、彼はモーゲージ市場を育成するのにうってつけの人物だった。

多くのモーゲージと同様、ジニー・メイの裏書きしたローンは、長期にわたって少しずつ元本が返済される形をとる。また、これも多くのモーゲージと同様、どの時点でも全額繰り上げ返済が可能だ。このふたつの点が、サイモンの目には、ジニー・メイの提唱するモーゲージ債券の足かせともなる欠点に見えた。この債券を買った人間は、社債や国債の購入者にくらべて決定的な不利を負うことになる。償還までの期限がはっきりしないのだ。ある一郭の住民が債務を返済したうえでいっせいに引っ越したりすると、三十年物のモーゲージ債を持っていたつもりの投資家は、いきなり現金の山の上に取り残されてしまう。

それより可能性が高いのは、金利が下がって、その一郭の全住民が三十年の固定金利ローンをもっと低利のものに借り換えることだ。その場合も、モーゲージ債所持者は現金をかかえ込むことになる。その現金を元のローンと同じかもっと利率の高いものに再投資できれば、別に問題はない。しかし、金利が下がってしまっている以上、従来どおりの見返りは望めないわけだから、投資家は結局損をする。一方、住宅所有者の側から言えば、金利が下がったときに、支払う利息が少なくなるようローンを組み直すのは至極当然の対応だ。となると、モーゲージ債に投資したカネは、自然の成り行きとして、貸し手にとって一番都合の悪いときに償還されることになる。

ビル・サイモンはモーゲージ債の購入者（貸し手）を保護してくれるよう、ジニー・メイの説得に努めた。住宅所有者からの現金をそのまま投資家に渡すという形ではなく、決まった満期を持つ普通の債券並みの安定性を保証すべきだと言い張った。そうでなければ、誰がモーゲージ債を買いたがるだろうか？　誰が満期のわからない債券を持ちたがるだろうか？誰が、いつカネが戻るとも知れない不安定な投資先を選ぶだろうか？　この反論をジニー・メイが無視したので、ビル・サイモンのほうもジニー・メイを無視した。彼は、ソロモン・ブラザーズ社内で〝歩兵〟と呼ばれる企業金融アナリストのひとりを、新型モーゲージ証券市場の開発に当たらせた。歩兵は開発に縁がない。つまりは、開発は行なわれないということだ。

ロバート・ドールは、国債市場でビル・サイモンが行なう買付けの資金を調達する仕事をしていた。カネを取引するわけだ。毎日、一番低い利率で借りて、一番高い利率で貸す。債券ではなく、その貸し借りは一日限りのものだった。翌日になると、また最初から新しく始める。しかし、債券取引と違い、短期金融取引はソロモン・ブラザーズ内部でさえ光の当たらない仕事だった。ソロモンの取引品目の中で、貨幣は最も投機性に乏しく、従ってリスクも少ない商品だからだ。

とはいっても、金融取引も取引にはちがいない。少なくとも鉄の睾丸《こうがん》一個と、債券取引にも通じるひねくれた頭脳構造が必要だ。その証拠。勤め始めて間もないある日、ドールは市場に五千万ドルの買い（借り）を入れようとした。調べてみると、市場は四〜四・二五パーセントで商われていた。すなわち、四・二五パーセントの買い（借り）、四パーセントの売り（貸し）が入れられるというわけだ。そこで、五千万ドルを四・二五パーセントで買おうとしたのだが、市場は四・二五〜四・五パーセントに上がった。多額の買い注文に、売り手が浮き足立ったのだ。ドールは四・五の注文を出した。市場はまた動き、四・五〜四・七五に上がった。何度か買い値を上げたが、同じ結果に終わったので、彼はビル・サイモンの執務室に行って、買いの予定が果たせないことを告げた。売り手の逃げ足が速すぎる、と。

「だったら、きみが売り手になるんだな」サイモンは言った。

そこで、実際には買わなくてはならないのに、ドールは売りに転じた。五千万ドルを五・

五パーセントで売った。さらに五千万ドルを、五・五パーセントで売った。すると、サイモンの予測したとおり、市場は値を崩した。誰もが売りたがった。買い手がつかない。
「ここで買い戻せ」四パーセントまで下がったところで、サイモンが言った。こうして、ドールは五千万ドルを四パーセントで手に入れたばかりか、高利で売ったぶんからも利益を得た。これがソロモンの債券トレーダーの考えかたなのだ。自分のやりたいことはしばらく忘れて、市場の脈を取ってみる。市場がそわついて、人々がひるんだりもがいたりしているときは、彼らを羊のように片隅に追い込み、不安の代価を支払わせる。こちらはどっしり構えて、市場が金貨を吐き出すのを待つ。そのあとはじめて、自分のやりたいことのほうに注意を向けるのだ。

ロバート・ドールは取引が大好きだった。そして、ジニー・メイ債に対する公式の責任を負っているわけでもないのに、その取引を始めた。一九七七年九月、ドールはソロモン・ブラザーズにおけるモーゲージ債の責任者にのし上がった。ドレクセルの筆頭取締役フレッド・ジョーゼフの弟であるスティーヴン・ジョーゼフと組んで、彼は最初の私募モーゲージ債を創設した。ふたりはバンク・オヴ・アメリカを説得し、住宅ローンを債券の形で売らせた。保険会社などの投資家を説得し、その新しいモーゲージ債を買わせた。そうすることで、バンク・オヴ・アメリカはもともと住宅所有者に貸し付けていたぶんを現金で受け取り、それをまた新たな貸付けに回すことができる。住宅所有者はそれまでどおりバンク・オヴ・アメリカ宛《あ》てに返済の小切手を切り続けるが、カネは債券を買ったソロモン・ブラザーズの顧客の手に渡ることになる。

これが将来の波だ、とドールは確信した。住宅への需要の急増が、資金の供給を追い越してしまう。高齢化が進み、一軒当たりの居住者数は少なくなる。国民が裕福になり、セカンド・ハウスを購入したい人間が増えてくる。S&Lは、ローンの需要に追いつくほど急速には発展できない。それに、鉄錆地帯《ラスト・ベルト》から陽光地帯《サン・ベルト》への着実な人口の移動によって生じる金融体制の不均衡も見のがせない。陽光地帯のS&Lには、預金量が少ないのに、住宅購入者からの借入れ申込みが殺到する。鉄錆地帯のS&Lは、使い道のない預金をどっさりかかえ込む。ドールはそこに解決策を見いだした。鉄錆地帯のS&Lが余剰資金で陽光地帯のS&Lのモーゲージ債を買い入れれば、実質的に住宅所有者への融資が行なわれたことになる。

ソロモン・ブラザーズの執行委員会の要請で、ドールはこの市場に対する信念を三ページの覚書にまとめ、その結果、ジョン・グッドフレンドはジニー・メイの取引を国債部から切り離して、モーゲージ部を新設する断を下した。時は一九七八年春、グッドフレンドが三人の創業者のうちのひとりの息子であるウィリアム・ソロモンを継いで会長に就任したばかりのころだった。ドールは金融取引をやめて、元の机から数フィート離れた席に移り、将来に考えをめぐらした。バンク・オヴ・アメリカにローンを売ってもらったときのように、銀行やS&Lとの交渉に当たる財務家が必要だ。そのローンがモーゲージ債に形を変える。バンク・オヴ・アメリカのときに組んだスティーヴン・ジョーゼフ以外に、適任者はいない。ジョーゼフが創り出した債券を市場で取引するトレーダーも必要であり、そのほうがむしろ大問題だった。トレーダーの人選が帰趨《きすう》を決する。債券を売るのも買うのもトレーダーだ。大物トレーダーの存在は投資家に自信を吹き込み、それだけで市場を成長させる力を持つ。そして、そのトレーダーがソロモン・ブラザーズに利益をもたらす。それゆえに、人々からあがめられ、注目され、信頼されるのだ。ドール自身、言わば第一号のモーゲージ債トレーダーだった。これからは、管理する側に回る。実績のある有能な人材を、社債か国債のデスクから引き抜いてこなくてはならない。それは難問だった。ソロモンでは、ある部署が誰かを手放すのは、その人間にいて欲しくないというよほどの理由がある場合に限られる。つまり、よそから人員を調達しようとすると、使いたくない種類の人間しか手に入らないことになる。

しかし、ジョン・グッドフレンドのあと押しもあって、ドールは第一候補を獲得することができた。ルーウィー・ラニエーリ。三十歳の公益事業債《ユーティリティー・ボンド》トレーダーだ（ユーティリティーといっても、万能控え選手《ユーティリティ・プレーヤー》みたいに一線級のトレーダーの穴を埋める便利屋的存在を意味するのではない。ルイジアナ電力のような公益事業《パブリック・ユーティリティー》の債券を取引するトレーダーのことだ）。ラニエーリのモーゲージ部への移籍は、債券トレーダー黄金時代の前夜に行なわれたタイミングのいい種まきだった。一九七八年半ばのこの人事をもって、ソロモン・ブラザーズ内部で長く語り継がれるモーゲージ市場物語が幕をあけたのだ。

ドールは自分がルーウィー・ラニエーリを選んだ理由を的確に把握していた。

「優秀でたくましいトレーダーが欲しかったんだ。だが、ルーウィーは単なるトレーダーじゃなかった。市場を切り拓こうという知力と意志を持っていた。骨のある男だった。必要とあらば、百万ドルの損失を上司に隠すことも平気でする。倫理に手足を取られたりはしなかった。いや、倫理という言葉を使うと語弊があるが、とにかくまあ、教育のあるなしを問わず、あれほど頭の回転の速い人間は見たことがない。それより何より、彼は夢想家だった」

生まれたてのモーゲージ部の首席トレーダーとしてドールの下で働くようにと、ジョン・グッドフレンドから言い渡されたとき、ラニエーリは狼狽《ろうばい》した。

「おれは国債部門で一番の腕利きだと自負していた。理解に苦しんだね」と、彼は言う。宝の山から引きずり下ろされるような移籍だった。公益事業債は当時、大きな稼ぎをあげていた。ソロモン・ブラザーズの社員は、歩合で給料をもらうわけではないが、年度末にその年の稼ぎ高を指差して、「これがおれのぶん」と誇らしげに言い、それで出世の階段をのぼっていくようなところがあった。稼ぎこそ力だ。ルーウィーの目から見て、モーゲージ部でそういう年度末の楽しみを味わうことは望み薄だった。出世の階段も、ここで行き止まりかと思えた。あとから振り返ると、これは滑稽《こっけい》なくらい的はずれな不安だった。六年後の一九八四年、ラニエーリは、ソロモンのモーゲージ部の稼ぎはウォール街のほかの会社の全部門を合わせた額をも上回る、と豪語することになる。鼻高々に自分の部署の業績を語ることになる。ソロモン・ブラザーズの副会長の座にまでのぼり詰める。グッドフレンドも事あるごとに、後継者としてラニエーリの名を挙げることになる。しかし、一九七八年のラニエーリには、いずれも想像さえつかないことだった。辞令を聞いたとき、彼はだまされたような気分になったのだ。

「みんなに、〝おめでとう、シベリアに島流しになったんだってな〟と言われてるみたいだったよ。辞令に逆らうのはおれの流儀じゃないから、拒否はしなかった。ただ、何度かジョンに、〝どうして、おれをこんな目にあわせるんです？〟とかみついたね。異動したあとになってまで、友だち連中がやってきては、何をしでかしてジョンの逆鱗《げきりん》に触れたのかと尋ねたもんだ。取引で大損をしたのか、それとも法律でも破ったのかってね」

ビル・サイモンと同じく、ラニエーリもモーゲージ債を債券市場の鬼っ子だと考えていた。誰がそんな債券を買うだろう？　いつ繰り上げ返済をしてくるかもわからない住宅所有者に、誰がカネを貸したがるだろう？　おまけに、取引の材料がたくさんあるわけでもない。

「わずかばかりのジニー・メイ（と、バンク・オヴ・アメリカ絡みの一銘柄）があるだけで、誰もそんなものに関心を払わない。なんとかほかのネタをさがそうと知恵を絞ったよ」

ラニエーリの子どものころの夢は、イタリア料理店のシェフになることだった。ブルックリンのスネーク・ヒルで車の衝突事故にあい、喘息がぶり返して、オーヴンの火に耐えられなくなったために、その夢は絶たれた。一九六八年、セントジョン大学で英語学を専攻する二年生だったときに、ソロモン・ブラザーズの郵便室で夜勤のアルバイトを始めた。週給七十ドルだった。勤め始めて数カ月たったころ、金銭問題にぶち当たった。彼には、両親からの財政援助がなかった（十三歳のときに父親を亡くしている）。妻が病気で入院し、治療費がかさむばかりとなったのだ。一万ドル必要だった。ラニエーリは十九歳で、あてにできるカネといえば毎週の給料だけだ。

とうとう、顔ぐらいしか知らないソロモン・ブラザーズの重役のひとりに、借金を申し込むしかない状況に追い込まれた。

「忘れられないね。きっとくびになると思った。確信してたよ」

ところが、その重役氏はラニエーリに、病院の費用は社で面倒を見ると言った。ラニエーリはそのぶんを給料から差し引かれるのだと思い、それでは暮らしていけないので、異議を申し立てようとした。

「社で面倒を見ると言ってるんだ」

重役氏はくり返した。ソロモン・ブラザーズは、入社して三カ月にしかならない郵便係の妻の治療費一万ドルを支払った。その措置の是非を論じる会議が開かれたわけでもない。件《くだん》の重役氏は、返事をする前に迷うそぶりすら見せなかった。そうするのが正しいというただそれだけの理由で、治療費は支払われたのだ。

世を去って久しいそのソロモン・ブラザーズの重役が言った正確な言葉は、今から再現すべくもないが、ラニエーリの受け取ったメッセージははっきりしている。〝ルーウィー・ラニエーリの面倒はずっとソロモンが見る〟。この措置は、ラニエーリをいたく感動させた。彼が忠誠心について、ソロモン・ブラザーズと従業員とのあいだの〝誓約〟について語るとき、いつも頭に浮かべるのはこの寛大な行為のことだ。モーゲージ部のあるトレーダーは言う。

「その瞬間から、ルーウィーは会社に惚《ほ》れ込んでしまったのさ。それもビジネスのうちだってことが、わからなかったんだろうな」

ラニエーリは言う。

「会社は従業員の面倒を見てくれた。〝よい経営者であるより、よい人間であることのほうが大切だ〟などということが、昔はしきりに言われた。そして、それは掛け値なしの真実だった。われわれは、いわば義兄弟の集まりだったのだ。誓約というものが、確かに存在した」

今聞くと、その言葉は甘ったるく響く。単純に信頼と忠誠心の固まりと化したぐらいで、ラニエーリの地位まで行き着けるものだろうか？

「神を信じてはいるけれど、おれが聖人に列せられることはまずないだろうな」

ラニエーリは『エスクァイア』の記者にそう語ったことがある。人格的に何かが欠落しているというのではないが、彼の鋭敏な感覚は、時として目的のために手段を正当化し、あるいは自分の利益を優先させがちなところがあった。彼と国債部（公益事業債の取引を管轄していた）とのあいだには、確執の徴候も見られた。一九七七年九月、宿敵ビル・ヴァウトが共同経営者に昇格した。

「ルーウィーは、先を越されて頭に血がのぼってたよ」と、スティーヴン・ジョーゼフが言う。七〇年代にソロモンで働いていた元国債セールスマンの述懐によると、国債トレーダーとしてのラニエーリは「給料のことで、いつも不満たらたらだったな。ルーウィーは、働きに見合うだけのカネをもらってないと強く感じてたんだ。よくこんなせりふを吐いてたよ。〝好き放題のことがやれるといううまみがなかったら、すぐにでも辞めてやるんだが〟」

彼はずぼらで、大口たたきで、横暴だった。彼の下で事務を執っていたある職員は、ラニエーリが机の上に立ち、レフェリーみたいに腕を振り回しながら、声をかぎりに命令をどなり散らしていたのを覚えているという。それでも、人に好かれたいという殊勝な気持ちは持っていたようだ。

「おれには敵はいないよ。競争相手だって、おれが好きになるんだ。やつらの仕事を全部取りあげちまっていることを思うと、不思議な気もするがね」本人はそう言っている。

ラニエーリがソロモン・ブラザーズに勤め始めたころ、郵便室には、アメリカへ来たばかりで英語がしゃべれない移民がたくさんいた。そのための不都合はいろいろあったが、差出し用郵便物に余分な額の切手を貼《は》ってしまう悪い習慣もそのひとつだった。会社に対するラニエーリの最初の貢献は、経費を切り詰めることだった。経費などまったく気にしないのちのちの彼の仕事ぶりから考えると、皮肉な話だが……。

「ある日、ふとひらめいて、壁のアメリカ地図を料金区域ごとにマジックで塗り分けたんだよ。おかげで、主任に祭り上げられてしまった」

日勤の主任に昇格したとき、彼はセントジョンを中退した。

「おれみたいな境遇の人間にとって、それぐらいの決心はなんでもないことさ」

郵便室の主任から、今度は事務要員に取り立てられ、そこで取引の実務やトレーダーたちとじかに接することになる。一九七四年には、国債部で、念願の公益事業債トレーダーの椅子に座っていた。

マティー・オリヴァが、ハーヴァード、研修プログラム、モーゲージ取引デスクと三段跳びを果たした一九八五年には、事務職と最前線とのあいだの垣根はすでに高くなっていた。トレーダーに至る道筋が一本化され、せばめられたのだ。まず、履歴書が要る。大学を卒業していなくてはいけない。ビジネス・スクールを出ていれば、なお結構。大切なのは、投資銀行員らしく見えること。七〇年代中盤には、もちろんそういう条件は課されなかった。現にラニエーリは大学を卒業していないし、履歴書を提出したわけでもなく、投資銀行員ともイタリア料理店のシェフともつかない風貌《ふうぼう》をしている。かつての同僚の言葉を借りれば、〝むさ苦しいふとっちょ〟だ。しかし、誰もそれを気にしなかった。

「トレーディング・フロアで誰かが辞めると、みんなまわりを見回して、一番近くにいたやつに〝この仕事をやれ〟と言うんだよ」と、トム・ケンドルが回想する。彼自身、事務要員からラニエーリのモーゲージ取引デスクに抜擢《ばってき》されたのだ。

「あるトレーダーはよく言ったもんさ。〝おい、坊や、りこうそうな顔をしてるな。ここへ座れ〟」

そして、ラニエーリのようにすこぶる付きのりこうな坊やになると、そこを乗っ取ってしまうというわけだ。

モーゲージ部へ移籍するまで、ラニエーリは関わったすべての部署を牛耳ってきていた。会社は、進取の精神と実務能力の両方をあと押しした。弱肉強食の原理に逆らわないのが、ソロモンの基本方針だった。就任からひと月もたたないうちに、ラニエーリは新設のモーゲージ部を掌中に収めた。その勢いに、上司のドールでさえ、クーデターが避けがたいことを認めざるをえなかった。ドールは体調を崩し、頻繁に休むようになった。彼の不在の間に、ラニエーリは第一線の数学者マイケル・ウォルドマンを招請して、調査課を設立した（大学中退の身で、彼は「モーゲージは数学の親戚《しんせき》だ」と言い放った）。ウォルドマンへの働きかけも、〝ラニエーリお得意の横紙破りなやりかた〟で行なわれたという。

それから、ラニエーリは会社を説得し、自分に託された厄介もののモーゲージ債を売るためのセールス要員を調達し始めた。十数人のセールスマンが、突然、それまでの上司のかわりに、ルーウィー・ラニエーリのご機嫌を取らなくてはならない立場に置かれた。ソロモン・ブラザーズのシカゴ支店でS&L部門のセールスをしていたリッチ・シュースターも、急にラニエーリの下でモーゲージを売ることになったひとりだった。

「一度、コマーシャル・ペーパー部に電話をしたら、番号をまちがえて、モーゲージのデスクにかかってしまってね。たまたま応答したルーウィーが、すぐ事情を悟って、こうどなるんだ。〝コマーシャル・ペーパーなんか売ってて、どうするんだ？　きみはモーゲージを売るために雇われてるんだぞ！〟」

セールスマンたちはしだいにモーゲージ債に注目し始めた。

ドールに取って代われる人間がほかにいるとすれば、スティーヴン・ジョーゼフぐらいのものだが、彼はトレーダーではなく、企業金融の専門家だった。本人も言うとおり、「当時のソロモンでは、大規模な取引業務を金融畑の人間が取りしきるわけにはいかなかった」

反対に、大規模な金融業務をトレーダーが取りしきることはできた。そこで、ルーウィーは支配権を上の階まで広げ、女性も雇える金融部を、個人的な娯楽の場とした（モーゲージ部には、性差別の厚い壁があった。モーゲージ債の取引を志して、門前払いをされたある女性は言う。「人種的には白人、性別的にはオスに比較的近い人間だけが、トレーディング・フロア入りを許されたのよ」初の女性モーゲージ・トレーダーが誕生するのは、一九八六年のことだ）。

ロバート・ドールは姿を消した。といっても、実際にソロモンを去るのは一九八四年だ。彼は自分が仕事にあぶれていることに気がついた。ラニエーリを雇った数カ月後に、ラニエーリに締め出されたのだ。ソロモンでは、この種のことは日常茶飯事だ。精力において、顧客からの人気において、同僚への影響力において、ほんの少しずつ勝る挑戦者が、じりじりとチャンピオンをおびやかし、追い落とす。経営陣は口をはさまない。敗者はやがて去っていく。

「グッドフレンドは一度も、ルーウィー・ラニエーリに席を譲れとは言わなかった」と、ドールは振り返る。「わたしは宙吊《ちゅうづ》りにされた状態だった。ここはもう自分の居場所じゃないと悟るまで、半年ほどかかったよ」

今日に至るまで、ラニエーリはモーゲージ市場を〝ドールの夢の産物〟と呼んでいる。一九八四年に退社すると、ドールは最初モルガン・スタンレーへ行き、それからドレクセルへ移って、先にソロモンを去ったスティーヴン・ジョーゼフの下で働いた。

「資本主義の制度を信じていなかったら、とてもあの現実を受け入れることはできなかっただろうな。だけど、わたしは制度を信じている。適者だけが先に進めるのだ」

ドールは、ソロモン・ブラザーズの元共同経営者たちを追跡取材している『ニューヨーク・タイムズ』のジェームズ・スターンゴールド記者にそう語った。

一九七九年、グッドフレンドはラニエーリを正式にモーゲージ業務全体の責任者に任じた。それからの二年半ほど、外部のすべての人間の目には、この部署は実務をこなしているというより、喜劇を演じているように見えた。ラニエーリは職場を自分の実像に似せて創りあげた。イタリア人、独学、大声、肥満体……。初期のトレーダーたちは、ルーウィーと同じ裏方出身者ばかりだった。全員合わせて、学位はたったひとつ。マンハッタン大学の文学士だけ。モーゲージ取引デスクの草創期の顔触れは、ラニエーリに加えて、ジョン・ダントーナ、ピーター・マーロ、マニー・アラヴァーシスといったところだった。すぐそのあとに、ルーウィー、ビル・エスポジート、ロン・ディーパスクェールが続く。彼らは名前で呼び合った。ジョニー、ピーター、マニー、ビリー、ロニー。投資銀行員の集団というより、フットボールの巨漢フォワード陣だ。

「郵便室時代の話は、みんなほんとうだ」ラニエーリが言う。「だから、モーゲージを取りしきるようになったとき、お告げにでも従うみたいに裏方の連中を登用した。はじめは徳義心めいたものもあったが、それがとにかく功を奏した。連中は意気に感じてくれたんだ。甘ったれた考えのやつは、ひとりもいなかった。みんな、忠誠心に燃えていた」

しかし、一方で、ソロモンの研修プログラムに集まってくるぴちぴちした若い頭脳も欲しかった。そこで、モーゲージ部は初の研修生を迎えることになる。同時に、初のＭＢＡでもあり、初の痩《や》せ型人間でもあり、初のユダヤ人でもあった。名前は、ジェフリー・クロンゾール。

一九七九年度の研修クラスの中で、クロンゾールはただひとり、事務員として職業生活のスタートを切った。ほかの部署に配置された仲間は、セールスマンかトレーダーを名乗ることができた。クロンゾールはといえば、主任事務員ですらない。ピーター・マーロの下で働く下級事務員だ。下級事務員としての彼の職務は、ジョン・ダントーナの扱っている債券の持ち高を記録することだった。

クロンゾールは、学部と修士課程を併せたウォートンの五年制コース――アメリカで一番、財務家養成学校に近い教育システム――を卒業したばかりで、ジョンの持ち高などよりもっと高尚なものに興味があった。それがジョンの気にさわる。ジョンは椅子にふんぞり返って言う。「ジェフリー、現在の持ち高は？」

ジェフリーが答える。「知りません」

ジョンはルーウィー・ラニエーリに向かって叫ぶ。「どうなってるんだ？　この事務員は持ち高を知らないぞ」

ラニエーリがピーターに向かって叫ぶ。「どうなってるんだ？　おまえの部下は持ち高を知らないぞ」

ピーターがジェフリーに向かって叫ぶ。「なんで、持ち高を知らないんだ？」

ジェフリーは肩をすくめる。

クロンゾールが事をさして深刻に受け止めないのには、ふたつの理由があった。ひとつは、自分がラニエーリに気に入られていること、そしてラニエーリがボスであることを知っていたからだ。乞《こ》われてモーゲージ部に入ったことで、ラニエーリには貸しがある。研修クラスの同期生たちは、かえりたての雛《ひな》みたいなこの部署に軽蔑以外のものを感じていなかった。「MBAが行くような所じゃなかったね。モーゲージのトレーダーたちときたら、みんなドニー・グリーンみたいなタイプだった」と、クロンゾールは言っている。

ドニー・グリーンみたいなタイプとは、研修生をみじめな気分にさせるトレーダーのことだ。会社のためにカネを稼いだという実績がない人間に対して、彼らはことさら野卑に、横暴にふるまった。

「ドニー・グリーンみたいなタイプは、こっちが同席しようとしてもあいさつもしないし、別れぎわにさよならも言わないし、そばにいるのに見ようともしない。ドニー・グリーンの隣りに座りたがる研修生など、いるわけがないだろう」

ドニー・グリーンその人は、トレーダーという人種が頭より胸に多く毛を生やしていた暗黒時代に、ソロモン・ブラザーズでトレーダーを務めていた人物だ。シカゴ行きの飛行機に乗るため、社を出ようとしていた新人の若いセールスマンを呼び止め、十ドル札を一枚渡して、「おい、航空保険を掛けておけ。おれを受取人にしてな」と言ったエピソードで、名前を語り継がれている。「なぜですか？」ときくセールスマンに、グリーンは「このところ、運が向いてきてるからさ」と答えたのだった。

「モーゲージ部には、誰も近づきたがらなかった」と、クロンゾールは言う。ラニエーリでさえ、それを認めて、「モーゲージ部に入る決心をしたジェフリーを、みんなとんでもないまぬけ野郎だと思ったもんだ」と言う。では、クロンゾールはなぜ決心したのか？「第一に、自分はまだ二十三歳で、失敗してもたいして生活には響かないと思った。飲みしろさえ稼げばいい身の上だったからね。第二に、会社はモーゲージに力を入れていると思った。そうでなけりゃ、ルーウィーを起用したりはしなかったはずだ」

たくさんいるボスたちに始終どなりつけられながら、クロンゾールが平気な顔をしていたもうひとつの理由は、ラニエーリが事務員の仕事をあまり重要視していなかったことだ。「ルーウィーはよく、ぼくのことを史上第二位の無能な事務員だと言っていた。第一位は彼自身さ」と、クロンゾール。といっても、事務員のやるべき仕事は多くなかった。その点では、ほかの部員たちも同様だ。モーゲージ市場は、言わば金融界のゴースト・タウンだった。何も動かず、何も行き来しない。つまりは、カネを稼げないということだ。債券を売買するには、ラニエーリ自身が舞台に立って、ソロモンの顧客たちを劇に引き入れるしかなかった。カジノの胴元よろしく、客を呼び込むのだ。しかし、取引の現場を留守にするとなると、代わりの〝取引責任者〟を見つけてこなくてはならない。ラニエーリはすばやく業界を見回し、マリオという男に目を付けた。ささやかだがほほえましいこの種の判断ミスは、彼にとっておそらくはじめてではなく、もちろん最後でもなかった。

「マリオはメリルリンチから来たんだが、何ひとつ知らなかった」と語るのは、一九七九年にセールスマンとしてモーゲージ部に入ったサミュエル・サックスだ。服装に気を使わないトレーダーたちの中にあって、マリオはスリーピースのスーツに身を固め、懐中時計の金の鎖を前に垂らしていた。たいへんな洒落《しゃれ》者で、髪一本の乱れもない。サックスは言う。

「やつがルーウィーのほうへ身を乗り出して尋ねるんだ。〝（債券市場の）動きをどう思う、ルーウィー？〟ルーウィーが〝絶好調だ！〟と言う。すると、やつは〝そうだな。わたしもそう思う〟と来る。十五分後に、また身を乗り出して尋ねる。〝今はどう思う、ルーウィー？〟ルーウィーが〝最悪だな〟と言う。すると、マリオは〝そうだな。わたしもそう思う〟と来る。そんな調子で、マリオはモーゲージ取引の責任者を九カ月ほど務めたよ」

それでも、やはり取引の責任者は必要だった。一九八〇年五月、マリオの去った穴を埋めるために、トレーダーとしてロンドン支社に派遣されていたマイク（〝太足首〟）・モーターラが呼び戻された。ロンドンでの元同僚が述懐するところによると、モーターラは荷造りしたかばんをかかえ、途方に暮れた顔をして、これから帰っていく先がどんな所か見当もつかないと言っていたという。本人の話だと、どういう所へ帰されるかははっきり知っていたらしい。ただし、そんなにうれしくはなかったはずだ。一年間まったく利益をあげられず、ソロモン社内であざけりの的にされていたモーゲージ部は、職歴のどん詰まりに見えたことだろう。この無教養なイタリア人の小集団と、他の部署の社員たちとのあいだには、亀裂が深まりつつあった。モーゲージ・トレーダーたちは、社債や国債のトレーダーたちに恨みを抱いていたのだ。

その一因として、金銭的な問題があった。ソロモンの賞与獲得競争は、研修生にとっての部署獲得競争と同様、予見不可能な政治的部分を含んでいる。年末のボーナスの額は、各人のあげた収益に直接結び付くのではなく、むしろ給与委員会の認めた各人の価値によって決定される。きわめて主観的なものなので、しかるべき地位にいる友人は、一年ぶんの好成績と同じぐらい頼りになる。ところが、モーゲージ部は、心強い友人にも誇るべき収益にも恵まれなかった。

「うちの連中に、まともな給料を支払ってやれなくてな」ラニエーリは言う。「二流の人間の集まりだと思われてたんだ。はみ出し者部隊というところだな」

しかし、トレーダーたちをほんとうに傷つけたのは、絶対的な給与水準ではなくて、自分たちの給与と他の部の債券トレーダーとの関係だった。「(稼ぎもないのに)会社から施しをもらってるような気分だったよ」と語るのは、元モーゲージ・トレーダーのトム・ケンドルだ。

ラニエーリはさらに言う。「連中にきいてみるといい。社債トレーダーのボーナスはおれたちの倍だったと言うだろうよ」

ボーナスの額は経営上の秘密とされている。トレーダーは隣りにいる同僚の懐に入った金額を知らないことになっているのだ。実情はといえば、ソロモン・ブラザーズのトレーディング・フロアで巨額のボーナスのことを黙り通すのは、高校の男子更衣室で前夜のデートの成果を隠し続けるようなものだった。トレーダーがほかの全社員の賞与の額を知るのには、一時間もあれば足りた。

それでも、モーゲージ・トレーダーと他の部の債券トレーダーとの亀裂の原因が単に金銭的なものだけであれば、そのうちに収拾がついただろう。しかし、両者のあいだには、広がっていくばかりの文化的な隔たりがあった。ソロモンの求人政策の舵取《かじと》り人であるジム・マッシーは、一九七〇年代後半に、社員の高学歴化を図る方針を固めた。

「トレーディング・フロアに田舎大学出身の薄のろ集団をかかえておくわけにはいかないという結論に達したわけだ」と、スコット・ブリトナムが振り返る。ブリトナムは、一九八〇年にマッシーのもとで求人係を務め、そのあと、モーゲージ部のトレーダーになった人物だ。ソロモン・ブラザーズはウォール街の他の会社にだんだん似てきた。ゴールドマン・サックスやモルガン・スタンレーなどと同様、ＭＢＡを雇い入れるようになった。効果のほどは、知性の面ばかりではなく、社会的な面にも及んだ。メトロポリタン美術館に新しい展示棟をこしらえるところまではいかないにしても、ゴールドマン・サックス、リーマン、クーン・

ローブなどの先行各社に続いて、ソロモンの社員たちも、作家スティーヴン・バーミンガムのいう〝われら同族〟の意識を持ち始めた。代々ユダヤ人が経営してきたこの会社も、WASPの軍団、WASP支持層、上流志向の人間たちに支配権を譲り渡しつつあった。この様変わりは、一九八一年の商品取引業者フィリップス・ブラザーズによるソロモン買収と時期を同じくしている。ソロモンは合資会社から株式会社に変わった。この買収で、共同出資者たちは平均七百八十万ドルという大金を手にした。まるで、彼らが声をそろえてこう言ったかのようだ。

「カネは入ったし、さて、次は何だ？」

領土拡張。社交界。パリで過ごす週末。セント・ジェームズ宮での晩餐会《ばんさん》……。

国債部や社債部に比べると、モーゲージ部には、豊かで素朴な文化がはるかに深く根を張っていた。他の部署が徐々に新しい社風に染まっていく間も、モーゲージ部は依怙地《いこじ》なままに色を変えなかった。ラニエーリは、たがいに異なるけれど同じぐらいくせの強いふたつの民族集団の性格を融合させて、部門を統《す》べるひとつの揺るぎない特色を創りあげた。トレーダーのほぼ全員が、ふたつの階層のうちのどちらかに属していた。部を創始したイタリア人か、研修プログラムから新たに加わったMBAのユダヤ人だ。彼らの中に、純粋な民族性と呼べるものを備えた人間がいたかどうかは疑わしい。けれど、彼らは抑圧された少数派だった。それに、空気に染まるよりは、空気を発する側だった。ひとり残らず、研修プログラム後列グループの気風を持っていた。

社外の基準からいえば、モーゲージ部はきわめて差別的な職場だった。黒人と東洋人がほんのわずかいるだけで、女性はまったくいない。しかし、社内のほかの部署と並べてみると、モーゲージ部はさながら国際連合の様相を呈する。ソロモン・ブラザーズの年次報告の写真が、人種構成の変遷を雄弁に物語っている。一九七〇年代の写真は、世界平和の広告のようだ。どれを見ても、黒と黄色と白の肌が、男と女が、わざとらしいくらいに交じり合って、ぴかぴかの会議用テーブルを囲んでいる。ところが、八〇年代半ばになると、黒と黄色が、そして女性の姿が、跡形もなく写真から消える。年次報告を飾るのは、白人の男ばかりとなるのだ。

　モーゲージ部も、白人の排他的集団と化した。ラニエーリが奔走して部下たちの給料を確保し、そのかぎりにおいてトレーダーたちはラニエーリに忠誠を尽くすというのが、暗黙の合意事項だった。ラニエーリに比べて、部下たちの会社との結び付きは弱かった。彼らは郵便室からではなく、ビジネス・スクールからフロアに入ってきた。カネに不自由していない者が大半だった。ラニエーリとしては、恩恵を施しにくかった。彼は、目をかけてやれる人間に囲まれているのを好む。人間好きにはちがいないが、特に〝おれの身内〟と呼べるような関係が好きなのだ。払いきれない医療費をかかえたトレーダーがいたら、彼は何人でも大喜びで面倒を見ただろう。ビル・エスポジートが家を買おうとして、一万九千ドルほど資金が不足していたとき、ラニエーリはソロモンにその差額を穴埋めさせた。

「自分のポケットから出してやれなかったというんで、ボスはすまながってたよ」と、エスポジート。

それでも、その磁力に引き寄せられる人間はいた。一九七九年に、ウォートン出身のトム・ケンドルが、短期間の後衛勤務を経て戦列に加わった。一九八〇年には、ウォートンの学友会でクロンゾールの後輩に当たるメイソン・ハウプトと、スタンフォード出身のスティーヴ・ロスが配属された。八一年には、ハーヴァードからアンディー・ストーンとウルフ・ナドゥールマンが入部してきた。社内での自分たちの位置について、彼らはラニエーリとかなり似通った見かたをした。ナドゥールマンの言葉を借りると、「トム・ストラウス（国債部の新しい親玉）と部下たちがエルメスのネクタイを締め、トライアスロンに入れあげているのに対して、ルーウィーの一党はまるでイタリアの大家族だった。国債部の面々がトーフを食べ、ひだ付きのズボンをはくのに対して、モーゲージのやつらときたら、〝二人前しか食べないなんて、どうしたんだ？　きらいなのか？〟って態度だからな。太った国債トレーダーを見たことがあるか？　あるはずがない。みんな、ほっそりと締まった体形をしている。連中はでぶを下等動物と見なしてるんだ。でぶのおれが言うんだから、まちがいない」ということになる。

「よその部署の連中がおれたちの存在をいやいや我慢してることは、はっきりしてたな。〝あそこの隅にいる脳足りんどもは、何をして給料をもらってるんだ？〟と、よく言われたもんだ」と振り返るのは、トム・ケンドル。アンディー・ストーンは、研修生時代にラニエーリ一派のほうを指差し、どういう人たちかと尋ねたときの、ある社債トレーダーの答えを鮮烈に覚えていると言う。「〝何でもないよ〟と言うんだ。〝モーゲージという名前の、何もしない部署さ。誰もあそこへは行きたがらない〟とね」

国債の主任トレーダーだったクレイグ・コーツは、ストーンにこう言った。

「国債部からも誘われてるきみが、なんでまたモーゲージへなんか行くんだ？」

上層部のほうでも、でぶ組は痩《や》せ組が自分たちを目の敵にしていると感じていた。元取締役のモーターラは言う。

「会社は豪族の寄せ集めみたいなものだったからな。ほかの部の連中は自分の領地を守るのが先決で、新しい事業をみんなで盛り立てようなんて考えなかった」

経営陣に対するモーゲージ関係者の恨みは、一九八〇年初頭、この部を閉鎖したいという意向が知れ渡るに及んで、いっそう強まった。モーゲージは利益をあげていなかった。メリルリンチ、ファースト・ボストン、ゴールドマン・サックスなど、ウォール街のほかの会社のモーゲージ部は、店を開くか開かないかのうちに閉業してしまうという、いわば死産の状態にあった。モーゲージ債はウォール街向きではないという見識が、業界に広まっていた。

追討ちをかけるように、ノックアウト・パンチがくり出された。一九七九年十月六日に行なわれたポール・ボルカーのあの歴史的会見だ。短期金利が急騰した。例えば、三十年の住宅ローンを組むのに、S&Lが十パーセントの金利で貸出しを行なったとする。ところが、その資金を短期で調達する際に、十二パーセントの利息を支払わされるという状況になったのだ。S&Lは手を引き、新しいローンは組まれなくなる。経済を減速させたい連邦準備制度理事会の意図は、そこで達せられるわけだ。新築住宅着工数は、戦後並みの低い水準まで落ちた。ボルカー演説の前まで、スティーヴン・ジョーゼフ率いるモーゲージ金融部はおよそ二十億ドルぶんの債券を発行していた。アメリカの住宅ローン借入れ残高のわずか〇・二パーセントという、実につつましい額だ。しかし、それでも、ないよりましだ。ボルカー演説以後、取引はばったりと途絶えた。ラニエーリ一家が債券を発行するには、S&Lが積極的にローンを組む必要がある。それが望めなくなった。アメリカの住宅モーゲージの大半を握るこの業界は、いまや崩壊の危機に瀕《ひん》していた。一九八〇年には、全米で四千二のS&Lがあった。その後三年間で、九百六十二の組合が倒産する。この状態を、トム・ケンドルは「みんながうずくまって、自分の傷口をなめていた」と表現する。

みんなといっても、ラニエーリは例外だ。彼は逆に事業を拡張した。なぜか？　誰にわかるだろう。水晶球でも持っていたのかもしれない。部署を大きくすればするほど解体しにくくなるとでも考えたのかもしれない。理由はともかく、ラニエーリは他社をくびになったモーゲージ・セールスマンを雇い入れ、調査課を設置し、トレーダーの数を倍に増やし、休眠状態のモーゲージ金融部を存続させた。弁護士やワシントンのロビイストの一団を起用し、モーゲージ債の潜在的購買層を増やす立法措置を求めて、議会に働きかけた。「実を言うとな」と、ラニエーリ。「バンク・オヴ・アメリカとの取引（ロバート・ドールの最初の夢の産物）は、三つの州でしか合法的な投資と見なされなかった。わたしは弁護士チームを仕立てて、州ごとに法律を改正させようと努めてきた。だが、それでは二千年ぐらいかかりそうだった。そこで、ワシントンへ話を持っていったのさ。各州議会の頭越しにな」

「法律が気に入らなければ、ルーウィーはあっさりそれを変えちまうんだ」と、配下のトレーダーのひとりが説明する。しかし、ラニエーリがいくら法律の改正を請け合っても、投資家たちはモーゲージ債に近づこうとしなかった。トム・ケンドルは、一九七九年に、ラニエーリ一家のトップ・セールスマンであるサンフランシスコ支店のリック・ボーデンを訪ねたときのことを回想して言う。ボーデンは脱サラを勧める本を読んでいた。

「彼の口から、くり返しこんなせりふを聞かされたよ。〝ジニー・メイには泣かされる。金利が上がると満期が長くなり、下がると短くなって、誰も手を出したがらない〟ってね」

事態をさらに悪化させるように、ソロモン・ブラザーズの信用評価委員会は落ち目のS&Lとの取引にしだいに消極的になっていった。まぬけな顧客（市場でのだまされ役）は貴重な財産だが、無知も程が過ぎると負債になる。先行きは暗い。しかも、ある意味で、S&Lは通常のまぬけな顧客とは趣を異にしている。カリフォルニアのベネフィシャル・スタンダードという組合は、電話で確認を取った（すべての債券取引に共通する手順だ）ソロモンからの債券購入をあとで取り消してきた。訴訟という段になって、組合側はなんと、モーゲージ債の売買には証券法ではなく不動産法が適用されるべきであり、不動産法によると口頭の契約には拘束力がないと主張した（数年後、この組合は敗訴した）。この一件で、モーゲージの命運はほぼ尽きかけた。

ソロモン・ブラザーズ執行委員会の面々は、モーゲージ市場に見切りをつけ始めた。わけのわからない市場だし、わかりたくもない。とにかく荷物を下ろしたいというわけだ。彼らはまず、S&Lとのつながりを絶とうと企てた。貯蓄貸付業界は、全体的に基盤が揺らいできている。信用限度を引き下げなくてはならない。モーゲージ債の唯一の買い手であるS&Lを切り捨てるのは、モーゲージ部を閉鎖することと同義だった。ラニエーリは言う。

「わたしはまあ、信用評価委員会とS&Lのあいだに身を投げ出したようなものだったな」

彼の下したさまざまな決断は、執行委員会でただひとりの人物の支持しか得られなかったが、そのひとりが実に強力な味方だった。ジョン・グッドフレンドだ。

「ジョンがかばってくれたのさ」と、ラニエーリも言う。

モーゲージ部と、ソロモンの二大勢力、すなわち社債部及び国債部とのあいだの対立は、最終的に、モーゲージのすべての業務をほかから切り離すという結果を生んだ。モーゲージ・セールス、モーゲージ金融、モーゲージ調査、モーゲージ運用、モーゲージ取引……。

「すべてを切り離すということは、誰もわれわれを助けてくれないということだ」と、ラニエーリは語る。

ただ、実際にはもう少し込み入った事情がある。分離は、ある程度までみずから望んだ選択だったのだ。ラニエーリは他の部署との間に進んで橋を架けに行くようなたちではなかった。それに、ロバート・ドールが執行委員会に提出した例の三ページの覚書にも、モーゲージ部は独自の道を進むべきであると明記されている。ドールは元上司であるビル・サイモンが最初の住宅抵当証券をどう扱ったかを覚えていた。モーゲージ部が国債部と業務をともにさせられれば、「モーゲージ市場はいつまでも自立できず、隷属状態に置かれる」ことになる。また、大企業の経営者たちを訪ねることを職務とするソロモン・ブラザーズの金融部員が、もしモーゲージの金融を任されたとしたら、「彼らはけっしてまじめに商売しようとしないだろう。社債金融の連中は、モーゲージを劣等な債券と見ているんだ」と、ドールは説明する。

しかし、ラニエーリの頭の中では、モーゲージ部は、友人がいないというきわめて単純な理由だけで孤立しているのだった。彼は自分の一族を敵対勢力から守るために、高い塀をめぐらした。敵はもはや、並み居るウォール街の同業者たちではなかった。ほとんどの会社がモーゲージから撤退していたからだ。敵はソロモン・ブラザーズだった。ラニエーリは言う。「皮肉なものだ。会社はいつも、モーゲージ部を指差して、〝ほら、わが社はなんて進んでるんだろう！〟などと言う。ところが、その実、われわれのすることにはことごとくけちをつける。ソロモンの申し子どころか、あれじゃあ鬼っ子の扱いだ」

6　肥満軍団と打ち出の小槌

一九八一〜一九八六

一九八一年十月、モーゲージの取引デスクに突如として光が差し始め、当初は誰にもその理由がわからなかった。アメリカじゅうのS&Lの責任者が、電話の向こうからせっぱ詰まった声を出し、ソロモンのモーゲージ・トレーダーと話したがった。手持ちのローンを売ろうと躍起になっているのだ。総額一兆ドルの負債に相当する全米の住宅モーゲージが、いっせいに売りに出された観があった。千人の売り手に対し、買い手はゼロ。いや、訂正しよう。買い手はひとり。ルーウィー・ラニエーリと配下のトレーダーたちだ。需要と供給のアンバランスは驚くばかりだった。のどの渇いた腕白小僧の一団に、消火栓から直接大量の水が浴びせられたようなものだ。受話器から一兆ドルがとうとうとあふれ出し、トレーダーたちはみんな、ただ口をあけて、飲めるだけの水を飲んでいればよかった。

何が起こったのか？　一九七九年十月に連邦準備制度理事会が金利を上げて以来、S&Lは出血多量の状態におちいった。住宅資金貸付けの仕組みそのものがあやうく崩壊しかかっていた。何の対策も講じられなければ、全部のS&Lが倒産してしまうのではないかと思われた時期もあった。そこで、一九八一年九月三十日、議会はいとしい貯蓄業界のために気前のいい租税特別措置法案を可決した（この措置のおかげで、S&Lは手持ちのモーゲージ・ローンをすべて売り、それで得た現金をもっと高利回りの投資に回すことができるようになった。よその組合が放出した安いローンを購入する形の投資が多かった。結果的に、組合同士でただローンをやり取りするだけということになる。売却の際の大きな損失〔もともと額面どおり、すなわち一ドル当たり百セントで組んだローンを、六十五セントで売るのだ〕が、これで帳消しにできる。新しい会計基準では、損失額を貸付期間に応じて割賦償却していいことになっていた。例えば、三十年ローンを額面より三十五パーセント安く売却した場合、一年目の損失として、35／30、つまり一パーセント強を計上すればいい。しかし、それにも増して好都合なのは、その損失分が、過去十年間に支払った税金から繰り戻されることだ。損失が計上されると、国税庁は古い税金をS&Lに還付する。S&Lとしては、国税庁に見せるためにひたすら損失を作り出せばいいわけだ。たやすいことだった。焦げ付きそうなローンを売り払うだけで、昔納めた税金が戻ってくる。S&Lが競って抵当権を売りたがった理由は、そこにある）。S&Lにとっては、たいへんな救いだった。しかし、その恩恵をこうむるには、モーゲージ・ローンを売らなくてはならない。彼らはそうした。それが数千億ドルというウォール街の出来高につながった。この租税特別措置はウォール街のほうから働きかけたものではなく、実際、ラニエーリ一家のトレーダーたちも、波が襲ってくるまで立法化のことを知らなかった。とはいえ、議会からウォール街に巨額の助成金が贈られたも同然だ。ありがたくも根強きは、母の愛と持ち家志向！　合衆国議会はラニエーリ一家を救った。ウォール街でただひとつの本格的モーゲージ部門は、もはや会社の鼻つまみ者でもお荷物でもない。急成長市場の堂々たる専制君主なのだ。

すべてはありがたい計算ちがいだった。ロバート・ドールがグッドフレンドへの覚書に挙げた変化の波（住宅の増加、鉄錆地帯《ラスト・ベルト》から陽光地帯《サン・ベルト》への人口の移動など）は、のちに重大な要因となるが、市場が沸騰したのはそのせいではない。上昇気流を生んだのは、単純な租税特別措置だったのだ。たとえて言えば、あのスティーヴ・ジョブズがまず会社の用地を買い、稼動態勢を整え、セールスマンを二十万人雇い、売るものもないうちからパンフレットを作り、そのあとで誰かが画期的なパーソナル・コンピューターを発明したのを見て、それに飛びつき、開店休業の状態にあった自分の組織をアップルコンピュータ社と命名したようなものだ。

債券トレーダーは、まるであすという日などないかのように業務に臨む傾向がある。その視程の短さのおかげで、長期的な取引関係への影響などかえりみることなく、客の弱みにつけ込むことができるのだ。何をしても、罪には問われない。売りたくて必死になっている客は、弱い立場に置かれる。いくらで売れるかより、いつ売れるかを気にかけているからだ。S&Lの会頭たちも、そういう種類の客だった。彼らは腰を低くして、ソロモン・ブラザーズのモーゲージ取引デスクへやってきた。そこまで弱みをさらけ出すのは、ソロモン・ブラザーズ宛《あ》てに白紙の小切手を振り出すようなものだ。

S&L側の無知が、この状況に拍車をかけた。三・六・三クラブの会員たちは、債券市場のストレスへの免疫もなければ、うそつきポーカーのやりかたも知らない。戦うべき相手の精神構造も知らない。自分たちが売ろうとしているものの価値も知らない。ひどい場合には、手持ちのローンの満期や金利すら知らない。S&Lの会頭が知っているのは、どれだけ売れて欲しいかということだけだ。ソロモンの全トレーダーを心底あきれさせる彼らの特性は、どんなに手荒な扱いを受けても必ずまたやってくることだった。撃ち殺されるまで何度も同じ猟場へ飛んでくるよう訓練された鴨のようだ。チャールズ・ダーウィンでなくとも、この種族がいずれ絶滅する運命にあることはわかる。

トレーダーのトム・ディナポリは、ある組合の会頭との電話でのやり取りを楽しげに振り返る。「あちらさんは、一億ドルぶんの三十年ローン（同じ金利のもの）を売って、そのカネで一億ドルぶんのほかのローンを買いたがっていた。おれは（一ドル当たり）七十五（セント）で買い入れて、八十五で売ってやると言ったよ」

その数字に、会頭は頭をかいた。売りに出すローンは買いたいローンとほぼ同じ値打ちのものなのに、それだけの差額を付けられたら、一千万ドルという大金がポケットから黙って消えていくことになる。言いかたを変えれば、一千万ドルの売買手数料をソロモン・ブラザーズから請求されていることになる。

「あまりいい取引とは思えんね」会頭は言った。

ディナポリは心得たせりふで切り返した。

「経済的に見りゃ、いい取引じゃないでしょう。だけど、こう考えたらどうです。条件をのまなきゃ、あんたは失業するってね」

別の回線で別の組合の会頭と話していた同僚トレーダーが、これを聞いて大笑いした。本日最高の殺し文句。電話口で途方に暮れている相手の顔が目に浮かぶようだ。

「一九八一年十月は、資本市場の歴史の中で最もでたらめな月だった」と言うのは、ラリー・フィンク。スティーヴン・シュワーツマン、ピーター・ピーターソン、デイヴィッド・ストックマンとともに、ブラックストーン・グループを主宰する人物だ。八一年十月の時点で、フィンクはファースト・ボストンのモーゲージ取引部の長を務めていたが、最初小さかったその部署もたちまち規模をふくらませ、やがてルーウィー・ラニエーリの最大の競争相手となる。

「一番賢明なS&Lは、何もしようとしなかった。大きな取引に出たS&Lは、大きく強奪された」

そうかもしれない。しかし、債券市場におけるすべての取引と同様、これは一人前の大人同士が話し合って合意した商行為なのだ。戦いの掟《おきて》はただひとつ。文句は買う前に言え。ボクシングの試合なら、弱いほうの選手が殺されてしまわないよう、タオルが投げ入れられるところだろう。だが、債券取引ではそうもいかない。いずれにしても、ラニエーリがいなかったら、投資銀行側の暴虐はもっとひどいものになっていたはずだ。人情家であるラニエーリは、折に触れて取引に口を出し、S&Lの会頭たちと配下のトレーダーたちとの力関係を是正しようと努めた。モーゲージ・トレーダーのアンディー・ストーンは、七千万ドルのモーゲージ債を（一ドル当たり）八十（セント）で買ったときのことを覚えている。ストーンの指示で、カリフォルニアの債券セールスマンが即座に、それをベン・フランクリン貯蓄貸付組合に八十三で売った。数分のうちに、ストーンは二百十万ドル（七千万ドルの三パーセント）を稼いだわけだ。いつもどおり、ぽんぽんと手をたたき、セールスマンへのほめ言葉をスピーカーに向かってがなると、ストーンはラニエーリに戦果を知らせに行った。

二百十万ドルといえば、一日の稼ぎとしてはかなりのものだ。ストーンはトレーダーになってまだ八カ月で、自分の手柄をボスに見てもらいたい気持ちが強かった。ところが、ボスは喜んでくれなかった。

「ルーウィーが言うんだ。〝おまえが新人じゃなかったら、即刻くびにしてるところだ。客に電話して、自分がまぬけだったので法外な値段を吹っかけてしまいましたと謝れ。八十で買った債券ですから、正当な値段は八十三ではなく、八十・二五です、とな〟想像してみろよ。客に電話して、〝いやあ、ぼくがまぬけだったもんで、法外な値段を吹っかけてしまいましてね〟なんて言うときの気持ちをさ」

競ってソロモン・ブラザーズと取引したがったのは、無知な客ばかりではない。見識あるS&Lの責任者たちも、強奪されるか、少しずつ自殺するかの選択の時が来たと感じていた。何もしないでいると、ほとんどの業者は倒産するしかない。預金に対して十四パーセントの利子を支払い、古い住宅ローンから五パーセントの利益を得るというのは、いかにもさえない商売のしかただったが、それこそがまさに貯蓄貸付業界の置かれていた立場なのだ。泥沼から抜け出そうともがく状態が、一九八二年後半まで続いた。そのころになって、ようやく短期金利が長期金利を下回った。S&Lは、十四パーセントで新しいモーゲージ・ローンを組み、その資金を十二パーセントで調達できるようになった。

　多くの業者が、十億ドルのできたてのローンを、すでにある数億ドルの不良ローンの上に積み重ね、新しい利益が古い赤字を埋め合わせてくれることに望みをつないだ。新しいモーゲージ債を買う（ローンを組むことと意味は同じ）のは、追い詰められた人間の最後の一手のようだった。基本的な問題点（短期で借りて長期で貸すという構造）が取り除かれていない以上、この戦略には穴が多すぎる。急速な回復も、次の業界危機の規模を大きくするだけの結果に終わりかねない。しかし、S&Lの経営者たちはそんなに先のことまで考えていなかった。とにかく店を閉めたくないという一心だったのだ。手持ちのローンを売りながら、S&Lがモーゲージ債を買い続けた理由も、そこにある。

　S&Lを救済するために設けられた租税上、経理上の特別措置は、結局、ルーウィー・ラニエーリのモーゲージ部のためにあつらえた注文服のようなものだった。ソロモン・ブラザーズのモーゲージ・トレーダーたちの上に、黄金の雨が降ってきた。少なくとも、ウォール街の同業者たちのねたみを含んだ目には、そう映った。貯蓄貸付業界《S&L》の大変動のさなか、ラニエーリは部下たちに、〝構わず買って、あとから悩め〟式のやりかたを許した。そして、ソロモンのトレーダー集団は、自分たちが新しい奇妙な役割をになっていることに気づいた。いまやモーゲージ債ではなく、その原材料を取引しているのだ。すなわち、住宅ローンそのもの。いつの間にか、ソロモン・ブラザーズがS&Lの役を演じていた。ウォール街の投資銀行員と住宅所有者との間には、何も――ジニー・メイも、バンク・オヴ・アメリカも――介在していない。ソロモンは直接、住宅所有者たちの返済能力と向き合う形になる。用心深い貸し手なら、貸したカネの担保になっている資産を調べようとするだろう。その資産以外に、ローンを支えるものはないのだから。

しかし、この新しい市場と歩調を合わせていこうとすると、ひとまとまりのローンの担保をいちいち調べているような時間はない。全額ローン（モーゲージ債と区別するために、トレーダーたちは住宅ローンのことをこう呼んだ）を買うのは、ボローニャ・ソーセージを食べるのと同じ信頼の行為なのだ。信頼をばねにした飛躍は、ラニエーリの得意とするところだった。頭の中ですばやく計算をめぐらした彼は、不良ローンによる失費がどれだけかさんだとしても、取引から得られる収益がはるかにそれを上回るはずだと確信した。結果的に、その計算は正しかった。一度だけ、テキサス州のバプティスト教会の連合体のために組まれたローンをつかまされたことがあったが、ほとんどの場合、売り主であるS&Lの責任者が保証したとおり、ローンは住宅購入のためのものだった。

とはいっても、S&Lを信頼するという考えは、ソロモンの上層部を不安がらせた（ソロモンだけではない。ウォール街のほかの会社も、大半はS&Lとの付き合いを絶ってしまっていた）。ラニエーリが回顧する。

「執行委員会が、全額ローンの取引は無理だと言うんだ。そこで、わたしはとにかく実地にやってみた。みんな、やめたほうがいいと忠告してくれたよ。へたすると、ブタ箱行きだってね。だけど、全額ローンはモーゲージ市場全体の九十九・九パーセントを占めてるんだ。取引せずにいられるか？」

もっともな言い分だ。

トム・ケンドルも言う。「おれたちは全額ローンを買うことにした。そして、それにはまず、鷲《わし》のスタンプが必要だということがわかった」鷲のスタンプとは、全額ローンの取引に対する連邦住宅局の承認印のことだ。「だから、おれたちはスタンプをもらいに出向いた」

ラニエーリ一家が意図していたのは、合衆国政府のお墨付きが得られしだい、全額ローンを債券化することだった。そうすれば、実質的には政府債券として、ソロモンの顧客である機関投資家に売ることができる。その目的に向けて、部分的にはラニエーリの粘り強いロビー活動の成果でもあるのだが、ジニー・メイのほかにふたつの新しい機関が政府内に誕生していた。ジニー・メイのスタンプに該当しないモーゲージを保証してくれる機関だ。連邦《フェデラル・》住宅金融抵当公社《ホーム・ローン・モーゲージ・コーポレーション》（通称フレディ・マック）と連邦国民抵当協会《フェデラル・ナショナル・モーゲージ・アソシエーション》（通称ファニー・メイ）。この両者による保証で、ほとんどの住宅モーゲージが政府保証の債券に変換できるようになった。S&Lが手数料を支払って、モーゲージ・ローンを保証してもらう。ローンの信用度が低ければ低いほど、スタンプをもらうための手数料は高くなる仕組みだ。

しかし、いったんスタンプが押されれば、誰もローンの信用度など気にしない。住宅所有者が債務不履行におちいった場合も、損をかぶるのは政府ということになる。この制度の骨子は、個々の投資家より公的機関のほうが、信用度を査定し、格付けするのに有利だという点にあった。

自由気ままなモーゲージ部は、構えろ、撃て、そのあとで狙《ねら》いをつけろ、というふうな人生哲学の持ち主には、格好の居場所だと言えた。勇猛果敢なトレーダーたちが受け取る報酬の額は、当時の基準からすれば、衝撃的なくらい大きかった。二年半の不作の時期を抜け出した一九八二年、ラニエーリのモーゲージ部は一億五千万ドルを稼ぎ出した。八四年には、スティーヴ・ボームというモーゲージ・トレーダーが全額ローンの取引で年間一億ドルの収益をあげ、ソロモン・ブラザーズの新記録を打ち立てた。公式の数字は残っていないが、社内で広くうわさされているところによると、ラニエーリ配下のトレーダーたちは、一九八三年に二億ドル、八四年に一億七千五百万ドル、八五年に二億七千五百万ドル稼いだという。ルーウィー・ラニエーリは、しかるべき時期にしかるべき場所にいたしかるべき人物だった。上級トレーダーのひとりがこう言う。

「ルーウィーは自分が完全に理解できないものにも、積極的に手を出した。トレーダーとしての勘を頼りにね。そこが大事なんだ。ソロモンのやりかたというのは、いつも〝こうと思ったら、やってみろ〟。ただし、うまくいかなければ、冷や飯を食え〟だ。ラニエーリはみごとにそれに応えた。ほかの部署だと、管理職の連中は〝じゃあ、きみ、この取引に有り金そっくり賭《か》けてみる気があるかね？〟などと言う。ルーウィーの場合は、有り金そっくりどころじゃない。人をいっぱい雇って、全員に有り金全部賭けさせるぐらいのことは、平気でやった。〝構うもんか。命まで取られるわけじゃなし〟という態度なんだな。ほかの会社なら、自分のやろうとしてる事業が安全だということを執行委員会に納得させるために、二百ページのレポートを書かなくちゃいけないところだ。やりかたをわきまえているということを証明しなくちゃならない。ルーウィーには、絶対にそんなことはできないだろう。やりかたはわきまえてても、証明のしかたはさっぱり知らない。ほかの会社でモーゲージ部を任されたとしたら、ルーウィーはたぶん、何の働きもできずに終わったはずだ」

ソロモンのトレーディング・フロアは独特の職場だ。管理は最小限、規律も最小限、持ち高の制限もない。トレーダーは、自分で妥当と思えるかぎりの債券を、上司の承諾なしに売買できる。言い換えれば、経営者にとっての悪夢の場所。モーゲージ・トレーダーのウルフ・ナドゥールマンが言う。

「ソロモンのトレーディング・フロアがビジネス・スクールの模擬実習の場だとしたら、経営者役の学生は〝これはひどい！〟と絶句するだろうな。でも、実はそうじゃない。そりゃ、たまには損もするが、がっぽり稼げることだってある。ソロモンのやりかたは正しいのさ」

ソロモンのゆるい管理体制には弱点もある。ウォール街の大手の中で、八〇年代前半に経費の割当て制をとっていなかったのは、ソロモン・ブラザーズだけだ。信じがたいことに思えるが、社員の成績は、差引き利益ではなく、取引帳簿に記された収入の総額で判断された。

経費がいくらかかったかは問われないのだ。合資会社だった時代（一九一〇～一九八一）には、会社のカネは重役たちのカネだから、経費管理が甘くてもまだ許された。しかし、いまやカネは株主のものだ。合資会社で通用した制度も、株式会社では災いのもととなる。

取引担当の管理職たちは、利益より売上げに重点を置いた。売上げさえ増えれば、それが報酬にはね返ってくる。粗収入は、権力を測る粗い物差しだった。一九七八年に、ラニエーリは共同経営者に取り立てられていた。以後、八一年まで、売上げとともに影響力も伸び悩んだが、モーゲージ市場が急騰したとたん、地位も急上昇し、たちまち最上段へのぼり詰めた。一九八三年、全社の売上げに対する占有率で、他の部が軒並み十パーセントを下回る中、モーゲージ部が四十パーセントを稼ぎ出すに至って、彼はついに執行委員会に席を得た。さらにトレーダーを増員し、今度は不動産モーゲージに進出することになる。

一九八五年十二月、ジョン・グッドフレンドがある記者に語った。

「将来の会長候補の最終選抜リストに、ルーウィーは確実に名を連ねてるよ」

ラニエーリは業務を拡張するため、モーゲージ金融員をひとり雇い入れた。その金融員が住宅購入者に対して直接ローンを組み、モーゲージ債の原材料をラニエーリに提供するのだ。一九八六年、ラニエーリは会長室入りし、側近としてグッドフレンドに仕えることになった。同じ年に、海外にも手を広げ、イギリスのモーゲージ市場をアメリカ型に作り変えるべく、ロンドンにモーゲージ・コーポレーションを設立した。ラニエーリといっしょに会長室に加えられたのが、国債部、社債部の責任者であるトム・ストラウスとビル・ヴァウトだった。

ともに最終選抜リストに名前が挙がり、ともに業績を伸ばしていたが、ラニエーリの勢いには及ばなかった。一九八七年半ばには、真偽のほどを確かめるすべはないが、ソロモンのある取締役が断言するところによると、七千人を越す従業員の四十パーセントがなんらかの形でラニエーリの監督下にあるという状態にまでなった。

地位の上下を問わず、ソロモン社内での栄光と昇進は売上げ高とともにあった。隣席の社員の売上げの数字は、隣席の社員のボーナスの額と同じ経路で社内に知れ渡った。何を知るにも研修生は一番最後だったが、ソロモン主導による資本市場の大変革がもたらしたうまい話も、ついには研修クラスまで伝わってきた。

「教室に座って、全国でどれぐらいのモーゲージ・ローンが組まれているかを考え、そのうちの、そうだな、十パーセントが債券化されたらどうなるか、想像してみただけで、どんなにでかい商売になるかは見当がついたね」と語るのは、元ソロモンのトレーダーで、一九八二年の研修クラスに在籍していたマーク・フリードだ。

一九八四年には、ソロモン・ブラザーズは下院の小委員会に招かれ、九四年までに全国で四兆ドルの新規住宅融資が必要であると明言するに至った。勝利の英雄であり、ソロモンの伝説的存在であり、成功という概念の化身でもあるラニエーリが、研修クラスに現われて、こう語った。自分は今、カリフォルニアから帰ってきたばかりだが、飛行機の窓から地上の小さな家々をながめ下ろして、あの家々にみんなローンが組まれ、いずれはそのローンがそっくりソロモン・ブラザーズのトレーディング・フロアに流れ込んでくるのだと思うと、感無量だった(三万フィートの上空から地上の家並みが見えるのか、などという質問は誰もしなかった。そういう超人的視力の持ち主がいるとすれば、ラニエーリこそそうだと思えたから)。一九八四年には、モーゲージ部は研修を終えた若きMBAたちのあこがれの職場になっていた。誰もがモーゲージ債を取引したがり、ソロモン・ブラザーズのモーゲージ・トレーダーになりたがり、いまや会社の売上げの半分以上を稼ぎ出すまでになった打ち出の小槌を振りたがった。

ソロモン・ブラザーズのモーゲージ・トレーダーは、世界最大の資本市場に対しても、ウォール街で断然一位の収益を誇る自分の会社に対しても、傍若無人にふるまった。幸運に酔いしれていたのだろう。あるモーゲージ・トレーダーは豪語する。「モーゲージ・トレーダーが鉄の睾丸《こうがん》を持ってることは、周知の事実だった。モーゲージ・トレーダーの稼ぎ出すカネが、市場のかなりの部分ではなく、市場のまるごと全部を占めてることも、周知の事実だった。市場の取引の一部ではなく、大半でもなく、全部を手中に収めてることも、周知の事実だった」

市場の取引の全部を手中に収めるには、売り手ばかりではなく、買い手も確保しなくてはならない。一九八一年十月の時点で、買い手はまばらだった。ラニエーリは、ジャンクボンドの先覚者であるドレクセル・バーナムのマイケル・ミルケンと並んで、八〇年代の最も偉大な債券伝道師となった。機関投資家にモーゲージ債を買わせるための全国行脚の途中で、ラニエーリはよくミルケンと鉢合わせした。同じ日に、同じ得意先を訪ねたのだ。

「売れだしたのは、こっちのほうが先だったな」ラニエーリが言う。「投資家たちが、ラニエーリの唱える福音にカネを出し始めたんだ」

ラニエーリの唱える福音とは、簡単に言えば、〝モーゲージはうそみたいに安い〟というものだった。最初に強調したのは、モーゲージ債の利回りが同じ信用度の社債や国債に比べて、いかに高いかということだ。大半のモーゲージ債は、大手格付け機関であるムーディーズ、スタンダード&プアーズの二社からトリプルAの評価を与えられていた。また、大半のモーゲージ債は、ジニー・メイ債券の場合は直接的に、フレディ・マックやファニー・メイの場合は間接的に、アメリカ政府の暗黙の保証を得ていた。

アメリカ政府が借金を踏み倒すなどとは、誰も思わないだろう。それなのに、投資家たちははじめのうち、ラニエーリやその配下のセールスマン軍団と取引したがらなかった。モーゲージ市場が俄然《がぜん》活気づいてきたというのに、ビル・サイモンが初期のジニー・メイに対して漏らした「モーゲージ債の残存年数は予測がつかない」という不満がまだ生きていたのだ。繰り上げ償還そのものが不都合だというのではない。いつ繰り上げが行なわれるか予測できないことが問題なのだった。それに、償還の時期がわからなければ、利回りも当てにできない。投資家が推測できることといえば、金利が上がれば住宅所有者は繰り上げ返済をやめ、債券が表記どおりの満期を迎えることが多くなるだろうし、金利が下がれば住宅所有者はローンの借り換えに走るだろうということぐらいだ。旗色はよくない。モーゲージ債の供給の条件は一九八一年十月に一転したのに、需要の条件は変わらなかった。モーゲージは確かに安く、商品量も多かったが、いかんせん買い手が付かなかった。

それどころか、いくつかの州ではモーゲージ債がいまだに非合法的な投資とされていて、ラニエーリにとってこれは受け入れがたい状況だった。ある会議で、彼は初対面の弁護士をどなりつけた。

「弁護士どもの言うことは聞きたくない。おれは自分のやりたいことをやりたいんだ」

彼は州法に対し、連邦政府が優先権を行使することを求めた。そして、モーゲージをほかの債券に近づける手立て、モーゲージ債の満期を確定させる手立てをさがしにかかった。

最終的に、彼はアメリカ人が住宅資金を借りるときのその仕組みを変えたかったのだ。

「せめて、借り手の前でこう言えるぐらいの権利は欲しかったな。ここにふたつの似たような抵当付きローンがあります。一方は貸出し金利十三パーセント、一方は十二・五パーセント。どちらを選んでくださっても結構。十三パーセントのほうは、いつ、どんな理由でも、借り換えができます。十二・五パーセントのほうは、引越しや死亡や売却の際の違約金は不要ですが、借り換えの場合だけ、手数料を支払っていただきます」

議会はラニエーリに、どの州でもモーゲージ債を販売していいという許可は与えたが、それ以上の根本的な変革は認めなかった。住宅所有者は依然、好きなときに繰り上げ返済する権利を持ち、ラニエーリとしては、運に見離されたモーゲージ債を機関投資家に売り込むために、別の手をひねり出さなくてはならなかった。

そこで、彼はひねり出した。顧客訪問のお供をよくさせられたスコット・ブリトナムは言う。

「ルーウィー・ラニエーリなら、エスキモーに氷を売りつけることだってできただろうね」

ソロモンでの日々も終わりに近づきつつあったロバート・ドールも言う。

「取引デスクに座らせておくのがもったいないぐらい、客あしらいがうまい男だったな」

ラニエーリ自身は、「繰り上げ償還のことで客と言い合うのはやめて、値段の話を始めたよ。いくらなら、連中は興味を持つのか？　客が買い気をそそられる値段があるはずだ。財務債プラス百ベーシスポイント（つまり、合衆国財務省債券より一パーセント高い利回り）？　プラス二百ベーシスポイント？　考えてもみろ、モーゲージ債の利回りは、財務省債券より三百五十ベーシスポイントも高かったんだぞ！」

アメリカの住宅所有者は誰でも、好きなときにローンを返済できる権利を大事なものだと感じていた。高金利のときにカネを借りても、金利が下がったら、そこで繰り上げ返済し、低利のカネを借り直せばいいことを知っていた。そういう選択権を持つことを、彼らは好んだ。選択権料などというものがあれば、たぶん喜んで支払っただろう。しかし、ウォール街の人間ですら、住宅所有者の選択権に値段を付けることはできなかった（現在でもそうだ。近いところまでは来ているが）。トレーダーであるラニエーリは、誰もモーゲージを買いたがらず、誰もが売りたがっているのだから、安くなって当然だと考えた。もっと具体的に言えば、モーゲージ債の利率は、住宅所有者の選択権から生じるリスクを補って余りあるぐらい、国債などの満期確定債券より高くなくてはならないということだ。

ラニエーリは、ウォール街のセールスマンにしてはいささか奇妙な役どころをみずから演じた。モーゲージ債そのものになりきったのだ。買い手が付かないと、傷ついた顔をした。ラニエーリ自身が低く見られたかのようだった。一九八五年に、彼は『ユナイテッド・ステーツ・バンカー』に語っている。

「われわれ住宅建設側の人間は、繰り上げ償還リスクに対する保険料を、実際の価値より高く市場から請求されているように感じている」

この論法を考えてみよう。〝われわれ住宅建設側の人間〟とは、誰のことか？　ラニエーリ自身が保険料を請求されているわけではない。請求されているのは、住宅所有者だ。ソロモン・ブラザーズの元郵便係、元公益事業債トレーダーであるルーウィー・ラニエーリが、なんとアメリカの住宅所有者のチャンピオンに納まってしまった。これは、暴利をむさぼる狡猾《こうかつ》なウォール街のトレーダーというイメージと比べると、はるかに魅力的な人物像だ。ロバート・ドールは言う。

「アメリカの住宅建設の話になると、ルーウィーはとにかく能弁だった。その種の会合のあとで、わたしはよく言ったもんだ。〝おい、まさかあんな大ぼらを、信じる人間がいると思ってるんじゃないだろうな？〟ってね」

しかし、そこにこそ、ラニエーリの説得力の源があった。ラニエーリ自身がその大ぼらを信じていたのだ。

ラニエーリはおそらく、ウォール街で史上初の人民主義者だろう。ルイジアナの偉大な政治家ヒューイ・P・ロングは、〝すべての鍋《なべ》に鶏肉を！〟というスローガンで選挙を戦った。ルーウィー・ラニエーリは、〝すべての家庭にモーゲージを！〟というスローガンで債券を売りまくった。庶民的なイメージが大いに役立った。「見事な演技だったな」と、愛弟子クロンゾールも認める。ラニエーリは足首まである野暮ったい黒靴を履き、六インチ幅のネクタイを締めて仕事をした。毎週金曜になると、黄土色のポリエステルのジャケットに黒い綿のズボンというでたちで、トレーディング・フロアに現われた。手持ちのスーツは四着きり。全部ポリエステルだった。

一九八二年から八六年までの黄金期のあいだ、二百万ドルないし五百万ドルの年収を稼ぎながら、彼はずっとその四着のスーツで押し通した。ジェフリー・クロンゾールが振り返る。「みんなでよくからかったもんだ。ブルックリンの〝殿方の店《ザ・メイル・ショップ》〟に行列して買ったスーツじゃないかってね。フロリダ旅行とシャンパン付きで九十九ドルというやつだよ」

一方、ラニエーリはモーターボートを五隻所有していた。「スーツよりボートの数が多かったってわけだ」とは、本人の弁。それ以外には、豪華な車や新しい家を買うわけでもなく、つつましい暮らしをしていた。服装がラニエーリという人間を表わし、誰もがその服装に目をとめた。スーツはこう語っていた。

「わたしは自分が下働き出身であることを忘れていない。きみも忘れないでくれよ」

それから、こうも語っていた。

「わたしはルーウィーだ。きざったらしい金持ちの投資銀行家とは違う。腹には何も隠しちゃいない。信頼してくれれば、悪いようにはしないよ」

ラニエーリと配下のトレーダーたちの圧倒的な重量の下で、投資家の不信感は骨抜きにされていった。そして、少しずつモーゲージが買われ始めた。

「ラニエーリの唱える福音に、最初に財布のひもをゆるめたのは、ボストンにある投資管理会社ジェネソンのアンディー・カーターだったな」ラニエーリが言う。それより大きいのは、ラニエーリが貯蓄貸付業界のご意見番だったことだ。S&Lの大手十数社は、ラニエーリにまず助言を求めてからでなくては、動こうとしなかった。容貌《ようぼう》も服装も発言も自分たちに似ているラニエーリを、彼らは信頼しきっていたのだ。その結果、S&Lの会頭たちは、ローンを売却したカネをあえてマイケル・ミルケンのジャンクボンドに再投資せず、もっぱらモーゲージ債を買い続けた。一九七七年から八六年までの十年間に、全米のS&Lのモーゲージ債保有高は百二十六億ドルから千五百億ドルに増えた。

しかし、この数字は、ラニエーリ一家の財産作りに果たしたS&Lの役割をごく控え目に述べているに過ぎない。ラニエーリのセールス部隊は、S&Lの経営者たちをたきつけて、債券を積極的に売買させた。腕のいいセールスマンは、内気で神経質な顧客を躁《そう》病のギャンブラーに変身させることができた。それまで眠ったように動きのなかったS&Lが、債券市場の台風の目となった。組合の数自体は減ってきているのに、貯蓄貸付業界全体の資産規模は、八一年から八六年の間に六千五百億ドルから一兆二千億ドルへとほぼ倍増した。ソロモンのトレーダーであるマーク・フリードは、ウォール街に入れ込みすぎたカリフォルニアのある大手S&Lを訪ねたときのことを回想する。フリードはそこの会頭に、あからさまなギャンブルを控え、持ち高を減らして、ヘッジでリスクを避けるよう進言した。

「どういう返事が返ってきたと思う？　ヘッジなんて臆病者《おくびようもの》がやることだってさ」

ソロモンのモーゲージ・トレーダーたちは、個人差はあるが、自分の収益の五割ないし九割がS&Lとの取引から来ていたと見積もっている。では、S&L側はなぜ、ソロモンが巨大な利鞘《りざや》を稼ぐのを黙って見ていたのか？　それはまず、彼らに被害者意識がなかったからだ。ソロモンの利鞘は外から見えるものではない。おまけに、ウォール街にはソロモンの競争相手がいなかったから、誰も、あなたがたがソロモン・ブラザーズを太らせているんですよと教えてはくれなかった。というわけで、町のパレードに山車《だし》を寄付し、日ごろはゴルフに精を出す三・六・三クラブの会員たちは、アメリカで最大の債券トレーダーとなり、いまだにそれが続いている。と同時に、彼らはアメリカで最悪の債券トレーダーでもある。つまりは、市場のだまされ役だ。

このS&Lによる取引量の急増も、しかし、ロバート・ドールが予測したとおり、八〇年代前半に発行された住宅モーゲージをそっくり吸収することはできなかった。ソロモンのモーゲージ・トレーダーは、モーゲージの売り手より買い手の役を務めることが多かった。

「スティーヴ・ボーム（全額ローン・トレーダー）は、貸出高二十億ドルの銀行を経営してるようなもんだった」と、元同僚が言う。S&Lと同様、ボームも長期ローンの山の上に座っていた（S&Lとちがって、資金繰りは苦しくなかったが）。S&Lがトレーダーになり、トレーダーがS&Lになるという、八〇年代初頭に起こった不思議な逆転現象が、ここでその極に達したわけだ（見かたを変えれば、ウォール街が貯蓄貸付業界そのものの存在価値を奪ったとも言える。そのうち、勇気のある人間が〝S&Lなんか、なくてもやっていけるんじゃないの？〟と言い出すだろう）。マイク・モータ―ラは、ボームに〝買ったきりボーム〟というあだ名を付けた。売らずに全部かかえ込んでいるように見えたからだ。結果的に、それが幸運を呼んだ。債券市場は記録的な反騰の前夜にあった。ヘンリー・カウフマンが『機関投資家』に回想の文を寄せている。

一九八〇年初頭、プライム・レートは約二十一・五パーセント、短期財務省証券レートは十七・五パーセントに達した。長期金利が天井を打った八一年十月には、長期国債が十五・二五パーセントの利率にまでなった。八二年の第三・四半期になってようやく、わたしは経済が急速に持ち直すことはないだろうと感じ、八月にはついに強気に転じた。そして、周知のように、わたしが強気に転じたその日に、株式市場は史上最大の上げ幅を記録し、債券市場も劇的な反発を示した。

ウォルドーフ・アストリア・ホテルで、執行委員会が開かれることになっていた。わたしは前夜、二ページの報告書を作成し、利回りが急落するという予測と、自分なりの根拠を記した。そして、それを運転手に託して秘書に届けさせ、清書したうえで社のコンピューターに入力し、すべての端末スクリーンに映し出すよう指示した。八時四十五分か九時ごろ、つまり市場が開く前に、トレーダーとセールスマン全員の目に触れるようにだ。それから、ウォルドーフへ行って、八人から成る執行委員会に臨んだ。秘書から電話が入り、綴《つづ》りのわからない箇所——わたしの原稿は筆記体で書いてあった——について質問を受けていると、たぶんジョン・グッドフレンドだったと思うが、「何の電話なんだ？」ときいた。わたしは、「ちょっとメモを残してきたもんでね」と言った。「何のメモだ？」と誰かがきくので、「(債券)市場の見かたを変えたんだよ」と答えた。すると、みんなが「市場の見かたを変えたって？」と声をそろえた。報告書がスクリーンに映し出されるころには、市場は手のつけられない状態になっていた。

ラニエーリ一家は、供給のだぶつきのせいで、何十億ドルというモーゲージ債をかかえ込まされていた。需給の状況からいって、相場の上昇に賭《か》けるしか道はなかった。そんなわけだから、このウォール街始まって以来の債券市場の反騰を、彼らは狂喜の面持ちで見守った。最初に感謝すべき相手は、カウフマンだ。彼が上がると言って、そのとおりに上がったのだから。しかし、すぐあとに、連銀が金利の下落を容認した。カウフマンも予言したこのワシントンの政策転換は、ラニエーリと配下のトレーダーたちにとって第二のうれしい節目となった。

「勝負を投げようかと言っていた矢先に、債券先物が一週間で十六ポイント上がったんだからな。うそみたいな話だ」と、ウルフ・ナドゥールマンが振り返る。モーゲージ部は社内の羨望《せんぼう》の的となった。

ひと握りのモーゲージ・トレーダーたちが手にした何億ドルという取引利益は、大部分、市場の上昇と、アメリカのS&Lのありがたい無知との組み合わせから得られたものだった。しかし、ほかにも、もっと巧妙な方法でラニエーリはカネを稼いだ。

ラニエーリのトレーダーたちは、他社のモーゲージ担当部署をカモにするのが実にたやすいということに気づいた。ソロモンのモーゲージ取引デスクは、ウォール街で唯一、他の投資銀行との直通電話回線を備えておらず、業者間ディーラーと呼ばれる仲介者を通して接触するほうを好んだ。アンディー・ストーンが言う。

「おれたちはウォール街を取りしきってた。債券が十で取引されてるときでも、流れを調整するために十二で買う。それから、（ソロモンの）調査課を通して、今十二で買った債券の実質価値は二十だというような情報を流す。あるいは、六十億ドル分をさらに十二で買い足す。他社の連中は、スクリーンに表示された取引高を見て、〝おっ、小口買いだ。乗ったほうがいい〟というんで、うちの持ち高を減らしてくれる」。言い換えれば、ソロモンはモーゲージ取引ゲームのルールを勝手に決める力を持っていたということだ。

時間がたつにつれて、ルーウィー・ラニエーリは取引デスクで日々決断を下す立場から、しだいに身を引いていった。

「ルーウィーは大きな構図をながめることにたけた男でね」と、アンディー・ストーン。「それからの二週間、モーゲージ債の収益は国債を上回ると言い続けて、九十五パーセントはそれを的中させた。上回れそうにないときは、十九のS&Lに電話をして、うちのモーゲージを買うように説得してたよ」

ラニエーリはしかし、細部を見ることにはたけていなかったので、かわりにトレーダーたちが債券市場の細い枝道に分け入っていくようになった。

「トレーダーのありかたが変わったね」と語るのは、古参のモーゲージ・セールスマンであるサミュエル・サックスだ。「ロケット学者を呼び込んで、モーゲージ証券を小さな断片に切り分けさせるんだ。市場はもう、ルーウィーの脳みそに納まりきれるような単純な代物ではなくなった」

若いトレーダーたちはMBAや博士号を持っていた。新種のトレーダーの先頭を切ったのがクロンゾールで、以下、ハウプト、ロス、ストーン、ブリトナム、ナドゥールマン、ボーム、ケンドル、そしてハーウィー・ルービンと続く。彼らが用いた策略のひとつは、借り手が損を承知で繰り上げ返済するような状況につけ込むことだった。ワシントンの混乱にウォール街が乗じた好例として、スティーヴ・ロスとスコット・ブリトナムが連邦プロジェクト・ローンの取引で稼いだ数千万ドルが挙げられる。集合住宅の建設者に対して組まれた政府保証付きのローンだ。一九八一年には、連邦政府は財政赤字をかかえていた。そこで、資産売却プログラムが施行された。売りに出された資産の中の一群が、六〇年代と七〇年代に低価格住宅の開発者に向けて貸し出されたローンだった。このローンはもともと、助成策の形で、市中金利より低く組まれていた。これを市場に出すと、低い金利のせいで、額面よりかなり安い値段になる。平均的なローンで、一ドル当たり六十セントというところだ。だから、例えば、年四パーセントの利息付きの（財務省証券の利回りが十三パーセントなら）三十年ローン一千万ドル分が、六百万ドルほどで手に入る。

政府がローンを売りに出す際には、『ウォール・ストリート・ジャーナル』に小さな告示が載る。それを読む人間は、どうやらふたりしかいなかったらしい。ロスとブリトナムだ。

ブリトナムが振り返って言う。

「何年もの間、うちが市場を独占していたな。八一年にぼくが戦列に加わったとき、ローンを買うのはわれわれぐらいのものだった」

市場はゲームの色合いが濃かった。うまくやるこつは、どのプロジェクト・ローンが繰り上げ返済になりやすいかを前もって見きわめることだった。繰り上げ返済になると、ローン所持者、つまり貸し手のポケットに、思わぬ大金が転がり込んでくる。プロジェクト・ローンが額面以下で取引されるためだ。ロスとブリトナムが一ドル当たり六十セントで買ったローンが、すぐさま繰り上げ返済されると、何もせず一ドル当たり四十セントの利益を手にすることができる。そういう儲けにありつくには、どんな状況で満期前の払い戻しが行なわれるかを知っておかなくてはならない。おおむね、これにはふたつのパターンがあるようだ。

ひとつは、財務困難の場合だ。困難のあるところ、常に好機もある。

「債務不履行に陥りそうな公共住宅プロジェクトでも見つけられれば、万々歳だったな」と、ブリトナム。政府保証付きのローンなので、債務不履行の際には、政府が全額を肩代わりするのだ。百万ドル単位の儲けが得られることもある。

もうひとつ、繰り上げ返済が見込めそうなプロジェクトは、高所得者向け不動産だ。ブリトナムが回想する。

「豪勢なプール、テニスコート、電子レンジなどのある邸宅を探すんだ。そういう物件を見つけたら、ひとり言をいうのさ。〝こいつは改築の見込みありだ〟」

改築するためには、居住者は所有者である開発業者から不動産を買い取り、業者はそのぶんを政府に返済することになる。カネを受け取った政府は、ロスとブリトナムが一ドル当たり六十セントで買ったばかりの紙切れを一ドル当たり百セントで買い戻す。ウォール街の若きMBAふたりが、プールやカネ回りの悪い住人を求めて公共融資住宅を見て回る姿も、一千万ドルの利益につながるとなれば、滑稽《こっけい》な図とばかりは言っていられない。不思議なのは、ローンを売る側のワシントンの人間たちがそれを見習わなかったことだ。しかし、彼らにはローンの価値がわかっていなかった。市場が適正な値段を支払ってくれると信じ込んでいたのだ。ところが、市場は適正には動いていなかった。

さらに大きなぼろ儲けの策は、住宅所有者の不合理な動きを先読みすることだった。負債を払いきる時機を見きわめる周到さという点で、彼らが連邦政府を大きくしのぐとは言えなかった。全国至る所で、四、六、八パーセントの住宅ローンの借り手たちが、市場の金利が十六パーセントという時期に、あせって繰り上げ返済しようとしていた。投機のための借入れがはやる時代にあっても、とにかく借金生活はいやだという人間が少なくなかったのだ。

この風潮が、連邦プロジェクト・ローンの場合と同じ〝たなぼた〟の素地を作った。モーゲージ債を支えるのは住宅ローンであり、債券には額面を下回る値段が付いていた。儲けることは、住宅所有者が繰り上げ返済をする直前に、額面以下で債券を買うことだ。住宅所有者の動きを予測できるモーゲージ・トレーダーは、莫大《ばくだい》な収益をあげた。繰り上げ返済分はすべて、モーゲージ債所持者の利益となる。六十で買った債券に対して、百の現金が支払われるのだから。

ソロモン・ブラザーズの若きトレーダー、ハーウィー・ルービンは、住宅所有者が繰り上げ返済をする確率を計算し始めた。住んでいる場所、ローンの残り期間、ローンの額によって、率が異なることがわかった。彼は、ルーウィー・ラニエーリのリサーチ部門が集めた過去のデータを活用した。調査員たちは、軍縮交渉の学術顧問のような役を務めるために働いていたのだが、実際にはフットボール・チームの飲み水運搬係のように扱われることが多かった。しかし、優秀なトレーダーたちは調査員の使いかたをよく心得ていた。ルービンとリサーチ部門にとって、アメリカの住宅所有者はモルモットのようなものだった。これまでじっと動かなかった住宅所有者が、金利の変化というショックにどう反応し、どう行動するかを、調査員たちは図式化した。ある集団が別の集団より過敏な動きを示すという結果が出ると、彼らはそれをルービンに伝え、ルービンがその集団のモーゲージを買う。住宅所有者のほうは、もちろん、自分たちの行動がウォール街につぶさに監視されていることなど知るはずもなかった。

はじめの何年かに稼いだカネは、ソロモンのそれまでの稼ぎと同様、たいした苦労もなく得られたものだった。それでも、モーゲージは数学的に最も複雑な証券だと見なされた。その複雑さの源はただひとつ、住宅所有者が返済の時期と方法に選択権を持っていることだった。ずぶの素人によって市場にもたらされた複雑さが、ウォール街の最良の頭脳を悩ませる難問になるというのは、なんとも詩的な構図ではないか。大規模なリサーチ部門を設立したラニエーリの直感は正しかった。モーゲージは数学の親戚《しんせき》なのだ。

というわけで、これまでになく洗練された分析法が、モーゲージ部に大金を運んできた。しかし、トレーダーの行状がそれに合わせて洗練されていったわけではない。市場の技術が一歩前進するごとに、彼らは人類の進化の過程を一歩後退する感じだった。人数が六人から二十五人に増えて、ますますうるさく、下品に、でぶになり、社内の他の部署との関係も、いっそうないがしろにされた。彼らを結びつけるきずなといえば食べ物であり、モーゲージ・トレーダーの食べっぷりは見る者をいつもあきれさせた。

「クリスマスの日にダイエットする人間がいないように、モーゲージ部でダイエットする人間はいない。毎日が祝日さ。見てくれがどうでも、おれたちはカネを稼いでたからな」と、元トレーダーが語る。彼らの朝は、研修生が八時に『トリニティ・デリ』で買ってくるオニオン・チーズバーガーで始まる。

「ほんとうに食べたいわけじゃないんだ」と振り返るのは、一九八五年にモーゲージ部に入ったトレーダーのゲイリー・キルバーグだ。「最初はあたりをぶらつきながら、コーヒーをちびちび飲んでいる。でも、そのうちにおいがしてくる。ほかの連中はみんな、それを食べている。そこで、ついつい手がのびてしまうというわけさ」

トレーダーたちは、ソロモンでこれまで見られなかったような大食の芸を披露した。モータラは、大きなカートンに入った麦芽乳をふた口で飲み干した。ダントーナは、毎日午後になると、二十ドル分のキャンディーを研修生に買ってこさせた。ハウプトとジェセルソンとアーノルドは、小型のピザをまるごと飲み込んだ。毎週金曜日は〝暴食の日〟で、取引業務はいっさい停止され、饗宴《きょうえん》がくり広げられた。元トレーダーが証言する。

「四百ドルぶんのメキシコ料理を注文するんだ。メキシコ料理を四百ドルぶんなんて、なかなか買えるもんじゃない。でも、われわれはやってみた。手始めに、五ガロン缶数個に詰め込んだグアカモーレ。途中で客から電話が入って、債券を売ってくれだの買ってくれだの言われたら、こう答えなきゃいけない。〝申しわけありませんが、ただいま全員、狂乱状態にありますので、のちほどこちらからお電話いたします〟」

自分たちが太れば太るほど、痩《や》せた人間に対する憎しみはつのるようだった。

「格好つけることはない！　おれたちは今のままの見てくれに誇りを持ってるんだ！」

彼らは冗談で、週末にトライアスロンに励むスリムな国債トレーダーたちは、平日にはこれっぽっちもカネを稼げないではないかと揶揄《やゆ》した。それは言いすぎというものだが、モーゲージ・トレーダーたちの稼ぎ高が他を圧しているのは事実だった。アンディー・ストーンが回顧する。

「毎月、月末には部の夕食会が開かれた。われわれは、国債部と社債部を足した収益の倍を稼いでいた。おれたちが一番だ、ほかの部なんかくそくらえ、と、その席で言い合うのさ。八三年末に、よその部の取引責任者がみんな共同経営者に加えられて、モータラだけが取り残されたときなんて、全員がいっしょになって怒ったもんだ。〝おれたちはソロモン・ブラザーズのために働くんじゃない、モーゲージ部のために働くんだ〟ってね」

仕事が増えるにつれて所帯も大きくなっていったが、ラニエーリは部内の気風を保とうと努めた。月末の夕食会がないときは、モーゲージの部員だけでアトランチック・シティーへ旅行に出かけた。ヘリコプターに乗り込み、ギャンブルで一夜を過ごして、翌朝の取引に間に合うように飛んで帰ってくる。それこそが、鉄の睾丸《こうがん》を持つトレーダーの心意気というわけだった。

いたずらの中には、起源がはっきりしているものもある。スーツケースのいたずらは、一九八二年、あるトレーダーが同僚の旅行かばんから服を取り出し、かわりにピンクのレースのパンティーを詰めたのが始まりだ。八五年までのあいだに、少なくとも四回、同じようないたずらがくり返された。その鎖がついに断ち切られたのは、ある金曜日の朝遅く、ジョン・ダントーナがスーツケースを持って出社したときだった。プエルトリコへ週末の小旅行に出かける予定だったのだ。彼は仲間のトレーダーたちに、お楽しみの計画を自慢げに語った。「いやあ、諸君、いっしょに連れていけなくて、申しわけないね。はっはっは」といった調子だ。

とうとう頭に来たのが、ピーター・マーロとグレッグ・エラーディのふたりだった。ダントーナの注意がそれたすきに、ふたりはこっそりスーツケースを持ち去った。中から服を出して、濡《ぬ》らしたペーパータオルを十ポンドほど詰め込んだ。ダントーナがこの詰め替えに気づいたのは、その晩、プエルトリコのホテルでシャワーから出たときだった。しずくをしたたらせながら、彼はまず、一番疑わしい人間に電話した。マーロだ。マーロは白状した。たちのいい冗談じゃないぞ、とダントーナは言った。その週末、彼はさらに七回もマーロに電話をかけ、どれほどたちがよくないかをくどくど説明した。彼は復讐《ふくしゅう》をくわだてた。日曜の朝早く、電話で起こされたマーロの耳に、ダントーナの声が飛び込んできた。

「いつ、どこで、どうするとは言えないが、そのうち必ず……」

復讐の機会はほどなく訪れたが、相手はマーロではなかった。例によって、標的にされたのは罪人の下で働く研修生だった。当時マーロの下で働いていたのは、ぼくと同期のゲイリー・キルバーグだ。キルバーグはある日、スーツケースを提げて出勤してきた。夕方から、イースタン航空のシャトルでワシントンへ飛び、上院議員ふたりと会うことになっていたのだ。ダントーナに狙《ねら》われているのを感じて、彼はヘンリー・カウフマンの執務室の戸棚にスーツケースを隠した。空港へ向かおうとしたちょうどそのとき、キルバーグの電話が鳴った。マーロからだった。マーロの席は八フィートほどの距離にあるのだが、トレーダーたちが内密の話をするときは、隣り同士でも電話を使う。

マーロはキルバーグに警告した。

「おれが警告したなんて、誰にも言うなよ。スーツケースを調べてみたほうがいいぞ」

そこで、キルバーグは誰にも尾行されていないことを確かめたうえで、スーツケースの中を調べた。何も異状はない。

彼は飛行機に乗った。出張は無事にすんだ。それなのに、二日後にトレーディング・フロアに入っていくと、みんなが笑って迎えた。特に、ダントーナが愉快そうに。

「何がそんなにおかしいんですか？」キルバーグはきいた。

「出張は楽しかったか、キルちゃん？」ダントーナが言った。

「ええ、まあ」

「〝ええ、まあ〟とは、どういうことだ？」

六人ほどのトレーダーには、何があったかがすぐにわかった。キルバーグが出張に出かける日に、ダントーナはトレーディング・フロアの近くで、服がいっぱいに詰まったスーツケースを見つけた。スーツケースには、大きな金色の字でKというイニシャルが入っていた。キルバーグのKだと思うのも当然だろう。

ところが、それはキルバーグのものではなかったのだ。

「じゃあ、これは誰のスーツとシャツなんだ？」

ひとりのトレーダーが、机の下からかなり高級そうな服を引っ張り出しながら言った。

「みんなが考えをめぐらすのが、見ていてわかったよ」と、キルバーグが振り返る。「しかも、頭に浮かべてるのは小物の名前じゃない。大物のKだ。（ヘンリー・）カウフマン、（リー・）ケメル、それに、なにしろうろたえてるもんだから、（クレイグ・）コーツ（社債部の取引責任者。イニシャルはC）の名前まで浮かんでくる。みんなで声をそろえて言ったね。〝えらいことになった！　どうすりゃいいんだ？〟」

まったく、どうすればいいというのか？　Kというのが誰であれ、その人物は濡《ぬ》れたペーパータオルをつかまされた。濡れたペーパータオルをまとって週末を過ごさなくてはならなかった彼は、かんかんに怒っているにちがいない。このいたずらはモーゲージ部の中だけのことだし、部内には該当するK氏はいないようだから、単にスーツが消えてしまったということにしておけば、誰もそれ以上疑わないのではないだろうか。とまあ、そんなわけで、トレーダーのひとりが衣類を死体みたいに緑のビニール袋に詰め、通りをはさんだ本社ビルの向かい側、ニューヨーク・ヘルス＆ラケット・クラブ前の瓦礫《がれき》の中に捨ててきた。トレーダーたちはトム・ソーヤーとハックルベリー・フィンのような面持ちで、この話を誰にも口外しないことを約束し合った。

「今日に至るまで、あれが誰のスーツだったかは謎《なぞ》のままだ」と、キルバーグ。

要するに、モーゲージ部は大企業の一部署というより、大学の社交クラブにずっと近かった。その悪童の集まりのような気風を定着させた責任の、少なくとも一端はボスにある。彼は騒々しい集団の一員どころか、首謀者だった。ラニエーリにとって大切なのは、ただ勝つことではなく、かっこよく勝つことだ。彼の机には、オレンジ色のストリッパー用パンティーが、銛《もり》状のピンで突き刺してあった。他の部署よりたくさんカネを稼ぐのは気持ちのいいことだったが、他の部署よりたくさん稼ぎながら、一日の半分を悪ふざけをしたり、太い葉巻を吹かしたりして過ごすのは、こたえられない喜びだった。

あるトレーダーは、ラニエーリが執務室からフロアへ出てきて、アンディー・フリードウォルドという若いトレーダーに話しかけたときのことを回想する。

「例のこぼれるような笑みを浮かべてさ、アンディーのすぐそばに立つと、仕事の調子はどうかってきくんだ。アンディーは東京とロンドンでひと勝負してるところだって答えたんだけど、ルーウィーはあの気味の悪い笑顔でうなずくだけだった。アンディーが別のことを言っても、やっぱりにやにやして立っていた。そのとき、アンディーはボスの悪ふざけに気がついた。ルーウィーはビックのライターを持った手を、アンディーの股《また》の下にずっと置いてたんだ。ズボンに火がつくところだった。アンディーは天井まで跳び上がったよ」

もうひとりのアンディー、アンディー・ストーンは、上着のポケットにベイリーのアイリッシュ・クリームをひと瓶ぶちまけられたことを覚えている。気に入っているスーツなのだと抗議すると、ラニエーリは汚れた百ドル札を四枚差し出して言った。

「ぶつくさ言わずに、新しいのを買え」

ラニエーリは衝動的で、その意味でも、ビジネス・スクールの模擬授業で習う〝管理職の意思決定のありかた〟の枠をはみ出していた。マリア・サンチェスは、ソロモンのモーゲージ金融課に入った第一日め、社内を案内してもらっている途中に、廊下でラニエーリと鉢合わせしたことを思い出す。

「彼が何者だか、わたしは知らなかった。執務室に飾ってある日本刀の一本を振りかざしながら、ペンギンみたいによたよたと歩いてきたわ。わたしの案内人に歩み寄ると、刃先をわたしのほうに向けて、大声できくの。〝こいつは誰だ？〟

名乗り合ったあとで、彼が〝あんた、イタリア人か〟ってきくから、いいえ、キューバ人ですって答えた。わたしは長いひものボウタイが付いたブラウスを着てたの。ルーウィーははさみを取り出して、例のにこやかな顔で、わたしのボウタイを切ってしまったわ。女がネクタイをするのは好きじゃないんですって。財布から百ドル札を一枚出して、新しいシャツを買えって言うのよ。わたし、なんて会社に入ってしまったんだろうって思ったわ」

そのうち、ラニエーリも改心を迫られた。ジョン・グッドフレンドにだ。グッドフレンド自身、はしゃぐのがきらいなほうではなかったが、なにしろ大会社を経営している身だ。次期会長にと見込んだ男が、現会長の足を引っ張ろうとしているのを、黙って見ているわけにはいかない。ルーウィーをあとがまに据えるためには、せめてルーウィーにそれらしい役を演じてもらわなくては……。

「ある日、ルーウィーがリズ（・エイブラムス。彼の秘書）にアメリカン・エキスプレスのカードを投げてよこして、ブルックス・ブラザーズで服をごっそり買ってきてくれるように頼んだのを覚えてるよ。イメージ・チェンジを図れと、ジョンに言われたんだそうだ」と証言するのは、アンディー・ストーン。

グッドフレンドの心配は、服装を通り越して、相手の体形にまで及んだ。別のトレーダーが言う。「グッドフレンドはルーウィーの体重に目を光らせてたな。みんなでピザを注文したところに、グッドフレンドがやってきたことがあった。ルーウィーは会長がいなくなるまで、ピザに手を付けなかった。どれがルーウィーのピザかは、全員が知っていた。彼の顔には、こう書いてあったよ。〝そのピザに触ったやつは、命がないものと思え〟」

この変身に関するラニエーリ本人の記憶は、少しばかりちがっている。彼はある日、妻のペグとリズ・エイブラムスに〝はめられて〟、紳士服店バーニーズへ連れていかれたのだという。

「新しいスーツを一着だけ買う約束だったんだ。店の中を歩いていくと、案内の店員がいちいちこのスーツをどう思うかときいてくる。いいと思うと答えるたびに、店員はそれをラックからはずす。リズはその店員に、気に入ったスーツは全部買うと言っておいて、おれにはそのことを隠してたんだな。ひと周りしたころには、九着も選ばされてた。さて、それからが一番いやな作業だ。ぼうっと突っ立って、一着ずつ体に合わせるのさ。そのあいだに、リズが支払いをすませてくると言って、おれのカードを持っていった。ところが、もどってきたときには、三枚の伝票を手にしていた。〝それは何だ？〟ときいたよ。スーツを九着に、ネクタイを十五本、イニシャル入りのシャツを二十四枚、それに、こういう小物（と、ハンカチを指差して）をどっさり買ったと言うんだ。みごとにはめられたもんさ」

はめられっぱなしというわけではない。彼は容貌《ようぼう》変革アドバイザーたちの裏をかく方法を次々と見つけ出した。新しいスーツのほとんどはスリーピースで、正義の女神が起こした奇跡か、彼が買った直後に流行後れとなってしまった。いずれにしろ、ラニエーリは新調のスーツをまともに着たりはしなかった。あるトレーダーによると、「毎朝、右の肩にはヴェストを、左の肩にはネクタイを引っ掛けて出社してきた」のだ。それに、彼が顧客に与えていた庶民的なイメージは、服装が変わったぐらいで損なわれるものではなかった。結局、新しい衣類は彼の古いイメージをきわだたせる巧妙な小道具となった。

ジェフリー・クロンゾールは、ラニエーリといっしょに客を連れて食事に行ったときのことを思い出す。ラニエーリは新しい細身のネクタイとシャツにスープをこぼしてしまった。「頭に来て、毒づいてたよ。幅広のネクタイを締めさせてくれてれば、シャツのほうは汚れずにすんだのにってね」

アラスカ州の顧客を訪ねることになったとき、スーツだけしか着ていないラニエーリに、三月のアラスカにはコートが必要だと周りが助言した。彼はリズ・エイブラムスにアメリカン・エキスプレス・カードを渡し、ブルックス・ブラザーズで八百ドルのチェスターフィールドを買ってこさせた。新しいスーツ、それに加えてまっさらのコートといういでたちで、ラニエーリは華々しくアラスカへ発った。ところが、四十一階とアラスカのあいだのどこかで、靴をなくしてしまった。彼はかわりの靴を買った。おそらくは、免税店で。顧客の前に現われたときは、八百ドルのコートをはおり、六インチのヒールの付いた派手なオレンジ色の十九ドルのブーツをはいていたという。まさに、ウォール街の千両役者の面目躍如といったところだ。

一見よく似たふたりの人間が、同じ条件で取引をして、なぜ片方は二千万ドルを稼ぎ、片方は二千万ドルを失うのか、理由を突き止めることは不可能と言っていい。うそつきポーカーのチャンピオンであるジョン・メリウェザーは、ソロモンの管理職トレーダーの中でも、才能ある新人を見つけることにかけては、最も完璧《かんぺき》に近い眼力の持ち主だ。それでも、やはりめがねちがいはある。彼は一度、取引で損をするたびにパニックにおちいる男を雇ったことがあった。ある日、その男は大穴をあけ、無一文になってしまった。「殺される、殺される」そう叫び回って、ついにはトレーディング・フロアからほうり出された。

負け馬をぴたりと言い当てることはむずかしいが、才能のきらめきというのは、見たとたんにわかるものだ。ハーウィー・ルービンには、そのきらめきがあった。すべてのトレーダーの中にあって、ルービンは原石の光を放っていた。ルーウィー・ラニエーリは彼を「今まで見たうちで一番天賦の才に恵まれた若手トレーダー」と評した。ほかのトレーダーたちに言わせると、ルーウィー・ラニエーリに一番よく似たトレーダーということになる。あるトレーダーの思い出話。

「ルーウィーが相場は上がると予想し、一億ドルの債券を買ったとする。ところが、相場が下がり始める。すると、ルーウィーはさらに二十億ドルの買いを入れ、当然のように相場は上がる。相場を吊《つ》り上げておいたうえで、ルーウィーはぼくのほうを向いて言う。〝な、上がると言っただろう〟ハーウィーにも、ちょっとそういうところがあったな」

ルービンは、一九八二年秋、ハーヴァード・ビジネス・スクールからソロモン・ブラザーズに入社した。ラニエーリ以下、全員が一番興味を持ったのは、彼がラスヴェガスのブラック・ジャックのテーブルでカードを数えて（つまり、配られたカードを全部記憶し、残り札の確率を計算して）何年かを過ごしてきたことだった。カードを数えるハーヴァードの卒業生など、めったにいるものではない。古いソロモンと新しいソロモンを掛け合わせたような珍種中の珍種だ。

一九七七年、ルービンはラファイエット大学を出てニュージャージー州リンドンにあるエクソンの精油所に勤め始めたばかりの化学技師だった。年収は一万七千五百ドルで、当時の彼には妥当な額だと思えた。

「ところが、半年もしたら、飽きてきてね」と、彼は言う。「一年半後には、どうしようもなく飽きてきた」

仕事に飽きたニュージャージー州リンドンの化学技師は、何をするか？　テレビを見て、ビールを飲む。ある晩、大学時代からの友人といっしょにチャンネルをがちゃがちゃ回していると、『シックスティー・ミニッツ』で、ブラック・ジャックのカードを数えて生計を立てている男を取り上げていた。

「ちぇっ、この男にできるんだったら、そんなにむずかしいわけがない」

ルービンはそう言った。そして、解説書を三冊読み、ラスヴェガスへ乗り込んだ。総賭けをくり返して、二年間で三千ドルを八万ドルに増やした。

「むずかしかったのは、勝負に勝つことじゃなくて、カジノから追い出されないようにすることだった」

ラスヴェガスを離れるころには、街じゅうのカジノに写真が貼《は》り出され、変装しないと入場できない状況になっていた。カードを数えるのにもとうとう飽きてきて、彼はハーヴァードに入った。そして、世知にたけた同級生たちから、債券取引という仕事があることを聞いたとたん、これこそ自分の天職だと悟ったのだという。

割引モーゲージ債を使った繰り上げ償還ゲームは、ルービンの目には、カードを数えるのとそっくり同じ作業に見えた。

「ブラック・ジャックは、カジノの中で唯一、ひとつひとつの手がそこだけで終わらないゲームだ。前に起こったことが、これから起こることに影響する。統計的にうまみのある瞬間が必ず来るから、そこで大きく賭《か》けるのさ」

ソロモンには、過去の住宅所有者の動きについての上質なデータがあるので、それがうまみを発揮するときにだけ、彼は勝負に出る。おまけに、彼の弁によると、ソロモン・ブラザーズのトレーディング・フロアは雰囲気がラスヴェガスのカジノによく似ている。ひとの声や騒音がけたたましく飛び交う中で、賭けをし、リスクを処理しなくてはならない。配られたカードを全部記憶しながら、ディーラーに怪しまれないようにするため、彼はよく、隣りの客と話をしたり、ジントニックを飲んだりした。ソロモン・ブラザーズでは、六人のセールスマンにどなったり、チーズバーガーを食べたり、ラニエーリが同僚トレーダーの股の下にビックのライターを突きつけるのをながめたりしながら、債券を取引した。

一九八三年、研修プログラムを終えて最初の年に、ルービンは二千五百万ドルを稼いだ。ここで、ソロモン・ブラザーズの経営陣がいまだに答えを出せずにいる〝数億ドルの懸案〟が、ハーウィー・ルービンによってはじめて提起される。ほんとうにカネを稼いだのは、誰なのか？　ハーウィー・ルービンか、ソロモン・ブラザーズか？　ルービンの見解では、それはハーウィー・ルービンだ。ジョン・グッドフレンドの見解では、ソロモン・ブラザーズだ。グッドフレンドは、会社がルービンに機会を作ってやったのだから、大半が会社の利益となるのは当然だと考える。もちろん、そういう考えかたが社内の大勢を占めていた。最初の二年間、ルービンはすべての研修生と同様、給与の枠をはめられた。一年め、彼には初年度トレーダーの上限である九万ドルが支払われた。翌一九八四年、ルービンは三千万ドルを稼いだ。支払われた給与は、二年めトレーダーの上限、十七万五千ドルだ。彼は振り返る。「ハーヴァード式の目の子勘定では、ほんとうに腕がよくて、三年で十万ドル稼げれば御《おん》の字だった」

その目の子勘定も、もはや意味を持たなかった。一九八五年のはじめに、彼はソロモンを辞め、三年間の保証付きでメリルリンチへ移ったのだ。条件は、最低年俸百万ドル、プラス取引利益に応じた歩合。

誰が彼を責められるだろう？　同僚のトレーダーたちはけっして責めなかった。気持ちがわかるからだ。トレーダーに市場からせっせとカネをかき集めさせ、他人の弱みにつけ込むよう訓練しておきながら、ボーナスの時期には会社の言うなりになれというのは、あまりに虫のいい話ではないか。毎年、暮れになると、ソロモンのトレーディング・フロアの人々は、何週間もやっていた仕事を中断し、自分たちの職歴を取引し合う。会社はいくらくれるだろうか？　自分の将来について、どう思ってくれているのか？　ほかの会社に行ったら、いくらもらえるだろうか？　会社を相手に興じる、うそつきポーカーによく似たゲームまであった。ウルフ・ナドゥールマンは、それを〝三十五万ドルもらってがっくりしてみせる〟ゲームと呼んだ（ちなみに、ぼくはこのゲームを得意としていた。絶妙の演技を見せたものだ）。ポイントは、会社にそれとなくこちらの意思を伝えることだ。今年は、三十五万で我慢しましょう。でも、来年ちゃんとした額を払ってくれなかったら、よそへ行きますよ。とまあ、はったりをかませるわけだが、本音が含まれていないとはけっして言いきれない。

ジョン・グッドフレンドは、自分自身たたき上げのトレーダーだったのに、社の給与体系の根本的な矛盾に気づいていなかった。モーゲージ市場からもたらされた前例のない高収益が、ソロモン・ブラザーズの利得分配システムをこれまでになく圧迫していた。グッドフレンドの会社に対する姿勢は、合資会社時代に固まったものだ。当時は、忠誠を尽くすのがごくあたりまえに思われていた。トレーダーは稼ぎのかなりの部分を会社にストックしなくてはならなかった。会社を辞めることは、すなわち財産を失うことだった。

そういう体制は、一九八一年、グッドフレンドが商品取引業者のフィリップス・ブラザーズに会社を売ったときに終わりを告げた。今では、桃の柔毛《にこげ》みたいな若造（と、グッドフレンドの目には映るのだろう）が、研修プログラムから押し寄せてきて、モーゲージ市場へカネ集めに送り出され、何千万ドルという儲けを持ち帰り、その分け前を要求する。グッドフレンドは、誰に対しても〝分け前〟など支払うつもりはなかった。〝足ることを知れ〟というのが彼の基本的な考えかただが、その考えかたは、二年めのトレーダーに百万ドル払うことなど想像もつかなかった時代に根差している。それに、そもそも、二千五百万ドルの取引をしたのはハーウィー・ルービンではなく、ソロモン・ブラザーズなのだから。

グッドフレンドは、若い世代の思い上がった強欲さを公然と批判した。一九八五年に、『ビジネス・ウィーク』の記者を前にして、判事ふうの手つきでトレーディング・フロアの従業員たちを指し、「あの連中のとんがり頭の中で何が起こってるのか、さっぱりわからんよ」と言い放った。モーゲージ・トレーダーたちは、彼の態度にひそむ偽善的なものに気づき、憤慨した。カネなど二の次だとうそぶくのは、グッドフレンドにとってたやすいことだ。彼は、ウォール街のどの代表取締役より高い給料を自分に支払っている。そればかりか、フィリップス・ブラザーズに身売りした時点で、すでに四千万ドルという大金を手にしていた。古株のパートナーたちと同様、自分の懐がうるおったとたんに、豹変《ひょうへん》してしまったのだ。彼らはソロモン・ブラザーズをカネ儲けの道具と見ることをやめ、権力と栄光へ至る道、がき大将として君臨できる巨大な遊び場と見なし始めた。

遊び場がどんどん大きくなるのを、グッドフレンドはことのほか喜んでいるふうだった。

ソロモンは三十億ドルの資本を有する世界最強の投資銀行なのだと、しきりに強調した。〝グローバル〟な投資銀行というイメージをうっとりかみしめていた。ロンドン、東京、フランクフルト、チューリッヒに支社が開かれ、発展していった。一九八二年に二千人だった従業員の数が、八七年には六千人になった。

そういうことはすべて、競争に勝ち残ろうとする健全な欲求から来たものだと考える向きもあるだろう。しかし、多くのモーゲージ・トレーダーの目には、ジョン・グッドフレンドの栄誉心を満たすだけの、成長のための成長だと映った。彼はよく、ソロモン・ブラザーズは毎晩八百億ドルの債券を翌日へ持ち越しているのだと自慢した。その事実を受けて、資産規模においては、ソロモンは〝世界最大の商業銀行〟であり、〝国としても世界で四十位以内〟に入るとまで言った。ある（ユダヤ人の）モーゲージ・トレーダーは、こう言い返したものだ。

「おい、ジョン、あんたが支配してるのは、オランダ王国なんかじゃない。欲の皮の突っ張ったユダヤ人の集団だぞ」

自分が強欲なユダヤ人の一団のボスに過ぎないと考えるのは、オランダの王様を名乗るのと同じぐらい、グッドフレンドにはなじみにくいことだった。ソロモン・ブラザーズはもっと大きい組織なのだ。その経営者であるジョン・グッドフレンドは、もっと大きい権勢を誇っているのだ。それにひきかえ、ハーウィー・ルービンはちっぽけな歯車ではないか。いくらでも取り替えがきく……このグッドフレンドの組織観は、トレーダーたちにとって不利な取引を意味した。いいほうに転んで、会社が高収益を続ければ、なんとか過去の実績が報われる望みもある。しかし、裏目に出て、会社の収益が落ちたりすると、最盛期の実績がまったくむだになってしまうのだ。

そんなわけで、一九八五年三月、ハーウィー・ルービンはメリルリンチから示された三百万ドルの契約にサインし、時代の語り草となった。伝説はぼくらの研修クラスにまで広まり、会ったこともない連中が彼のうわさをするようになった。

「ハーウィー・ルービンがメリルでいくらもらってるか、聞いたか？」

ぼくらはそう尋ね合った。答えは誰もが知っているのだから、形だけの質問だ。ハーウィー・ルービンの伝説は、よそから三百万ドルの声がかかりしだい退社しようともくろむモーゲージ・トレーダーたちのあいだでもてはやされた。ソロモン・ブラザーズにまったく新しい職務態度が誕生した。辞めるチャンスをのがすな。

こうやって、ソロモン・ブラザーズは、特にモーゲージ取引デスクは、ウォール街の他社のための人材育成機関と化した。飛び出していく社債、国債、モーゲージのトレーダーたちの数はどんどん増え続け、ついにはある日、ベテランの社債セールスマンが、向こうのほうが顔見知りが多いからという理由でメリルリンチへ移ろうと考えるまでになった。この現象から最も大きな打撃をこうむったのが、モーゲージ部だ。ほかの会社からすれば、ソロモンのモーゲージ・トレーダーにはどんなにカネを積んでも惜しくない。今まで締め出されていた巨大な市場への足がかりになるのだから。というわけで、トレーダーたちはしばしば、自分で予想したよりはるかに高額の報酬を提示された。

この現象の行きすぎの例が、ロン・ディーパスクェールだ。一九八四年の時点でのディーパスクェールは、あるトレーダーに言わせると〝三線級のモーゲージ・トレーダー〟だった。下働きから取引デスクに起用されたばかりで、たいした実務経験も持たなかったのだが、メリルリンチから年俸百万ドルの二年契約という誘いがかかった。新設のモーゲージ部の取引責任者（つまり、ルービンの前任者に当たる）になれというのだ。のちにトレーダーとして頭角を現わすディーパスクェールも、当時は素人に毛が生えた程度でしかなかった。メリルリンチが人選の誤りに気づくのは、ディーパスクェールと契約を交わした一週間後だ。彼は結局、メリルリンチの事務部門に席を与えられ、期間満了まで勤めたあと拍手に迎えられてソロモンに舞いもどった。ふつう、ソロモンから復帰の話を持ちかけられるのはごく少数の貴重な人材に限られるのだが、ディーパスクェールは例外だった。上司たちにとって、彼の異動はメリルリンチを舞台にした悪ふざけに過ぎなかった。

ハーウィー・ルービンの場合は、冗談ではすまなかった。不思議なのは、彼がいやいやソロモンを去ったことだった。メリルリンチの申し出を断わろうかとも思ったのだという。しかし、いったん腹を決めてからは、ソロモン側に自分の計画を明かそうとはしなかった。慰留工作にやすやすと屈することが、自分でわかっていたからだ。残りたい気持ちはあった。ソロモン・ブラザーズで職歴をまっとうするつもりで入社したのだから。

「あんなに楽しい職場はなかったね」と、彼は言う。どういう点が一番気に入っていたかというと、「取引さえしてればよかったことさ」

だから、会社に出向いて辞意を伝えるかわりに、彼はモータに電話をかけた。モータ—ラは、サウス・ストリート港で昼食をいっしょにしようと誘ってきた。

いくらモーゲージ・トレーダーでも、感情がほとばしる瞬間を選ぶことはできない。ルービンは、港の外の縁石に腰を下ろして、モーターラ、クロンゾールと話しながら、自分が声をあげて泣いたことを覚えている。

「家族との別れみたいだったな」

彼をソロモンに引き留めようとするどころか、ふたりの上司は理解を示してくれた。ごく単純な言いかたをすれば、ハーウィー・ルービンは買われたのだ。そういう運命からは、どんなトレーダーものがれられない。モーターラやクロンゾールに誘いの手が延びることだって、充分に考えられた（値札はもっと高くなるだろうが）。モーターラがその日のことを振り返る。

「わたしとしても、よき企業人の役を演じようとしたんだが、考えてみると、モーゲージ市場の発展に貢献した人間たちは、大なり小なり、ソロモンの給与体系から不利益をこうむっていたわけだからね。収益の額に比べて、報酬が話にならないぐらい少なかった」

奇妙な悲劇だった。すべての当事者が不満の種をかかえているのに、誰に対しても全面的な同情を向けることはむずかしかった。一九八四年に、モーゲージ部は大金を稼いだが、会社全体としてはあまり業績がよくなかった。そのため、トレーダーたちは収益に応じた報酬を受け取れなかった。他の部署に対する彼らの感情（くたばっちまえ！）からすると、ほかが苦しいときには儲かっている人間が助けてやるという考えかたは、納得しにくいだろう。ルービンの退社に続いて、トム・ケンドル、スティーヴ・ボーム、そして一線級セールスマンのリック・ボーデンが、カリフォルニア州デーヴィスの農民貯蓄銀行が差し出した百万ドルに飛びついた。スティーヴ・ロスと新人モーゲージ・トレーダーのアンディー・アストラッチャンも、ドレクセル・バーナムのマイケル・ミルケンから、おそらく百万を大きく上回る年俸で引き抜かれた。

いつの間にか、最も稼ぎのいい四人のモーゲージ・トレーダーのうちの三人（ロス、ボーム、ルービン）がフロアから姿を消した。四人めはアンディー・ストーンで、一九八四年には、満期が短いので〝ちび〟とか〝小鬼〟とか〝こびと〟とか呼ばれる十五年物モーゲージの取引で、七千万ドルの収益をあげていた。八五年の半ばに、メリルリンチから倍の年俸で誘いがあった。ストーンは断わった。

「五十歳までソロモンにいるつもりだったからな」と、本人は言う。ルービンと同じで、モーゲージ部という家族と別れたくなかったのだ。「するとメリルが、いくら出せばいいのかときいてきた。どんな人間にも値段があるはずだと言うんだ」相手がたじろぐだろうと思って、ストーンは八四年の年収の四倍ならいいと答えた。ところが、「向こうは条件をのんだよ」

なんと、話がまとまった。ストーンはルービンより高額のギャラで、彼とともにメリルリンチのモーゲージ取引の責任者に納まることを承知したのだ。ここに至って、ソロモン・ブラザーズもあわてた。ラニエーリとモーターラが、週末いっぱいかけて再考してくれるよう頼み込んだ。家族みたいな上司の頼みなので、ストーンは再考を約束した。

次に起こったことは、ソロモンから同業他社へ移ろうとして思い迷う有能な社員すべての運命と似ている。次々とお偉方の前に召し出されるのだ。お偉方はさまざまな話術を駆使して、その社員が誤った選択をしようとしているのだということを説いて聞かせる。だいたいの場合、最初の攻め口は、ソロモン・ブラザーズの後ろ盾をなくすと、人生をみじめに終えることになるぞというものだ。あるトレーダーの表現を借りると、「ほかの会社で働いてるのはばかかまぬけばっかりだから、そんな所へ行こうとするおまえもばかかまぬけにちがいない、という論法さ」

執行委員会の重役連も、それが強引な論法であることぐらいは承知していただろう。それに、去っていったトレーダーたちはストーンの友だちだったから、彼らをばかとかまぬけとか呼ぶのは、ここでは逆効果だ。前出のトレーダー氏は言う。

「友だちがひとり、メリルリンチへ行ってしまうと、残った人間は首をかしげて、〝待てよ、あいつはばかでもまぬけでもないのに〟とつぶやく。やがて、またひとり友だちが去る。そのうち、事情がのみ込めてきて……」

月曜の朝、ストーンは、研修クラスに現われた三人の大物と、研修時と同じ順序で対面させられた。ジム・マッシー、デール・ホロウィッツ、ジョン・グッドフレンドだ。一番手はマッシー。例によって、威嚇するような口調で迫ってきた。

「マッシーはぼくに罪悪感を植えつけようとした。こう言うんだ。〝きみには貸しがある。会社がきみを育てた。辞めることはできないはずだ〟」

ストーンはすでに、モーゲージ部以外の人間への信頼を失っていたので、マッシーの脅しを意にも介さなかった。会社のために稼いだ七千万ドルという数字を示し、「貸し借りはなしだと思いますよ」と言ってのけたのだ。マッシーはホロウィッツにバトンを渡した。

デール・ホロウィッツは、執行委員会の中で人情家の役割をになわされている人物だ。デールおじさん。

「彼はこう切り出してきた。〝入社してきたときから、きみには注目してたんだよ。仕事ぶりもずっと見守ってきた。きみは気づかなかったかもしれないが、きみの成長の様子には特別の関心をいだいていた〟お決まりのせりふだ。ところが、そこから話が珍妙であわれな展開を見せる。「きみがジャンクボンドから社債へ、さらにモーゲージへと部署を変えていく際にも、わたしは陰ながら……」

ちょっと待った。ストーンはジャンクボンドや社債のデスクにいたことはなかった。最初からモーゲージ部所属だ。そこで気がついた。ホロウィッツが言っているのは、自分ではなく、アンディー・アストラッチャンのことなのだ。

「たぶん、アンディーのファイルを持ってこいと秘書に命じたら、秘書が別のアンディーを引っ張り出してきたんだろうな。こっちまでばつが悪くなってしまって、まちがいを指摘するのをよそうかと思ったくらいだよ」

実際には指摘したわけだ。ホロウィッツはグッドフレンドにげたを預けた。

ストーンが言う。

「グッドフレンドとぼくは、あまり折り合いがよくなかった。執務室に入っていくと、いきなり、〝ちっぽけな問題を論議しに来たらしいな。きみはたぶん、自分や自分の給料のことを話したいんだろう。会社の行く末などといった大きな問題ではなくて〟と来た」

相手がそう切り出してきた意図がわからなくて、ストーンは身をこわばらせた。彼はグッドフレンドに、モーゲージ部を一千万ドルで売る気がありますかと尋ねた。グッドフレンドは「売るわけがない」と答えた。ストーンは「結果的には同じことですよ。全員が、総額一千万ドルほどの昇給を求めて、よそへ移っていくんですから」と言った。

「評判どおり、きみはむずかしい男だ」と、グッドフレンド。しかし、ストーンが部屋を出ていく前に、グッドフレンドはいくら出せばソロモンに残るのかときいた。ストーンは言った。

「メリルより安くても構いませんが、搾取されるのはいやです」

グッドフレンドは「メリルが提示した額の八割」を支払うことを約束した。

あとにも先にも、辞めていこうとするモーゲージ・トレーダーに経営陣が屈服したのはこのときだけだった。一九八五年の終わり、アンディー・ストーンに四年めのトレーダーとしては異例の九十万ドルが支払われたというニュースが広まったとき、社債部と国債部は極度の不快感を表わした。ストーンの要求に応じた以上、ほかのモーゲージ・トレーダーたちにも今までより数十万ドル多く支払わなくてはならない。しかし、社債部と国債部は、この大盤ぶるまいから除外された。ソロモンの仁義が踏みにじられたわけだ。ストーンは言う。

「それからというもの、ぼくはまったく、会社でいい扱いを受けなかった。取引で損を出すたびに、〝あいつを辞めさせるべきだった〟と言われてね」

　会社側はただちに、ストーンのわがままを通してしまったことの誤りを悟った。ひとりにだけ突出した額の報酬を支払うと、給与体系ばかりか、ソロモン・ブラザーズの長期的な序列のありかたまでが疑われてしまう。社内では、カネは人間の価値を測る絶対的な物差しだ。国債トレーダーをはるかに上回る額をモーゲージ・トレーダーに支払えば、国債トレーダーは自分たちが低く見られているように感じるだろう。二度とこういう失敗を犯してはならない。才能ある若いモーゲージ・トレーダーの流出を食い止めるために、マイク・モータらは社交術に頼らざるを得なくなったが、効果の点ではとても札束に及ばなかった。相手がトレーダーとなれば、なおさらだ。一九八五年の暮れ、彼は配下のトレーダーたちとジョン・グッドフレンドとのあいだに二度の夕食会を企画した。一回めは、マンハッタンにあるグッドフレンドお気に入りのレストラン、〈ル・ペリゴール〉で行なわれた。ある食通によると、〝野鳥料理のうまい店〟だ。モータら、クロンゾール、ストーン、ネイサン・コーンフィールドなどが出席した。

「グッドフレンドは実に堂々として、場を完全に圧してたな」居合わせたトレーダーのひとりが言う。「こういう人が経営者でよかった、とつくづく思わされたよ」

とはいえ、夕食会そのものは惨憺《さんたん》たる結果に終わった。料理を味わえた人間がいたかどうかは疑わしい。グッドフレンドは、彼にしかできないやりかたで会を取りしきった。当時もう取締役になっていたモータ一ラに恥をかかせるかのように、ソロモンが上場された際に彼が自社株でいくら儲けたかを暴露した。この会に備えて、モータ一ラのファイルをほじくり返したのにちがいない。「マイクは真っ赤になってたよ」と、前出の出席者。それから、グッドフレンドは給与のことを話題に取りあげた。

ストーンが、いつもどおり率直な意見を述べた。社内で一番収益をあげているのがモーゲージ部なのだから、ほかの部署より給料が高いのはあたりまえだ、と。

「グッドフレンドが声を荒くしたのは、そのときだったな」トレーダーのひとりが振り返る。「ソロモン・ブラザーズで働けるだけでもたいへんな名誉なんだ、富を創ってきたのは社員ではなく会社なんだ、とぶちあげたよ」

それぐらいならまだしも、グッドフレンドは、モーゲージ部員が自分たちの値打ちを過大評価していると言った。実際の収益は国債部にも及ばないのだ、と。トレーダーたちはそれが臆面もないうそであることを知っていたが、誰ひとり異論を唱えなかった。

「みんな、ジョンをそれ以上怒らせたくなかったのさ」と、ストーン。その夜は、気まずい雰囲気のうちに終わった。二回目の夕食会は予定表から消された。化膿《かのう》しかけた傷をひっかき回すようなものでしかないことが、誰の目にも明らかだったからだ。若いトレーダーたちは、次々にソロモン・ブラザーズを去っていった。そして、一九八六年の暮れ、アンディー・ストーンはモーゲージ取引の責任者として、プルーデンシャル・ベーチェに移籍した。

7　ソロモン式ダイエット

一九八六〜一九八八

債券市場と人材市場がそれぞれの均衡を求め、〈ル・ペリゴール〉の夕食会以後の二年間で、ソロモン・ブラザーズのモーゲージ部は完全に様変わりした。去っていったトレーダーのかわりは、全国の一流ビジネス・スクールを出た優秀な若者の群れで補充された。ハーウィー・ルービンの要求をしりぞけたおかげで節約できた百万ドルで、十数人の新しいルービンが買えた。新戦力は古い陣容に見劣りがしなかった。しかし、稼ぎでは大きな差がついた。前任者たちとちがって、手ごわい競争相手をいくつもかかえていたからだ。シェアソン・リーマン、ゴールドマン・サックス、モルガン・スタンレー、ドレクセル・バーナム、ファースト・ボストン、メリルリンチの各社が、元ソロモンのトレーダーたちを雇っていた。ソロモン・ブラザーズは腕を磨くにはいい場所だった、と微笑まじりに言い交わす男たちの輪が、どんどん広がりつつあった。何十人という有能なモーゲージ・トレーダーを他社のモーゲージ部門に送り出すことで、ソロモン・ブラザーズはかえがたい貴重な宝を手放してしまったのだった。市場独占という宝を。

ラニエーリ一家の独占体制は、ソロモン内部の人間が了解している以上にすきのないものだった。一九八一年から八五年までの間、目につく競争相手といえばファースト・ボストン一社だけで、それさえ、はじめのころはたいした脅威ではなかった。ソロモンのモーゲージ・セールスマンから八二年にファースト・ボストンへ移ったマーヴィン・ウィリアムスンは、当時を振り返って言う。

「ソロモンの側では、そこらじゅうの岩陰にファースト・ボストンが身をひそめてると思っていた。ところが、先方は、身をひそめるどころか、岩がどこにあるのかも知らないような状態だった」

それなのに、八六年半ばには、ファースト・ボストンはモーゲージ市場でソロモンとほぼ一線に並ぶ占有率を誇るまでになった。ラニエーリはこれが気に入らず、グッドフレンドにねちねちといやみを言った。

「ジョン、ばか安い値段でテクノロジーを売っ払ってしまったもんだな」

ソロモンがモーゲージ市場をがっちり押え込むのを、ウォール街のほかの会社が黙って見ているはずはなかった。無視するには大きすぎる市場だから、いずれは全社がソロモンの商法を学び取ることになっただろうが、わが社の方針がそれに拍車をかけた。ソロモン・ブラザーズを去ったトレーダーたちは、取引の技術や市場に関する知識ばかりではなく、完璧な顧客リストをウォール街に提供した。いまや、トレーダーたちには、だまされ役を啓蒙《けいもう》するという手っとり早い販売促進の道が開けていた。ソロモン・ブラザーズがどれだけのカネをしぼり取っていたかを客に示して、以後の注文をかっさらうという仕掛けだ。

この技術と情報の流出で、ソロモン・ブラザーズは数億ドルをふいにした。初期の取引でモーゲージ債が高収益をあげたのは、トレーダーがある値段で買うと、ほとんど即座にずっと高い値で売れたからだ。カンザスのS&Lから九十四で買った債券を、すぐさまテキサスのS&Lに九十五で売ればよかった。一九八六年はじめころになると、この利幅がだいぶせばまってくる。九十四・五を支払った債券が、風向きのいい日にようやく九十四・五五で売れるという具合だ。マイク・モータラが言う。

「連中（元ソロモンのトレーダーたち）の仕事ぶりは、クオトロンの画面でも見られたし、顧客の口からも伝わってきた。取引をよそに奪われることが多くなってきて、うちもとうとう、利鞘《りざや》を小さくするほかなくなった」

一九八五年の年末にかけて、他社のモーゲージ部門が『ウォール・ストリート・ジャーナル』に広告を載せ始めた。ドレクセル・バーナムは、連結自転車に乗ったふたりの男を登場させた。前方の男はたいへんな肥満体で、へばってあごを出している。後ろの男はそのでぶの肩越しに前を見て、懸命にペダルをこいでいる。これは、もしかして……？

「そうさ」と、ドレクセルの執務室の壁にこの広告のコピーを貼《は》ってあるスティーヴン・ジョーゼフが言う。「太ったほうの男は、ルーウィーという設定だよ」

メリルリンチの広告は、でっぷりした男たちと引き締まった筋肉質の男たちが、ボートで競争しているというものだ。筋肉質の男たちのボートが、肥満組のボートの数インチ後方に迫り、今にも追い越そうとしている。筋肉質の男たちは、メリルリンチの象徴だろう。肥満組がソロモン・ブラザーズのモーゲージ部を表わしていることは、ウォール街の人間なら誰だってわかる。ゴールドマン・サックスの執務室で、ソロモン在職時のことを回顧して、モータラは言う。

「収益のピークは、一九八五年だったな」

ラニエーリ一家の解体はあまりに急速で、あまりに徹底的だったので、原因をトレーダーたちの離反などというたったひとつの要素に求めることはためらわれる。それに、いくつかの力が同時に働いて覇権を切り崩したことは、かなりはっきりしている。ひとつは、市場そのものの力だ。ラニエーリ一家とほかの債券取引業者とのあいだのアンバランスを、市場が修正しようとし始めた。ソロモンにとってはありがたかったモーゲージ債の効率の悪さが、ソロモンの創案になるCMO（住宅抵当担保証書《コラテラライズド・モーゲージ・オブリゲーション》）によって解消されてきたのだ。CMOが創り出されたのは一九八三年六月だが、モーゲージ市場を支配するようになったのは一九八六年に入ってからだ。皮肉なのは、それがまさにラニエーリの望んだとおりの効果を発揮したことだった。つまり、ほかの債券にもっと近くなったのだ。しかし、モーゲージ債の体裁をほかの債券に近づけることは、結果的に、収益性までほかの債券並みにしてしまうことでしかなかった。

ＣＭＯの誕生に手を貸したファースト・ボストンのモーゲージ取引責任者、ラリー・フィンクは、ＣＭＯをジャンクボンドと並ぶ八〇年代の最も重大な金融革新と位置づける。やや過大評価の気味はあるが、真実に近い。ＣＭＯは、投資先を求める数兆ドルの資金と、投資家を求める二兆ドル近い住宅モーゲージとのあいだの垣根をこわす役目を果たした。Ｓ＆Ｌやひと握りの冒険心旺盛《おうせい》な金融業者を除く一般の投資家には、そのころまだ、モーゲージ債を買うことをしぶる大きな理由があった。いつ返済されるかわからないカネを、誰が貸したがるだろう？　その懸念を払拭《ふっしょく》するために生み出されたのが、ＣＭＯなのだ。

ＣＭＯを創るには、まず、ジニー・メイ、ファニー・メイ、フレディ・マックなどの通常のモーゲージ債を数億ドルぶん寄せ集める。次に、それを信託する。利息は、受託者から所有者に支払われる。所有者は、権利を記した証明書を持つ。その証明書がＣＭＯだ。ただし、どの証明書も同じ内容というわけではない。典型的な三億ドルのＣＭＯを例にとってみよう。全体が三つの区切り《トランシュ》、つまり一億ドルずつの塊に分けられる。どのトランシュに投資しても利息は受け取れるが、第一トランシュの所有者は、信託された三億ドルのモーゲージ債の中で早期に繰り上げ償還されるぶんを優先的に引き受けなくてはならない。第一トランシュの一億ドルが全部償還されたあとで、はじめて第二トランシュの所有者が繰り上げ償還を受けることになる。第三トランシュの証明書を持つ投資家は、第一、第二トランシュのぶんがすべて償還されるまで、貸したカネが急に戻ってくる心配をしなくてすむわけだ。

その結果、旧型のモーゲージ債と比べて、第一トランシュの債券は寿命が短く、第三トランシュは寿命が長くなる。多少の幅はあるが、第一トランシュの満期はせいぜい五年、第二トランシュは七年から十五年、第三トランシュは十五年から三十年の間と見ておけば、大きくずれることはないだろう。

こうして、投資家はようやく、償還の時期をある程度確実に知ることができるようになった。CMOの出現で、投資家の数と市場での取引量が飛躍的に増大した。長期の投資先をさがしている年金基金の運用者に、あすにでも消えてしまいかねないフレディ・マック債券を買えと勧めるわけにはいかないが、CMOの第三トランシュのぶんなら心おきなく売ることができる。買った人間も、第一、第二トランシュの二億ドルが全部繰り上げ償還されるまで、自分の投資額が減ることはないとわかっているから、枕《まくら》を高くして寝られる。その効果は絶大だった。フレディ・マックによる最初のCMOが発行された一九八三年六月の時点で、アメリカの年金基金は六千億ドルの資産をかかえていたが、一ドルたりとも住宅モーゲージへの投資には振り向けられなかった。それが、一九八六年半ばには三百億ドルのCMOを所有するまでになり、その額がなおも急速にふくらみつつあった。

CMOはまた、アメリカの住宅所有者層を格好の標的と見る外国の投資家たちにも道を開いた。一九八七年、ソロモン・ブラザーズのロンドン支社は、高利回りの短期投資の口をさがしていた国際銀行に第一トランシュのCMOを二十億ドル売りつけた。モーゲージ債になじみのない投資家が、今まで社債や財務省証券を買っていたカネをCMOに振り向けるようになった。一九八三年六月から八八年一月までの間に、ウォール街の投資銀行は六百億ドルのＣＭＯを売った。つまり、八三年六月から八八年一月までの間に、六百億ドルの新しいカネが住宅金融の分野に流れ込んだということになる。

あらゆる技術革新の例に漏れず、ＣＭＯはその創案者であるソロモン・ブラザーズとファースト・ボストンに莫大《ばくだい》な利益をもたらした。けれど、同時に、債券トレーダーにとって大きなうまみだったモーゲージの需給のアンバランスも、ＣＭＯによって是正された。買い手が付かないせいで債券が値を下げるという現象を、もうあてにできなくなった。一九八六年には、ＣＭＯのおかげで買い手はたくさんいた。新しい買い手の群れが、利回りをぐっと押し下げた。はじめて、モーゲージ債が高い買い物になったのだ。

社債や財務省証券との比較において、ＣＭＯは適正な価格に落ち着いた。もっとも、住宅所有者の繰り上げ返済選択権に妥当な値を付ける手立ても定まらないままに、市場のほうが大きくなって、勝手な適正値を押しつけてきたようなものだから、厳密な意味で理にかなった価格とは言えないが……。これで、普通のモーゲージ債も、行き当たりばったりの価格で売買するわけにはいかなくなった。小麦粉の値段がパンの値段と密接に結びついているのと同じように、モーゲージ債もＣＭＯの市場とリンクしているからだ。ＣＭＯ（加工品）の適正価格には、在来型のモーゲージ債（原材料）の適正価格が当然含まれている。投資家たちはいまや、モーゲージ債のあるべき値段をしっかりつかんだ。彼らの無知につけ込めないぶんだけ、トレーダーの稼ぎは減った。世界は変わったのだ。ソロモン・ブラザーズはもう、十二で仕入れた債券を、二十の値打ちがあると市場に信じ込ませることができなかった。市場が値段を決め、ソロモンのトレーダーたちもそれに合わせるほかなくなった。

最初のＣＭＯ以後、モーゲージの調査や取引に携わる若き革命児たちは、無限とも思えるほどさまざまな手口で住宅モーゲージを切り分け、解きほぐした。五つのトランシュを持つＣＭＯや、十のトランシュを持つＣＭＯが創り出された。住宅モーゲージのプールを、利息支払いのプールと元金支払いのプールに分け、それぞれのプールから生じるキャッシュ・フローに対する権利（利息のみ《インタレスト・オンリー》、元金のみ《プリンシパル・オンリー》の略で、ＩＯ、ＰＯと呼ばれる）を別個の投資商品として売ることも行なわれた。住宅所有者のあずかり知らないところで、支払いのうちの利息の部分はフランスの相場師のポケットに入り、元金の部分はミルウォーキーの保険会社へ行く、というふうに……。摩訶《まか》不思議な錬金術で、ウォール街はＩＯとＰＯの山をかき混ぜ、無作為につなぎ合わせて、現実の世界では存在しえない住宅モーゲージを創りあげた。カリフォルニアの高級マンションの住人が支払う十一パーセントの利息を、ルイジアナの貧民街に住む住宅所有者の元金返済分にちょいとくっつけると、ほら、まったく新しい種類の債券、新世代混血児《ニューエイジ・クレオール》のできあがりというわけだ。

モーゲージ取引デスクは、角の駄菓子屋からスーパーマーケットへと進化した。商品の数が増えるとともに、買い物客も多くなった。一番の得意客であるＳ＆Ｌは、しばしば、かなり特殊な品物を欲しがった。彼らは、連邦住宅貸付銀行理事会に課された枠を超えて成長することを望んでいた。そのためには、ワシントンの監督官たちの常に一歩先を行く努力が必要になる。ソロモンの開発する〝新製品〟の多くは、規制ゲームのルールの外にあった。つまり、バランスシートに明示されない投資なので、S&Lに成長の余地を与えるわけだ。ときには、〝オフ・バランスシート〟という格付けだけが取り柄の新製品さえ登場した。新たな投資家を引き寄せ、新たな規制をすり抜けようとして、市場はこれまで以上に不可解で複雑なものになっていった。絶えず新しい知識が要求され、当然の結果として、さすがのラニエーリも市場についていけなくなった。上層部のほかの面々は、とっくの昔についていくことをあきらめていた。そんなわけで、研修を終えて数カ月しかたたないほんのひよっこのトレーダーが、たまたまジニー・メイ八パーセントIOのことに誰よりもくわしかったために、取引リスクを一身に背負うというような事態も起こった。ウォール街の新参者がいきなりその商品のエキスパートにさせられるのも、そんなにめずらしいことではなかった。なにしろ、問題の商品それ自体が、ひと月前に生まれたばかりなのだから。絶え間ない金融革新の時期にあっては、最も若い層が権力のにない手になる（若い連中が大金を稼げた理由のひとつは、八〇年代が変化に富んだ時期だったことだろう）。年配のトレーダーは、上の人間が知らないことを知るチャンスには勇んで飛びつく。若い頭脳は、机の上をかたづけるのに忙しくて、とても変革の最前線にとどまってはいられないのだ。

一九八六年には、ラニエーリは取引デスクに座ることさえなくなった。経営上の雑務に追われていたのだ。それに、彼の不在をトレーダーたちは喜んだ。ラニエーリをきらっているわけではない。しかし、取締役たち――ラニエーリとマイク・モータ－ラのことだ――は、顔を出せば必ず、仕事にくちばしを突っ込んでくる。やるべきこととやってはいけないことを教えたがり、トレーダーがなぜこの債券とあの債券を買ったかをくわしく知りたがる。当時を振り返って、あるトレーダーは、「全部の取引にちゃんとした理由があるというわけじゃないからな。ときには、市場の出かたをさぐるだけの目的で買ったりもする。そばをうろつかれて、これはなぜだ、あれはなぜだってきかれたんじゃ、仕事にならないよ」と言う。トレーダーたちが管理職の管理意欲をなんとかくじこうと考えたとしても、不思議はない。

一九八六年四月のある週、ラニエーリが取引デスクにちょっと顔を出そうと思い立ったときに、トレーダーたちの最初の陰謀が明るみに出た。ラニエーリは朝早く出勤するが、トレーダーたちはさらに早かった。第一日め、彼らはかき集められるだけの紙くずでラニエーリの机をおおった。七時に出社したラニエーリは、ごみの山を見て飛び上がった。

「誰がやったんだ？」

トレーダーたちは肩をすくめ、くすくすと笑った。

二日め、トレーダーたちはラニエーリの回転椅子のねじを抜いた。朝一番に腰を下ろしたとき、ラニエーリは床に崩れ落ち、あやうく背骨を折るところだった。どなり、悪態をつきながら、立ち上がるのに数分かかった。今度はダントーナに向かって、誰のしわざかと尋ねる。ダントーナは知らぬ存ぜぬで通した。

三日め、トレーダーたちは回転椅子を高くしておいたので、ラニエーリは腰を下ろすところまでは無事だったが、机に椅子を寄せた拍子に、膝小僧《ひざこぞう》を思いきり中央の引き出しにぶつけた。彼はかんかんになった。

「おい、ジョニー、犯人をさがし出さずにはおかんぞ」と言うと、ダントーナが、「なあ、ルーウィー、あんたがこの机に座るのを、たぶんマイク（・モータ－ラ）がいやがってるんじゃないのかな」（このうそは、ラニエーリも見抜くべきだった。モータ－ラは八時前に出社したことなどないのだから）

「あのばか、何様のつもりだ」と、ラニエーリ。彼は部内のごみ缶を全部持ってきて、中身をモータ－ラの机にぶちまけた。コンピューターのプリントアウト、ベーグルのかけら、チーズバーガーの食べ残し、その他ありとあらゆる種類のごみを……。トレーダーたちも賛同のしるしに、ほかの部からごみ缶を集めてきて手伝った。終わってみると、モータ－ラの机はごみに埋まっていた。あるトレーダーが言う。

「芝居でだって、あんなにタイミングよくは運ばなかったろうな。ルーウィーがトレーディング・フロアの片側から出ていったちょうどそのときに、反対側からマイクが入ってきたんだ」

自分の机を見たモータ－ラは、ラニエーリとまったく同じ反応を示した。まず頭に浮かんだのは、仕返しをすることだった。彼もまた、ダントーナに尋ねた。

「ジョニー、冗談ではすまされんぞ。わたしの机にこんなことをしたのは、誰だ？」

「マイク、神様が証人になってくれると思うけど、犯人はルーウィーだよ」と、ダントーナ。

モータ－ラは言葉に詰まった。相手がラニエーリでは、手も足も出ない。やり場のない怒りにいらだちながら、彼は四十二階の執務室にのぼっていき、その日は二度とフロアにもどらなかった。

「ようやく、落ち着いて仕事ができるようになったよ」

トレーダーのひとりが言う。モータ－ラはそのうち、また姿を見せた（メイソン・ハウプトがごみをかたづけたあとで）が、ラニエーリはそれっきりだった。トレーダーたちからすれば、めでたいことだ。その月、一九八六年の四月だが、モーゲージ部はそれまでで最高の損失を出した。何人かのトレーダーの試算によると、三千五百万ドルないし六千五百万ドル。トレーダーたちはこの損失を、万一のためにたくわえておいた利益で埋め合わせた。帳簿上の債券の価値をわざと低めに記載しておいたのだ。上層部は、そんな手口を知るはずもない。

モーゲージ部を見舞った難局は、会社全体の業務にも影を落としつつあった。一九八六年はソロモン・ブラザーズにとってぱっとしない年となり、八七年には業績がさらに悪化した。収入が伸び悩み、経費が雪だるま式にかさんだ。経営陣の支配力を強化しようと、グッドフレンドは新しい肩書を量産した。トレーダー経験者を主体とする幹部役員会が発足した。さらにその上に位置する組織が創られ、会長室と名付けられた。会長室員として、グッドフレンドは元トレーダーふたりと元セールスマンひとりを指名した。ルーウィー・ラニエーリ、ビル・ヴァウト、トム・ストラウスだ。これまでのせせこましい縄張り意識を捨て、それぞれが会社全体の利益に心を向けることが求められた。すばらしい趣旨ではないか。

「これはぼくの説だけど」と、プルーデンシャル・ベーチェの執務室で語るのは、アンディー・ストーンだ。「ウォール街の会社は、最も優秀な生産者を管理職に取り立てようとする。

管理職になることが、現場でいい成績をあげたごほうびというわけだ。優秀な生産者というのは、気性が荒く、競争心旺盛《おうせい》で、神経症や偏執症の傾向を持つことも多い。そういう人間を管理職に据えると、足の引っ張り合いが始まる。それまで現場で発揮してきた本能的な力のはけ口がなくなるからだ。たいていの場合、生産者は管理職には向かない。四人にふたりは、能力不足で脱落する。残ったふたりのうちのひとりは、抗争に負けてはじき出される。最後に残るのは、一番あくどい人間だ。ウォール街に浮き沈みの周期があるのも、ソロモンが今つぶれそうになってるのも、そのためだよ。あくどい人間ばかりでちゃんとした商売ができるわけがないのに、はっきり失敗だとわかるまで、そういう人事を改めないからさ」

会長室の内部が分裂していることは、ソロモン社内でも公然の秘密だった。ストラウスが国債部を、ヴァウトが社債部を、ラニエーリがモーゲージ部を代表して、現場での争いをそっくりそのまま持ち込んでいた。国債部のある部員が言うように、「この会社じゃ、ストラウス一家か、ラニエーリ一家か、ヴァウト一家か、三つのうちのひとつに属することになってるんだ。たまにふた股《また》かけるやつもいるけどね」

チーム同士の対抗心などというなまやさしいものではなかった。会長室には、陰湿な敵意が飛び交っていた。ラニエーリはトム・ストラウスのことを、「こすっからいものまね野郎だ。生まれてこのかた、一度も自分で何かを考え出したことがない」と言い、ビル・ヴァウトについては、「今まで会った中で、一番の策士だな。しゃべるときには、必ず腹に何かかかえている。マキャベリストだよ」と言った。しかし、この悪口も、相手方ふたりのラニエーリに対する悪口に比べたら、穏やかなものだった。ラニエーリのほうにはいっしょに働く気持ちがあったのに、相手方はやがて彼をくびにするのだ。ジャングルの掟《おきて》で生きている三人だけに、やられる前にやれという意識が働いたのかもしれない。いずれにしても、会長室での争いは、モーゲージ部を解体しようとする社内の動きを象徴していた。

国債部は、モーゲージ部の暴食ぶりや丸出しの民族性とは対極に位置している。ソロモンの基準からすれば、洗練されていると言ってもいいくらいだ。もっとも、それは、肉を生で食べずにレアで食べるというぐらいのちがいだったが……。国債トレーダーたちは、もう少し言動を控え目にしさえすれば、WASP上流階級の人間にまちがわれそうな雰囲気を持っていた。ボスのストラウスは長身で痩《や》せ型、四季を通して日に焼けている。趣味はテニス。

モーゲージ・トレーダーたちはそれをいやみに感じた。ソロモンのユダヤ文化を足蹴《あしげ》にするようなストラウスの態度に、憎しみすら覚えた。ストラウスのことを話題にするとき、彼らは必ずといっていいくらい、真っ白なウェアで会員制高級テニス・クラブのコートに立つその姿を思い浮かべた。偽善と気取りというふたつの悪風は、モーゲージ部には縁のないものであり、それだけに彼らには耐えがたかった。

「ストラウスとラニエーリのちがい？」と、今でもソロモンにいるあるトレーダーが言う。「簡単さ。ストラウスはトレーディング・フロアの便所を使うのをいやがって、四十二階へ行く。ラニエーリはひとの机の上にも平気で小便する」

ラニエーリに言わせると、「トム・ストラウスは、とにかく自分がユダヤ人であるのがいやでたまらなかったんだ。子どものいないユダヤ人夫婦がトム坊やを揺りかごからかっぱらったんじゃないか、という冗談があるくらいでね」（そんなところから、ローマ・カトリックであるラニエーリがソロモン・ブラザーズのユダヤ的伝統の継承者になるというおかしな構図が生まれた）

「ストラウスがルーウィーをきらったのは、でぶで、無教養で、品がないからだ」ラニエーリの下で働いていたトレーダーが言う。「ストラウスはルーウィーの仕事ぶりなど気にしなかった。ルーウィーの稼ぎも気にしなかった。ルーウィーの考えかたさえ気にしなかった。ルーウィーのやぼったいところだけがいやだったんだ。なんだか、隣りの席にたまたま座った男に対する不快感みたいだが、実際、ルーウィーはストラウスの隣りに座ってたようなもんだからな。頂上までのぼり詰めたストラウスが、ふと自分の右を見て、こう言ったのさ。〝おかしいな、ずいぶん上までのぼってきたつもりだったのに〟」

ストラウス一家（ぼくもやがてはその一員になるのだが）は、モーゲージ部に対して仕事上の強い反感を持っていた。モーゲージ関係者の節度のなさが、腹に据えかねたのだ。はめをはずした暴食や醜い太りっぷりは、もっと根本的な問題の存在を示している。経費のむだ使いが一番目立つのは、モーゲージ部だった。

それがどうしたというのか？　いつだって、ものを言うのは収益だ。

「いまさら、ルールを変えようっていうのか？」

トレーダーの中には、そう居直る者もいた。一九八一年から八六年までのあいだは、モーゲージ部は巨額の収益を記録していたから、経費の額はほとんど問題にならなかった。しかし、収益が落ち始めると、急に経費の問題が浮上してくる。一九八五年の後半、国債セールス担当のある取締役がモーゲージ部に異動し、同時に支出委員会にも席を得た。これは単なる偶然ではない。誰かがあの連中を取り締まらなくては！

多くのモーゲージ・トレーダーは、そもそも自分たちの給料は安すぎるし、ボスもそのことを認めてくれているので、ソロモンの経費勘定はそれを埋め合わせる差額補償制度として、便利に使ってもいいのだと考えていた。悪習はエスカレートする。

「空港に友だちを迎えに行くのに、よく会社の車を使ったな。会社払いのテレフォン・カードを人に貸したりもした。週末に、会社の車で奥さんを買い物に連れていく連中だっていたぞ」と、あるトレーダー。モーゲージ金融課の女性も証言する。

「経費の不正の話だったら、いくらでもあるわよ。カラ出張の支出報告書を何枚も書いてきて、合計金額がサーブを一台買えるぐらいになった人もいたわ」

こういう話が、ストラウス一家の神経を逆なでするのだ。

ストラウスに比べると、ヴァウトのラニエーリに対する感情は謎《なぞ》めいていた。といっても、ヴァウト自身が謎めいた人物なのだった。ほかの取締役たちが四十一階のトレーディング・フロアに群れているのに対して、ヴァウトは権力機構のかなり上のほうに位置する見えない鎖の一環という感じがした。四十階に執務室を持ち、新聞にも頻繁に登場するのだが、実物にはめったにお目にかかれない。ぼくは一度、一九八七年の『ビジネス・ウィーク』の写真で、彼が自分のリムジンのそばに立っているのを見た。写真の下の短い記事には、ビル・ヴァウトがソロモン・ブラザーズの会長になる可能性はきわめて大きいと書いてあった。虫も殺さない顔をしているが、モーゲージ部を解体しようという最初の動きは、彼の率いる社債部から出てきたのだった。

　ヴァウトとストラウスの強いあと押しで、一九八五年末、マーク・スミスという社債セールスマンがモーゲージ部に移ってきた。

「スパイと言っていいだろうな」と、あるモーゲージ・トレーダー。

「トロイの木馬という呼びかたもある」と、別のトレーダー。

「トロイの木馬とは呼べないさ」第三のトレーダーが反論する。「中に何が入ってるか、みんな知ってたんだからな。マイクは耳を貸さなかったけど」

　実際のところ、モーターラとしては、木馬を黙って招き入れるよりしかたがなかったのだ。ヴァウトとストラウスの要求をはねつけるわけにはいかない。そんなことができるのは、ラニエーリだけだ。ここで、誰もが舌先でもてあそんできた問いが、はじめて声に出される。

ルーウィーはどこだ？

　マーク・スミスは、よその部署からモーゲージ部に移籍してきた最初の凄腕野郎《ビッグ・スウィンギング・ディック》だ（ラニエーリは例外として）。モーゲージ部は固い団結を誇る血族的な集団だった。ところが、スミスが加わって半年後に、はじめての内輪《うちわ》揉《も》めが起こる。スミスがモーターラを説き伏せて、ジェフリー・クロンゾールを社債部へ移したのだ（ラニエーリの秘蔵っ子をモーゲージ部から追い出した！）。そのうえで、スミスは国債セールスマンのラリー・スタインをモーゲージ裁定取引班に引き入れようとした。ネイサン・コーンフェルド、ウルフ・ナドゥールマン、グレッグ・ホーキンスのいる班だ。スタインは、ナドゥールマンをくびにするならという条件を付けて、配置替えに同意した。ナドゥールマンは稼ぎのいいトレーダーだったが、それより大事なのは、ラニエーリ一家の忠実な一員だということだった。スタインのほうは、ストラウス一家に属している。それなのに、一九八六年の年末、モーターラはナドゥールマンをくびにした。空気は毒されてしまっていた。

〝メリル、不認可取引で二億五千万ドルの大穴〟一九八七年四月二十九日付『ウォール・ストリート・ジャーナル』の見出しだ。続いて、小さな活字の梗概《こうがい》。〝メリルリンチ幹部が非公式に明かしたところによると、問題の取引を行なったのは、同社の元主任モーゲージ・トレーダー、ハワード・A・ルービン（三六）。ルービンは、きわめてリスクの大きい形の証券にパッケージされたモーゲージを、限度額をはるかに超えて取得した。このパッケージには、モーゲージの利息支払いと元金とを分け、別個に売ることも含まれる。「利子部分／元本部分」証券、略してIOPOと呼ばれるものである〟

ウォール街の記者たちは、ふたつのことを突き止めようと躍起になった。ハワード・ルービンとは何者か？　IOPOとはどういう商品か？　どちらの疑問もやがて解明されるが、ルービンがどうやって、たった一回の取引でウォール街始まって以来の大金を失ったのかは、業界七不思議のひとつとして残った。その時点まで、彼は転んでもけがをしない強運の持ち主だと思われてきたし、運だけではなく才能も豊かだった。ラニエーリの言葉を借りると、「今まで見たうちで一番天賦の才に恵まれた若手トレーダー」だ。メリルリンチ側は、ルービンにだまされたという話をマスコミに流している。ある重役は『ウォール・ストリート・ジャーナル』に、ルービンが「債券（ＩＯＰＯ）を引き出しにしまい込んでいた。われわれは彼がそういうものを持っていることも知らなかった」と語った。引き出しにしまい込んだ？　メリルリンチほどの大会社の上層部が、そんなにやすやすと部下に勝手なふるまいをさせておくものだろうか？

この大損が報じられる二週間ほど前、ルービンは、カンザス州オタワにあるフランクリン貯蓄貸付組合《Ｓ＆Ｌ》のアーニー・フライシャーといっしょにランチを食べた。モーゲージ債の大口バイヤーだ。Ｓ＆Ｌの経営者たちは少しずつ商売じょうずになってきていたが、フライシャーはその変化の先頭を切る人物で、ウォール街のゲームでウォール街を打ち負かすことを自慢の種にしていた。そのフライシャーに、ルービンはＩＯとＰＯのことを説明した（前に言ったように、モーゲージ債をふたつに分けたものだ。利息と元金が別々の投資家の手に渡ることになる）。フライシャーはこれが気に入った。まだランチのテーブルについているうちに、彼はルービンに、ＩＯ五億ドルぶんの買い注文を出した。

冒険だったが、ルービンはこれを受けた。額面五億ドルの債券の利息支払い分をフライシャーに売るわけだ。手もとには、同じ債券の元本部分が残る。デザートの間に、取引が成立した。フライシャーはオタワにもどり、後日、ウォール街のいかさま師たちが泣きを見た取引で、自分は一千万ドル稼いだと自慢話をすることになる。

ハーウィー・ルービンにとっての問題は、五億ドルぶんのPOをどう始末するかだった。金利が上がった場合、POはどんな債券より急速に値を落とす（理由を説明しているひまはないので、まあそういうものだと思ってほしい）。だから、POを売りきってしまう前に債券相場が下落すると、ルービンは窮地に陥ることになる。ランチからもどったときには、市場は小さくもみ合っていた。そこで、ルービンはメリルリンチのセールス部門を通じてPOを売り払おうとした。ところが、これが売れない。そうこうしているうちに、市場は暴落した。数日後、ルービンはひとに話せないくらい大きな額の損失をかかえ込んでいた。ある筋からのうわさでは、この時点でさらにPOを買い足し、賭《か》け金を倍にしたという。いかにもありそうな話だが、それを裏付ける証拠はない。手のほどこしようのない事態がなぜ生じたのか、誰にもわからないようだ。それでも、みんなそれぞれの意見は持っている。そして、ラニエーリ親分以下、かつてのソロモンの同僚たちが口をそろえるのは、ハーウィー・ルービンは引き出しに債券を隠すような男ではないということだ。彼らに納得がいくただひとつの解釈は、メリルリンチの経営陣がPOについてはまったく無知で、取扱いのルールを定めることもできず、ルービンに大きなリスクを背負う権限を与えておいて、土壇場で彼をスケープゴートに仕立ててあげてしまったのではないか、というものだった。いくつもの新聞の追跡記事で、ルービンを弁護するソロモンの匿名のトレーダーたちの発言が取りあげられた。

まるで、彼は今でもラニエーリ一家の人間なのだとでもいうように。

モーゲージ債を利子部分と元本部分に分けるためには、債券をまず証券取引委員会に登録しなくてはならない。証取委への登録は、一般公開される。だから、メリルリンチのハーウィー・ルービンが五億ドルのIOPO発行を登録したことは、ウォール街の他社にもすぐ知れるわけだ。モーゲージ部にもぐり込んだヴァウトとストラウスの子分、マーク・スミスも、これに目をとめ、ソロモンもあとを追うべきだと主張した。

一見、この主張は筋が通っている。メリルリンチのIOとPOのパッケージには、高すぎる値段が付いていた。スミスとしては、メリルリンチがそんなに高い値段でモーゲージ債をさばけるのなら、販売力で勝るソロモンが同じ商品を安い値段で売るのは造作もないことだと考えたのだろう。もちろん、ルービンがほんとうに全部を売りさばけたのかどうかは、スミスにはわからない。しかし、競争相手より安値でものを売るのは、投資銀行が何より好むところだ。ソロモンはメリルのあとを追うことにし、額面二億五千万ドルのIOPOを発行した。

ソロモンのセールス軍団は、メリルリンチのPOより安いというたい文句で、市場崩壊の前になんとか、やっかいもののPOを投資家たちの手に押しつけることができた。惨事をのがれようと必死になっているハーウィー・ルービンからすれば、たいへんなじゃまが入ったことになる。ソロモン・ブラザーズはアーニー・フライシャーと同じ立場に立ったわけだ。手もとに残ったIOは、相場が下がれば値が上がる。結構、結構。ソロモンの全社員が債券相場の下落を待った。そして、IOを売りに出すかわりに、懐にかかえ込んだ。モーゲージ裁定取引班（グレッグ・ホーキンス、ネイサン・コーンフェルド、ネイサン・ロウがいる）が一億二千五百万ドル分を買った。うそつきポーカーのチャンピオン、ジョン・メリウェザーの率いるトレーダー部隊が残りを買った。ソロモン・ブラザーズの四十一階にたったひとりだけ、ほかの社員とちがう見かたをしている人物がいた。マーク・スミスだ。彼はハーウィー・ルービンと同様、何週間か前に買った数億ドルのPOを抱きかかえていた。

スミスは、読みのうまさで全社に知られたトレーダーだ。その鋭い鼻が、債券市場は反発すると告げていた。自信を持った賭《か》けだったので、彼は、逆の読みをしたホーキンスやコーンフェルドやロウをせせら笑った。ジョン・メリウェザーの部下たちの所をぶらっと通りかかっては、勝つのは自分のほうだと胸を張った。市場の感触はよかった。上昇の気配が見えてきていた。

最初に市場が下げたとき、その速度はゆるやかだった。しかし、メリルリンチの狼狽《ろうばい》ぶりが『ウォール・ストリート・ジャーナル』の第一面を飾るには、それで十分だった。その記事が出る数日前、メリルリンチが売れないPOをどっさりかかえているといううわさが、ソロモンにも届いた。下落が始まってから数日後、損を出しながらも市場に踏みとどまっていたスミスは、周囲のようすをうかがい、POをさらに買い足すころあいだと判断した。メリルリンチがパニックにおちいっているときなので、確かに、安く買うチャンスではあった。メリルリンチがパニックにおちいっているときなので、確かに、安く買うチャンスではあった。

そこで、彼は、ルービンがかかえていたのとは別のPOを買い、実質的にルービンと同じような立場に身を置いた。それから何日間か、市場に波風は立たなかった。

ふたたび下落が始まったとき、その速度は、りんごが木から落ちるようだった。メリウェザーの部下たちとモーゲージ裁定取引班は、たちまちのうちに数億ドルを稼いだ。しかし、スミスはそれ以上の額の損失を出した。近い位置にいた四人の人間の見積りによると、その額は三億五千万ドルないし七億五千万ドル。まあ、額はどうでもいい。一方、裁定取引班はIOをそのまま持ち続け、利益はなおもふくらんでいた。ベテランの策士であるスミスはそこに目をつけ、カネを取りもどす計略を練った。

彼は上層部の人間たちに、自分の債券は最初からずっと、裁定取引班の持つ債券とひとまとめになっていたのだ、と言い始めた。くり返しそう訴えたし、彼自身の地位も高かった（取締役）ので、経営幹部はそれを信じたようだった。なにしろ、スミスはモーゲージ取引の実質上のボスなのだ。彼は次に、モーゲージ裁定取引のトレーダーたち（ホーキンス、コーンフェルド、ロウ）に向かって、彼らのIOが実は自分（スミス）の取引勘定に属するものであることを告げた。自分の買い値でのPOと彼らの買い値でのIOを、パッケージにして投資家に売るつもりだったのだ、と。なんとも奇妙な論法で、モーゲージ裁定取引班の利益はスミスの損失にそっくりのみ込まれてしまった！

スミスはほかのトレーダーの利益を盗んだ。もっと悪いことに、モーゲージ・トレーダーたちの目から見れば、彼はいまだに社債トレーダーだった。これは、ソロモン内部で非常に不健全なことが起こっているというはっきりした徴候だ。裁定取引班の一員が、当時を振り返って言う。

「朝、出社してくると、こんな会話が交わされるんだ。〝ああ、ＩＯでまた二百万ドル稼いじまったよ。これもスミスに持ってかれるんだろうなあ〟」

その後、ずいぶん日がたってからだが、スミスはグッドフレンドの執務室でこっぴどくしかりつけられることになる。しかし、そのときにはもう遅すぎた。コーンフェルドは会社を辞め、シェアソン・リーマンに移っていた。ロウも会社を辞め、ベア・スターンズに移った。スミスの引きでモーゲージ部に入ったラリー・スタインまでが、愛想を尽かして去った。しばらくの間、社内のあちこちで、スミスのくびを要求する声があがったが、モーゲージ取引デスクのほかの面々が解雇されると、それも静まった。その間、ルーウィーはどこにいたのか？


広くは知られていないが、スミスが裁定取引班の利益をくすねているあいだ、ラニエーリは、本人の気持ちはともかく、公的にはモーゲージ取引に権限をふるえない立場に置かれていた。本人の弁によると、「一九八六年十二月に、ジョンがやってきて、こう言うんだ。〝モーゲージ部は解体しようと思っている。きみには、会社全体の経営を手伝ってもらいたい〟とね。モーゲージ部は、独立した部署としては存在していなかった。固定収入源の一部でしかなかったんだ」

一九八七年五月、ニューヨークで開かれた年次週末取締役会で、ジョン・グッドフレンドは百十二人の取締役たちに向かって言った。

「ひとりの人間の視野ではソロモン・ブラザーズを経営していくには不十分なので、わが社はこのたび、会長室を設けた。どんなチームの場合も同じだが、職務を分け合い、多様な意見や考えをとり入れながら、なおかつひとつの目標に向かって働くという難題に挑戦することになる。こういうチームが結成されたことを、わたしはとてもうれしく思っている。わたし以外の三人の室員には、会社経営にもっと時間が割けるよう、直接的な取引管理業務を徐々に減らしていってもらうつもりだ」

二カ月後の七月十六日、彼はラニエーリを解雇する。ラニエーリは西海岸へ出張中、グッドフレンドの秘書から、グッドフレンドが会いたがっているという連絡を受けた。指定された場所はミッドタウンにある有名な証券法律事務所ウォッチテル・リプトン。ラニエーリは言う。

「緊急事態が起こって、騒ぎを広げたくないようなときには、よくマーティー（事務所の共同経営者のひとり、マーティン・リプトンのこと）の部屋で会ったものさ。だから、最初は、南アフリカの株主――例えばミノルコ――が無理な注文でもつけてきたのかと思ったよ。ほかに緊急事態なんて、思い浮かばなかったからな」

話し合いは十分ほど続き、ラニエーリはただ呆然《ぼうぜん》とさせられた。なぜくびになったのかときかれると、彼は「いまだにわからんよ」と言う。グッドフレンドはそのときに三つの理由をあげたのだが、ラニエーリから見れば（ほかの誰が見てもそうだろうが）、どれもばかげたものだった。まず最初に、ラニエーリは〝みんなにきらわれている〟。第二に、ラニエーリは〝破壊的な力を持っている〟。最後に、ラニエーリは〝ソロモン・ブラザーズにいるには大きくなりすぎた〟。席を替えて話すことになり、ラニエーリが会社へ持ち物を取りにもどろうとしたとき、グッドフレンドは彼に社内への立ち入りを禁じた。かなりの数の社員がラニエーリに忠誠を誓っていただけに、グッドフレンドの頭の中にはきっと、クーデターとかゼネストとかいう想像がちらついたのだろう。結局、ラニエーリの秘書が、守衛の立ち会いのもとで、彼の身の回り品をかき集めてきた。

「ルーウィーがくびになったというニュースがモーゲージ部に届いたとき、ダントーナはがたがた震えてたよ」

今でもソロモンにいるあるモーゲージ・トレーダーが言う。次に何が起こるかは、ラニエーリにも、ディロン・リードに移ったウルフ・ナドゥールマンにも、シェアソン・リーマンに移ったネイサン・コーンフェルドにも、プルーデンシャル・ベーチェにいるアンディー・ストーンにも、ソロモンに残ったすべてのトレーダーにもはっきりとわかった。ラニエーリ一家の追放だ。翌日のマイク・モータータ解雇に始まって、それからの数カ月間で、会社はモーゲージの古株を次々とくびにした。ジョン・ダントーナ、ロン・ディーパスクエール、ピーター・マーロ、トム・ゴネラ……。イタリアの血を引くトレーダーの中でひとりだけ粛清をまぬがれたポール・ロンゲノッティは、ある日、〝くびにしてください。わたしはイタリア人です〟と書いたバッジを付けて会社に現われた。

ウォール街の歴史の中で最も型破りで、最も高収益をあげたビジネスの名残りをとどめるものは、一枚の写真だけとなった。ジム・マッシーの執務室に掛けられたその写真では、グッドフレンドとラニエーリとロバート・ドールが、一九七八年のジョイント・ベンチャー開始を記念して手を握り合っている。ジェフリー・クロンゾールとメイソン・ハウプトは、モーゲージ取引の共同責任者として会社に残された。これはたぶん、この職務をこなせる人間がソロモン・ブラザーズにはほかにいなかったからだろう。ところが、翌年、クロンゾールは退社し、ほかでもないアーニー・フライシャーが買収したばかりのニューヨークの投資銀行L・F・ロスチャイルドの副会長に納まった。これで、ソロモンに残ったモーゲージ債の専門家は、メイソン・ハウプトただひとりになったわけだ。上層部の人間は、これでいいのかと思うくらい、モーゲージについて何も知らなかった。大粛清のあとで、グッドフレンドとヴァウトとストラウスは、債券調査課のマーティー・レイヴォヴィッツから特別講習を受けた。題して、モーゲージ証券入門。やがて、ヴァウトがモーゲージ取引の責任者の座に据えられる。

ラニエーリは、当初与えられた役割を見事に果たしきっていた。モーゲージ部を社債部、国債部と同格の地位に引き上げること。いまやアメリカのモーゲージ市場は世界最大の信用市場であり、ゆくゆくは並ぶもののない世界最大の債券市場になる可能性を秘めている。ラニエーリの創造物は、ウォール街の一大変化の先駆けとなった。ウォール街は歴史的に、バランスシートの一方の側、つまり負債だけを扱ってきた。モーゲージは資産の側に入る。住宅モーゲージをパッケージして売ることができるのなら、クレジット・カード受取り勘定、自動車ローンなど、およそ考えられるかぎりのローンが商品化できるはずではないか。

ソロモン・ブラザーズの専門技術は、ウォール街の他社の肥やしにもなった。マイク・モータ―ラは、ゴールドマン・サックスのモーゲージ取引デスク――一九八八年上半期のモーゲージ債取引高第一位――を率いている。ピーター・マーロは、モルガン・スタンレーのモーゲージ取引の責任者になった。アンディー・ストーンは、プルーデンシャル・ベーチェのモーゲージ取引の責任者。スティーヴ・ボームは、キダー・ピーボディーのモーゲージ取引の責任者。トム・ケンドルは、グリニッチ・キャピタル・マーケッツのモーゲージ取引の責任者。スティーヴン・ジョーゼフは、ドレクセル・バーナム・ランベールのモーゲージ取引の責任者。ジェフリー・クロンゾールは、L・F・ロスチャイルドのモーゲージ取引の責任者。ウルフ・ナドゥールマン、ネイサン・コーンフェルド、ネイサン・ロウ、ビル・エスポジート、エリック・バイブラー、ラヴィ・ジョーゼフは、それぞれ、セキュリティー・パシフィック、シエアソン・リーマン、ベア・スターンズ、グリニッチ・キャピタル、メリルリンチ、モルガン・スタンレーで幹部トレーダーとして活躍している。目立つところを取りあげただけでも、これだけの数のソロモン出身トレーダーに行き当たるのだ。彼らの下では、各社合わせて数千という人間が、モーゲージ債で生計を立てている。

ソロモンの元モーゲージ・トレーダーの中で、一番異色なのは、なんといってもハーウィー・ルービンだろう。メリルリンチをくびになったすぐあとに、彼はベア・スターンズに雇われた。うわさでは、彼の二億五千万ドルの損失が『ウォール・ストリート・ジャーナル』に書き立てられたその朝、ベア・スターンズから誘いがかかったという。メリルリンチの社外では、ルービンの大穴の件はわりと平静に、笑いさえまじえて受け止められていた。ベア・スターンズのモーゲージ・トレーダーがふたり、ルービンの新しい机の引き出しに釘《くぎ》を打ち付け、二度と〝債券を引き出しにしまい込む〟ことができないようにしたという逸話もある。ソロモンのあるモーゲージ・トレーダーは、ルービンに電話をかけて、アメリカン・エキスプレス・カードのコマーシャル出演を買って出てはどうかと勧めたそうだ。

「やあ、皆さんご存じないでしょうが、ぼくは債券取引で、ウォール街始まって以来の大損をした男です。だから、信用というものの意味をよく知っています。そんなぼくが、困ったときに取り出すのが……この小さな一枚のカード……」

ルーウィー・ラニエーリは、ソロモン・ブラザーズの半マイル北に自分の会社を開いた(正真正銘のラニエーリ一家の旗揚げというわけだ)。解雇されて間もないころ、傷心のラニエーリは、自分を無理やりモーゲージに引きずり込んだ人物と昼食をともにした。ロバート・ドールだ。ドールは言う。

「ジョンがなぜ、昇進させたばかりのルーウィーをくびにしたのかについて、わたしはふたとおりの見かたを持っている。ひとつは、ジョンが突然に、自分の犯した大きな誤りに気づいたという見かた。つまり、ルーウィーみたいに偏狭な人間は、たとえ副会長になったところで、自分の部を最優先に考えるだろうということにね。ふたつめは、会長室の面々がルーウィーの話を聞くことにうんざりしてしまったという見かた。ルーウィーは会議を支配する。自分の話にうっとりするようなタイプではないが、信念の固まりのような情熱的な男だからね。ストラウスとヴァウトとグッドフレンドがそれに耐えきれなかったのだとしたら、とても残念なことだ。ルーウィーの話に耳を傾ければ、得るところはたくさんあったはずなのに」

ラニエーリ自身は、苦しいときに自分をかばってくれた人物、〝恩師〟とも呼ぶべき人物に裏切られたというふうには思っていないようだ。おそらくトム・ストラウスが実権を握り、ヴァウトは彼にロープを譲り渡しながら、そのロープで彼が首をくくるのを待っているのではないか、というのがラニエーリの推測だった（実際には、その逆のことが起こった。ヴァウトは一九八八年十二月にソロモンを去り、ぐらつきだしたグッドフレンドをトム・ストラウスという一本柱が支えなくてはいけなくなったのだ）。ラニエーリは、会社に対する古い観念を捨てることができなかった。その観念が形作られたのは、顔も名前も知らない共同経営者が、そうするのが正しいというだけの理由で妻の病院代を払ってくれたときだ。重役たちが、「よい経営者であるより、よい人間であることのほうが大切だ」と言い、それを実践していた時代だった。ラニエーリは、ソロモン・ブラザーズが一時的に、社風になじみのない人間たちの手に落ちたのだと考えるほうを好んだ。

「納得のいく解釈はたったひとつ、あの会社を動かしているのはジョン・グッドフレンドではないということだ。実権はストラウスの手に移った。あの男は絶対的な力が欲しかった。

そして、一年がかりでなんとか巨象を倒したというわけだ。ジョンに決定権があれば、そんなことはさせなかったろうよ。あのふたり（ストラウスとヴァウト）がどんな言葉でジョンを説き伏せたのかは知らん。連中にはとにかく、会社の偉大さがその社風にあるということが、まったくわかっていなかった。連中は社風を踏みにじった。別の言いかたをすれば、誓約を破った。自分たちの体に、永遠に消えない烙印《らくいん》を押したのさ」

とまあ、そんなわけで、ウォール街の郵便室からウォール街の重役室までの十九年にわたるラニエーリの旅が終わったのだった。

8　下等動物から人間への道

人は一般に、触覚より視覚によって判断を下す。見ることは誰にでもできるが、触れて確かめることは限られた人間にしかできないからだ。すべての人があなたを外見で判断し、ごくわずかな人だけがあなたの真の姿を知る。そして、そのわずかな人々は、あえて多数意見に異を唱えない。

――ニッコロ・マキャベリ

『君主論』

電話を使ってやれることはたくさんあるが、法律に触れない範囲で一番あくどいのは、なんといっても、面識もない相手に欲しくもないものを売りつけようとすることだろう。ロンドンで若きセールスマンとしての第一歩を踏み出したとき、ぼくの膝《ひざ》の上には、発音もできないフランスの名前がいっぱい詰まった一冊の本が載っていた。ぼくのボス兼ジャングル案内人、アーカンソー州ボールドノブ生まれのスチュー・ウィリッカーに、電話の前にへばりついて、そろそろ食いぶちを稼ぎ始めろと言われたのだ。

「パリの番号全部にかけろ」というのが命令だった。「笑顔を忘れずにな」

ほんとうにパリの全所帯に電話をしろと言っているわけではない。ただの言葉のあやだ。ぼくがかけなくてはならない相手は、五千万ドル以上のカネを持つフランスの金融業者に限られていた。パリの電話帳にある番号にかたっぱしからかけるよりは、だいぶ範囲がせばめられる。このときのために、ぼくは『ユーロマネー・ガイド』という本を見つけ出してきていた。『ユーロマネー』と銘打つからには、多少なりとも財力を持つ人間ばかりがずらっと並んでいるはずだと踏んだのだ。名簿の一番上にあった名前は、F. Diderognon。なんだ、これは？　男か？　女か？　ぼくはジャングル案内人に、どう発音すればいいのかをきいた。

「なんで、おれがそんなことを知ってるんだ？　きみはフランス語が話せるんじゃなかったのか？」

「いいえ、履歴書に話せると書いただけです」

「ああ」ボスは言って、しばらく頭をかいていた。「構わんさ。どうせ、あのカエルどもはみんな英語がしゃべれるんだ」

まいった。電話するしかない。だけど、問題はかたづいていないのだ。F. Diderognon。玉《オニ》ねぎ《オン》と韻を踏んでいるのだろうか？　最初のほうは、あの有名な哲学者の名前みたいに発音するのだろうか？　よし、早口で〝ディドロ・オニオン〟と言ってみることにしよう。ジャングル案内人がこちらを見ている。こんな男を採用したのはまちがいだったかな、というような目だ。ぼくはその番号をダイヤルした。

「はい《ウィ》」雄のカエルの声だ。

「ええと、お話しできますか《ピュイ・ジュ・パルル・ア》、ディドロオニオンさんと?」

「なんだって《クワ》?　誰《キ》?」

「F・ディドロオニオンさんです。ディ、ド、ロ、オニオン」

相手の男が手で通話口をおおう。その向こうで交わされる会話は、くぐもってよく聞こえなかったが、疑わしげな口調でこう言っているようだった。

「フランク、おまえの名前を発音できないアメリカのブローカーから電話だぞ。出るか?」

遠くから、別の声。

「名前をきいてみろ」

「おい、あんたの名前は?」さっきの男が言う。

「マイケル・ルイスといいます。ソロモン・ブラザーズのロンドン支社の者です」

また通話口がおおわれる。

「フランク、ソロモンの新米らしいぞ」

フランク・ディドロオニオン。「ソロモンと話す気はない。ろくでもない連中だ。近寄るなと言っておけ」

「フランクは、こっちのほうから電話すると言ってるよ」

まったく。どうして、こんな仕事を選んでしまったんだろう?

アメリカの古い俗語で〝奇芸人《ギーク》〟といえば、生きた鶏や蛇を頭から食べてみせる見世物師のことだ。赤い表紙の『アメリカン・ヘリテージ辞典』にそう書いてある。ソロモン・ブラザーズのロンドン支社では、この俗語が辞書の定義とまったく違う下等動物という意味合いで使われていた。ぼくが着任したとき、あるトレーダーが、〝下等動物《ギーク》〟とは、（a）「白鳥の屁を酸素がわりに吸う動物」（b）「研修プログラムを終えたばかりで、研修生と人間の中間段階にある気色悪い幼生体」の両条件を満たす存在のことだと教えてくれた。ぼくはまさに〝下等動物《ギーク》〟だった。

一九八五年十二月まで、ニューヨークでトレーダーたちの給仕兼たたかれ役を務めながら、ぼくはずっと研修生のままでいたいと思っていた。たとえ下等動物とさげすまれてもだ。ラニエーリやグッドフレンドやストラウスやヴァウトが陰険な縄張り争いをくり広げる四十一階に、一人前の社員として身を置くのはいやだった。誤解がないように言っておくが、ばりばり働くのがきらいなわけではない。しかし、ニューヨークで駆け出しの社員がばりばり働こうと思ったら、自由を犠牲にするしかない。仕事を覚えるまでモーゲージ・トレーダーたちの巨体に囲まれてじっと座っている生活など、考えただけでぞっとした。へたをすると、一生そのままだ。

ソロモン・ブラザーズの熱気から逃れたいと願う人間にとって、行き場所はロンドン以外になかった。ほかの支社はどこも、アメリカ国内でも、東京でも、四十一階の基準で動いていた。しかし、ロンドン支社にいる年配のヨーロッパ人社員は、みな自由の戦士だ。六つある取締役の椅子は、四十一階出身のアメリカ人が全部押えていたが、仕事はヨーロッパ人のペースで進められた。アメリカ人とヨーロッパ人の違いは、グッドフレンドの訪問を迎える支社の態度を比べるだけでもわかる。

アメリカのどこかの支社にグッドフレンドが現われると、社員たちはショーを始める。さりげない自信を身にまとうのだ。たとえ足が震え、パンツが濡《ぬ》れていても、若いアメリカ人たちは会長に向かって軽口をたたこうとする。ただし、向こう見ずな発言は絶対にしない。最近発行された債券についてのジョークは、セーフ。グッドフレンドの細君についてのジョークは、アウト。基本的なルールがちゃんと守られているかぎり、グッドフレンドは同じような軽口で答える。

グッドフレンドが東京支社を訪れると、日本人社員は座ったまま頭を下げ、狂ったように電話をかけ始める。ジェスチャー・ゲームで、〝仕事中の男たち〟という題を与えられたみたいに。研修クラスで居眠りばかりしていた日本人たちの姿からは想像しにくいことだが、日本にはどうやら、クールなふるまいというものが存在しないらしい。上を向いて、ぽっちゃりした顔のグッドフレンドさんとおしゃべりをすることなど、若い日本人社員は思いも及ばない。ぼくの友人のアメリカ人が、グッドフレンドが東京支社を訪れたとき、たまたまそこに居合わせ、会長に手招きされて、ちょっと立ち話をした。そのときのことを振り返って、彼は言う。

「席に戻ると、日本人がみんな、こっちをじろじろ見るんだ。神様と親しく言葉を交わして、聖者に取り立ててもらった人間を見るような目でね」

ロンドンでのグッドフレンドの待遇は、きわめて単純だ。野暮ったいアメリカ人観光客並み。彼がもし、サイケ調のバミューダをはき、Tシャツを着て、カメラをぶら下げた格好で現われたとしても、みんなやっぱりと思うだけで、ちっとも驚かなかっただろう。誰もが陰でせせら笑っていた。会社が急速に傾きかけてからは、なおさらそうだった。

「何をしに来たんだろう?」ヨーロッパ人社員のひとりが、別の社員にきく。

「パリに買い物に行く途中で、立ち寄ってみたんじゃないの」だいたいがこういう答えになる。それがぴったり当たることも珍しくない。

となると、次の質問は、当然、「スーザンもいっしょかな?」だ(実際、最終目的地がパリである場合は、必ず妻のスーザンが同行していた)。

要するに、ソロモンにいるアメリカ人や日本人と比べて、ヨーロッパ人は権威をあまり重んじない。この自由な魂の持ち主たちは、平均してぼくより十歳から十五歳上で、大型金融取引のベテランだ。アメリカが生んだ最新式の金融商品などより、彼らは顧客との関係を打ち立てることのほうに興味を向ける。ヨーロッパ人の中には、特にイギリス人だが、歯の浮くような口上がしっくり身になじんだ人種がいて、ユーロ市場ではそういう人間をやみ屋《スピヴ》と呼んでいる。不思議なことに、わが社にはスピヴはいなかった。ソロモンのヨーロッパ人、とりわけイギリス人は、ほとんどがいい学校を出た上品な人たちだった。彼らには、仕事に対するこだわりがなく、ときには関心すら持っていないように見えた。だから、ひとつの会社に、しかもアメリカの会社に従属するなどという考えかたは、彼らにとってへたな冗談でしかなかった。

　このヨーロッパ人たちには、朝遅くまで寝て、アルコール付きの長い昼食をとり、夕方までほろ酔いで過ごすという、誇張ぎみの評判が立っていた。評判の出どころは、例によって、本社の四十一階だ。ニューヨークのあるトレーダーは、彼らのことを〝モンティ・パイソンのすっ飛び投資銀行員〟と呼ぶ。彼らの文化とアメリカから輸入された経営陣の文化とが、派手にけたたましくぶつかり合い、もうもうとほこりの雲が立つので、新米社員が身を隠し、自由を手に入れるには絶好の環境となるわけだ。

　一九八五年十二月にぼくがロンドン支社に赴任し、八八年二月に去るまでの間に、ずいぶんと多くのことが変わった。社員は百五十人から九百人に増えた。社のイメージを考えて、ぴかぴかの新しい社屋に移った。ソロモン・ブラザーズを〝グローバルな〟投資銀行にしようと意気込む本社四十一階の人々が、何億ドルというカネを支社の運営につぎ込んだ。

　ジョン・グッドフレンドとトム・ストラウス（わが社の海外事業を統轄していた）は、いずれごく少数の投資銀行がほんとうの意味でグローバルな企業として勝ち残り、敗者は国内での事業に専念せざるをえなくなるだろうという、ウォール街によくある未来像を描いていた。そのごく少数のグローバルな銀行が寡占体制を敷き、資本調達価格を引き上げて、ますます栄えていくというわけだ。グローバル・クラブに加入できそうな会社として常に話題にのぼるのが、日本の投資銀行ノムラ、アメリカの商業銀行シティコープ、それから、ファースト・ボストン、ゴールドマン・サックス、ソロモン・ブラザーズといったアメリカの投資銀行だった。ヨーロッパの銀行？　名前さえ、思い浮かばない。

わが社の急速な拡張の拠点として、まず候補にあがるのが東京だろう。貿易黒字のおかげで、売るか投資するしかないドルがあふれ返っている。日本は、八〇年代のアラブだ。ところが、日本の金融当局にアメリカ企業を歓迎しない雰囲気があることと、規制が複雑をきわめているという事情があって、ウォール街の金融機関の日本支社は、どうしても仮事務所ふうの小規模なものになってしまう。

その点、ヨーロッパには参入をはばむ障壁がない。金融規制もごくわずかだ。それに、ニューヨーカーたちにとって、大西洋をはさむ文化のギャップは、太平洋をはさむギャップほど衝撃的ではない。ブルックリン育ちの若い男がヒースロー空港に降り立っても、通訳なしでタクシーに乗れる。一流ホテル（クラリッジとか、バークレーとか）で夕食の席についても、なまの魚を出されることはなく（ソロモン社内では有名な話だが、日本支社のあるアメリカ人取締役は、食卓で紙を燃やし、スシをその火で焼いて食べたそうだ）、アメリカとほとんどちがわない料理を食べることができる。というわけで、ロンドンは世界制覇に向けての最重要拠点となった。時差といい、歴史といい、言語といい、比較的安定した政情といい、ドルに吸い寄せられる資金の規模といい、ハロッズ百貨店の存在といい（ショッピングの機会の大切さを見くびってはいけない）、アメリカのすべての投資銀行がロンドンを海外進出プランの中心に据えるのも、無理のないところだ。ソロモン・ブラザーズのグローバルな野心は、こうしてロンドンに根をおろした。

ぼくは、ビジネス・クラスでロンドンへ送り届けられた研修同期生十二人のうちのひとりだった。着いたときの支社は、シティーにあるモルガン・ギャランティ所有のビルの、ドーナツ型をしたフロアふたつを占めていた。証券取引には、全員に全員の顔が見え、全員に向かってどなれる巨大な格納庫のような空間が必要だ。うちのビルは、フロアのどまんなかをエレベーターと階段が柱状につらぬいていた。その芯《しん》にぐるっと巻きつくように、トレーディング・フロアが広がっている。延べれば五十ヤードほどの長さになるだろうが、座ってみると、あまり遠くは見渡せない。それでも、人がひしめき、札束が飛び交っているという熱気が感じられた。ぼくらは肘《ひじ》と肘を接して座った。みんながほかのみんなのやっていることを知っていた。騒々しくて、テームズ川とセントポール大寺院の絵はがきのような眺めを除けば、むさ苦しい職場だった。

十二の課に分かれたロンドン支社のセールス軍団の仕事は、ニューヨーク本社でやっていることの延長に過ぎなかった。ひとつの課が社債を売り、第二の課はモーゲージ債、第三の課は国債、第四の課は株式、といった具合だ。ぼくが何を売るかは、研修プログラムの間に決められていた。本社でぼくが仕えることになったのは、ディック・レイヒという人物で、債券オプション及び先物のセールス担当課長だった。やや異色ながら、国債部から枝分かれした部署だ。ぼくは自動的に、ストラウス一家に名を連ねることになった。

レイヒとその右腕を務める女性レスリー・クリスチャンが、研修プログラムの終盤に、正式にぼくの身柄を引き受けてくれた。これはありがたかった。第一に、ほかにぼくを欲しがっている部署は株式部門だけだったから。第二に、ぼくがふたりを気に入ったからだ。彼らの下につけば、ソロモンではなかなか味わえない思いを味わうことができそうだった。品物を売りさばくことしか眼中にない多くの管理職の中にあって、クリスチャン師とレイヒ師は、オプションや先物にあまりこだわらず、どんな方法でもいいからカネを稼ぐようにと言ってくれた。彼らは自分たちの利益をうまく会社全体の利益に結びつけていた。これはかなり珍しい態度だ。おかげでぼくは、派閥のボスを喜ばせることに熱心なスペシャリストぞろいの会社の中で、どこでも出入り自由の無所属ジェネラリストとしてふるまうことができた。

ロンドンへ着いた最初の日に、ぼくは、レイヒ配下の現地管理職スチュー・ウィリッカーに引き合わされた。ぼくが入るまで、彼の下には三人のセールスマンがいた。ウィリッカーの存在も、ぼくにはありがたかった。彼はソロモン病にかかっていなかった。ロンドンに来て四年になるが、自分の根っこがアーカンソーにあることをけっして忘れない。見ていてすがすがしいものがあった。わかりやすく言うと、ソロモンの社員の行動を規制するおびただしい数のルールをちらっと一瞥《いちべつ》して、こんなものは全部無視しようと心に決めたふうなのだ。彼は自由に重きを置いていた。上から言われたことにほとんど注意を払わず、ひたすら非妥協的態度をつらぬこうとした。

矛盾するようだが、彼は一方で、暴君ぶりを発揮することもあった。「パリの番号全部に電話しろ」などというような命令を、時々発するのだ。しかし、彼の与えてくれるものに比べれば、それぐらいの代価は安いものだった。彼は会議を省略し、ぼくらに自分の時間をくれた。みずから模範を示すように、毎朝、ほかの課のセールスマンたちが仕事を始めて一時間もたったころ、ゆうゆうと出勤してきた。ひらめくものがあって、わざとそうしていたのではないだろうか。うちの課は、毎年支社で一番の収益をあげていたが、それはきっと、課員ひとりひとりに自分の考えで行動する余地が与えられていたからだと、ぼくには思える。

　といっても、新米のぼくに自分の考えなど持てるはずがない。素地も力もなかった。まわりのセールスマンを観察して、もらえるだけのアドバイスをもらう以外に望みはない。仕事を学ぶことは、構えを学ぶことだ。電話でどういうふうにしゃべるか、トレーダーとどう付き合うか、そして、何より大事なのは、儲け話とはったりとをどう見分けるか。

　ロンドンのトレーディング・フロアに席を得て二日後、アメリカの強気相場でばくちを打ちたいフランス人やイギリス人からの電話ががんがんかかってくる中で、ぼくはアドバイス第一号を受け取った。真向かいに座っている同じ課の若手社員、これから二年間、たびたびぼくを驚かせることになる男が、身を乗り出してきてささやいたのだ。

「ちょろい儲け口を教えようか。ソロモン・ブラザーズの株を空売りするのさ」

　ちょっと説明しておくが、空売りというのは、所有してもいない証券を、値下がりを見込んで、あとで安く買い戻すために形式的に売ることだ。わが社の株を空売りするということは、株価が暴落するほうに賭《か》けるということになる。

ぼくは息をのみ、ひるんだ顔をしたのではないかと思う。第一に、自分の会社の株を空売りするのは違法だ。第二に、ソロモン・ブラザーズの業績悪化を見込むのは、ヘッジとしてならともかく、あまり分のいい賭けとは思えなかった。わが社は、創業以来、そしてウォール街の歴史始まって以来、二番目に収益の高い年を迎えていたのだ。向かいの席の男、本人の選んだ仮名を使ってダッシュ・リプロックと呼ぶことにするが、彼も実際にそういう取引をしろとけしかけたわけではない。単に、彼にしかできない簡潔なやりかたで、ひとつの事実を述べ、ぼくにあいさつしてきただけだった。あとで説明してくれたところによると、前もってぼくを値踏みしたうえで、面倒を見てやることに決めたのだという。つまり、赴任してから九カ月の間にたくわえた知恵の宝石を、時々ぼくのほうへ投げてよこしてくれるということだ。彼はアメリカ人で、当時まだ二十三、ぼくよりふたつ年下だった。それでも、業界の物差しでは、ぼくより何光年も先を歩いていた。ダッシュ・リプロックは折紙付きのセールスマンなのだ。

じきに、ぼくは彼に慣れた。ダッシュはよく、「二年ものを買って、古い十年ものを空売りしろ」とか「ソロモンの株を空売りすべし」とか「客は救え、新米はたたけ」とか、説明なしの助言をして、理由をぼくに考えさせた。考えても、さっぱりわからないことが多かった。しかし、ダッシュはぶっきらぼうではあったが、心やさしい男だった。やがて、彼が力を入れた新型商品が三カ国四人の金融業者に売れるという快挙があり、それ以降、彼も多弁になった。そうやって、ぼくは取引やセールスや人生について学んでいったのだ。

最初のときにダッシュが言いたかったのは、ソロモン・ブラザーズはなるほど健全な成長ぶりを示しているが、投資対象としては頼りない会社だということだった。つまり、業績が悪化し始める前が、空売りの好機だというのだ。しかし、ソロモン株に売りどきが来たことを、彼はどうやって知ったのか？

配属されたばかりのぼくは、新任の大統領みたいなものだった。自分が何も知らないということと、それが自分のせいではないということ以外、何ひとつ知らなくていい身分なのだ。そこで、ぼくはきいた。

「なぜだい？」

もちろん、詳しい解説を期待したわけではなかった。それではあまりに安易すぎる。ダッシュは片手でトレーディング・フロア全体を示して、ぽつんとこう言っただけだった。

「株式会社だからさ」

あたりまえではないか。ソロモン・ブラザーズは株式会社だ。ファイブロ・ソロモン株式会社。しかし、彼の言いたいことはわかった。ぼくらは、その恐ろしい言葉の含むさまざまのものから、自分が自由な立場にあると考えることを好む。名ばかりの会議、内容のない文書のやり取り、くだらない階級制度……。ダッシュはある日、電話から顔を上げ、周囲を見回して、官僚主義がはびこってきているのに気づいたのだった。彼はぞっとした。自分の説を裏づけるため、ローマの雄弁家のように人差し指を突き立てて言った。

「あの本と皿のことを考えてみるがいい」

　それだけ言うと、彼は回転椅子をくるりと回し、ライトをつけて、セールスの電話をかけ始めた。「……FRBが政策を転換すれば、一夜のうちに相場がゆるむこともありますし、供給を見てみると、十年ものに二年ものを上乗せする手も……」ぼくにはちんぷんかんぷんの内容だったので、あとで質問するために書き留めた。

　本と皿。ソロモンは創立七十五周年を迎えていた。それを記念して、全社員にふたつの記念品が配られた。社名を彫り込んだ大きな銀の深皿と、一冊の本だ。皿のほうは、ドリートを入れるのにちょうどよかった。『ソロモン・ブラザーズ――業界トップへの前進』と題された本のほうは、上層部を賛美することだけを目的とした社の略史で、十分にその目的を果たす内容だった。グッドフレンドやラニエーリ、ホロウィッツ、ヴァウト、ストラウス、マッシーらの発言が、まるで台本に従うように取りあげられていた。彼らは謙虚に自分を語り、思慮深く世界を語っていた。発言と発言の合い間は、彼らの頭のよさ、上品さ、勇敢さ、協調性をほめたたえる記事で埋められた。がちがちのファシストたちの宣伝資料としては、実によくできた本だった。以後の研修生たちは、この本の中身を丸暗記させられることになる。

　研修生の目から見ても、この本はばかばかしいでっちあげだった。会社は確かに業界トップにのし上がったかもしれないが、幸せな大家族としてではなかった。この時点で、社内には、派閥の数のほうが、それを収めるスペースの数より多かった。創業者の御曹司《おんぞうし》ウィリアム・ソロモンは、控え目で気品のある人物だったが、公然とグッドフレンドの悪口を言うためとあらば、どんな場所にでも出向いた。グッドフレンドが力ずくで押しのけたファイブロ

・ソロモンの前会長デイヴィッド・テンドラーの墓には、いつも新しい花が供えられていた。ラニエーリ、ストラウス、ヴァウトの間の抗争も、血なまぐさい結末に近づきつつあった。債券トレーダーたちはよそからいい話が舞い込まないかと、社外に目を向けていた。毒消しのされた公認の社史には、当然ながら、そういう暗い過去や現在はほとんど顔をのぞかせていなかった。

例えば、モーゲージ部の誕生に触れて、著者はロバート・ドールらしき人物の新聞での談話を掘り出してきていた。

「ほかの会社にまねのできないソロモンの特技は、個人の能力をきわめて柔軟に受け止めて、最大限に花開かせるところにある」

というものだ。この談話で一番興味深いのは、発言者の胸のうちだろう。これが記事になってから半年後に、ドールはラニエーリに締め出され、グッドフレンドの風圧をまともに受けることになるのだ。

「彼の口調は経験豊富な政治家のようだった」と、添え書きがされている。

しかし、ダッシュが本と皿に眉《まゆ》をひそめたのは、そういういかがわしさのせいではない。会社の実情を知ってみれば、ほんとうのことを伝えるより、歴史を飾りたてるほうがずっとましだということは誰にでもわかってくる。それに、わが社の幹部が自分たちの方式についてうそをつこうとする場合、それが大ぼらになってしまうのは、まあしかたのないことだ。ダッシュの気にさわったのは、ソロモン・ブラザーズがそういうものにカネをかけたという事実だった。本と皿？　本と皿なんかもらって、何になるのか？　もらうなら、現金がいい。昔のソロモンで働いていた人たちは、絶対にこういうことをしなかっただろう。彼らだって、現金のほうを好んだはずだ。この本と皿は、ダッシュが胸に抱いていたソロモンの倫理観を踏みにじるものだった。だから、わが社の株を空売りしろとぼくに言ったのだ（実際、その時点でソロモンの株を空売りした人は、ちょろい儲け、いや、大きな宝の山をつかむことになった。一九八七年十月の大暴落を前にして、株価は五十九ドルから三十二ドルまではほぼ一直線に下落し、ほかの仲買業者、特にファースト・ボストンとドレクセル・バーナムの〝ソロモン株は買いどき〟という予測を完全に裏切った。大暴落のあとは、十六ドルまで落ち込んだ）。

ぼくは、自分が耳にした金言を集めた薄いノートに、このやり取りをていねいに書き留めた。そのノートによれば、業績好調に見える雇い主が実は衰退期にあるかもしれないという可能性に、ぼくはずいぶん早くから気づかされていた。そうでなければ、赴任してから最初の数カ月間の自分の変貌《へんぼう》ぶりの説明がつかない。ロンドンに着いたときの自画像が、日々の経験によってどんどん描きかえられていった。

初期のころの自分を正直に鑑定するには、ある程度まで他人の力に頼らざるをえない。ソロモン・ブラザーズには、歯にきぬを着せない性格分析を趣味にしている人間がおおぜいいた。例えば、ダッシュは、電話と電話の合い間に、たいていはペンを口の端にくわえて、ぼくの新米時代を振り返るのを楽しみにしていた。彼が特に好んだのは、ぼくを見ると、ぼくが一番最後に誰と話したかがすぐわかったという話だった。ロンドンへ来た当時のぼくは、並みはずれて軟弱な脳みその持ち主だと見られていたらしい。モーゲージ・トレーダーと話したあとのぼくは、電話で客にモーゲージ債を薦めまくった。社債トレーダーと話したあとは、最新発行のＩＢＭ債こそ金の鉱脈だと信じ込んだ。

残念ながら、ダッシュはぼくの性格に対する評価を、すぐには語ってくれなかった。かなりの損害が生じてしまったあとで、やっとぼくの至らない点を指摘した。彼の側からすれば、それはしかたのないことだった。ほかのみんなと同様、彼もジャングルの掟《おきて》に従って生きており、ジャングルの掟では、新米セールスマンはトレーダーたちのえじきと決まっていたからだ。例外はない。社債トレーダーの口車に乗って、ＩＢＭ債はお薦め品だと信じ込んでしまったのだとすると、それはぼくの問題なのだ。ダッシュがもしぼくに入れ知恵しようものなら、社債トレーダーはあらゆる手を使って、ダッシュの次のボーナスを減らそうとするだろう。ダッシュがいくらぼくに好意を持ってくれていても、そこまで期待するのは酷というものだ。

それでも、ぼくはダッシュや同じ課のセールスマンたち（女ひとり、男ふたり）をかなり頼りにしていた。ぼくらは、ひとつの大きな机を五つに仕切って使っていた。百本の電話線があって、その一本一本がカネや下品なジョークやうわさ話の通路になった。世にもおぞましいジョークがどうやって広がっていくのかを知りたければ、債券取引デスクで一日過ごしてみることだ。スペース・シャトルの〝チャレンジャー〟が爆発事故を起こしたときなど、地球上の六カ所にいる六人の人間から、ＮＡＳＡは〝また七人の宇宙飛行士が必要《ニード・アナザー・セブン・アストロノーツ》〟の略語だという電話がぼくのところにかかってきたものだった。

たちの悪い冗談より影響力を持つのが、うわさ話だ。うわさは市場を動かす。西側の市場経済に大混乱を引き起こしたうわさは、すべてモスクワの狭苦しい部屋にいるはげた小柄な男から発したものだという話が、広く信じられていた。そういううわさは、人々が最も恐れることと、気味の悪いぐらい似かよっている。一番突拍子もないうわさがパニックの引き金となるというのは、よくあることだ。例えば、ポール・ボルカーは二年の間に、連邦準備制度理事会の議長の座をしりぞくこと七回、死亡すること二回に及んだ。

うちのデスクでは、一人当たり三台の電話機を与えられていた。二台は普通の電話機で、三台めはソロモン帝国のどの支社にいる誰とでも直接どなり合えるものだ。課の電話表示盤には、常に何十個というライトが点滅していた。ヨーロッパの投資家たち（大半は純然たる相場師であり、残りも相場師もどきなのだが、ひとまとめにして〝投資家〟とか〝顧客〟と呼ぶことにする）は、アメリカの債券市場で賭《か》けをしたくて、朝の八時から夜の八時まで、ひっきりなしに電話をしてくるのだ。

彼らが熱心なのも、無理はない。アメリカの債券市場は天井知らずに高騰していた。遊んでいる全員が大勝ちしているカジノに、客がどっと押しかける場面を想像してもらえれば、当時のうちの課のようすが少しは伝わるだろう。ぼくらの取扱い商品であるオプションと先物は、流動性と高い投資効率の両方を満たすのが魅力だった。債券市場をカジノにたとえれば、オプションや先物は、三ドルで買えて千ドルで換金できる魔法のチップのようなものだ。実際のカジノでそんなチップを発行するわけはないから、ギャンブルの世界でもありえないほどの大きな賭けということになる。わずかな額の手付金で先物契約を買った投資家は、多額の債券を所有しているのと同じリスクを負う。ほんの一瞬のうちに、カネが倍に増えたり、財布がからっぽになったりするのだ。

投機ということにかけては、ヨーロッパの投資家たちはあと押しや指導をたいして必要としていない。何世紀も前から、途方もないものにカネをつぎ込んできた伝統がある。特に、フランス人とイギリス人は一攫千金《いっかくせんきん》の話に目がない。そして、美しい貴婦人をカネづるに持つギャンブラーのように、このふたつの国の相場師たちは、カネ儲けを助けるいくつもの不合理な手順を持っている。彼らはアメリカの債券市場の進む方向を予測しなくてはならない。上昇か、下落か。手順の中にたいてい含まれるのは、債券価格の歴史的変遷を示すチャートを何時間もながめるという作業だ。ロールシャッハ・テストのインクのしみみたいに、人間の頭と肩などというような形が、見る人それぞれの目の中にできあがってくる。チャート主義者——彼らはそう自称する——は、そのあと定規と鉛筆を使って、歴史的パターンが未来にも投影されるという仮定のもとに、債券価格の先行きを予想する線を引く。不思議なことだが、強気の相場では、たいていの線が上を向いている。

実際のところ、チャートを使うのにも大きな意味がひとつある。誰もが使っているということだ。かなりの額のカネがチャートに従って投資されるのだとすれば、いくらばかばかしく思えたとしても、チャートを見てみる価値はあるだろう。先を見越して山を張り、来たるべき波の先頭に立つこともできるかもしれない。ところが、フランスやイギリスの相場師の多くは、チャートには相場の秘密が隠されているとばか正直に信じている。おめでたいチャート主義者たちだ。ほかの投資家が使わなくなっても、彼らはチャートを使い続けるだろう。彼らにとって、チャートは霊のお告げを自動筆記するこっくり板なのだ。

今だから打ち明けるが、いくら新米セールスマンでも、投資家たちの呪術《じゅじゅつ》信仰に付き合うのはちょっと気恥ずかしかった。しかし、わがジャングル案内人は、チャート主義者たちがこちらの思わくどおりにカネを出してくれるかぎり、その理由を問うべきではない、とぼくをさとした。職についてから数日もたつころには、投資家から「ゆうべ、十日移動平均を検討してみたら、完璧《かんぺき》な反騰のパターンじゃないか。有りガネ賭《か》けてみたいんだが」などという電話が来ると、そうです！　買いしかない！　と、あおりたてる言葉が自然に口から出てくるようになった。

自分たちが他人のカネを使ってやっている行為を遠回しに表現する必要があったので、単なるまやかしでしかないが、ぼくらは、それを〝鞘取《さやと》り〟と呼んだ。鞘取りとは本来、リスクのない取引で利益をあげることだ。ぼくらの顧客は常にリスクを冒したので、鞘取りというより〝綱渡り〟とでも呼んだほうが的確だったろう。責任の伴う仕事なのに、最初のころのぼくは、無知なうえに優柔不断ときていた。免許も持たずに薬を調合しているアマチュア薬剤師のようなものだ。その結果として損害をこうむるのは、もちろん、顧客のほうだった。

実績のあるセールスマンたちと自分とでは、客筋がちがうことに、ぼくはいやおうなく気づかされた。ぼくの顧客は小口の機関投資家で、資金の額はせいぜい一億ドル、一回の取引に使えるカネが数百万ドルといったところだった。同じ課の三人のセールスマンは、もっぱら保険会社や大手金融業者、ヨーロッパ各国の中央銀行（これにはソ連も含まれる。モスクワの一室にはげた小柄な男がいて、市場にうわさを流し続けているという話は、まんざらそではなかったのだ。ただし、それは資本主義を切り崩すためではなく、自分たちの投資金を守るためだということになるが）など、その気になれば数秒のうちに五千万ドルから一億ドルを動かせる客を相手にしていた。資金の額は、一番大きい機関で二百億ドルほどにのぼっただろう。

ジャングル案内人がぼくに大手の投資家を扱わせなかったのには、りっぱな理由がある。軟弱な脳みそしか持たないぼくでは、危険が大きすぎたからだ。ぽかをしても被害が会社全体に及ばないよう、ぼくには小口の客で仕事を覚えさせるというのが、彼の計画だった。得意先のひとつやふたつ、なくしてしまいかねないと思われていたのだろう。下等動物の身としては、反論もできない。顧客の信用を失うことを、仲間うちでは〝吹っ飛ばす〟と言う。ぼくが仕事を覚え、客を吹っ飛ばさなくなったとき、はじめて大口の投資家を相手にする機会が与えられるというわけだ。

赴任して数日後、ぼくはジャングル案内人に、にこやかな顔で電話をかけ始めるようにと言われた。すでに書いたように、見も知らぬ相手と電話で話すというのが、ぼくはどうも苦手だ。やり始めてすぐ、自分がそういうことに向かない性分だということがわかった。相手に迷惑をかけているのではないかという気持ちが強すぎて、うまくしゃべれないのだ。ぼくの電話がまったく功を奏さないのを見て、ジャングル案内人はとうとうあきらめ、オーストリアのある銀行のロンドン支店にいるヘルマンという男に電話するように言った。これは、誰にとっても好都合な計らいだった。ヘルマンはソロモン・ブラザーズに債券を売ってもらいたがっていた。ところが取引の単位がわずか数百万ドルなので、ソロモンのほかの社員は誰もヘルマンに売りたがらなかった。そして、ぼくは食いぶちを稼ぐために、顧客を必要としていた。

哀れなヘルマンは、自分を襲った運命を知らなかった。ぼくが昼食に誘うと、すぐに乗ってきた。彼は長身で、おそろしく太い声のドイツ人だが、いかにも取引をするために生まれてきたという印象を漂わせていた。自分のことを、とてもとても頭がいいと思っているようだ。それをくすぐるのが、ぼくの仕事だった。賢いつもりになればなるほど、彼の取引量は増えるだろうし、取引量が増えれば増えるほど、ぼくの稼ぎも多くなるのだから。彼は、二千万ドルをリスクにさらす権限を、銀行から与えられていた。

目ざといはずのヘルマンも、こちらが下等動物だとは気づかなかったらしい。ぼくは、その二千万ドルでお互いがどれほど潤うかを説明した。ソロモン・ブラザーズには物知りで目先のきく人間がそろっているから、いくらでも知恵を借りることができる。ぼく自身にも、ひとつやふたつ、名案がないわけではない。これまでも、ヨーロッパのいくつかの大口投資家にアドバイスをして、とても喜ばれてきた、等々……。ソロモン製の債券チャートを検討し、インクのしみを読むような解説を加え、ひと瓶のワインを飲み干し、長い昼食が終わるころには、ヘルマン先生、すっかりぼくと取引をする気になっていた。

「だけど、いいかね、マイケル。ほんとの名案じゃないと困るよ」

彼は何度もくり返した。

支社に戻ると、大柄な社債トレーダーが、おなかをすかせたペットみたいにぼくを待っていた。昼食がうまくいったことを、彼は喜んでくれた。そして、ぼくとぼくの新しい顧客のためになりそうな情報を、たまたまつかんだところなのだという。一日じゅう、ユーロ債市場をながめていた彼は、基準になる三十年物アメリカ財務省証券に比較して、AT&Tの三十年物がずいぶん安くなっていることに気がついた。六千五百億ドルの規模を持つユーロ債市場は、ソロモンの海外進出の大きな理由のひとつでもある。ユーロ債というのは、ヨーロッパで発行され、おもにヨーロッパ人に向けて売られる債券のことだ。多くのアメリカの大企業がユーロ債を発行している。アメリカよりヨーロッパのほうがカネを安く借りられるというのがおおかたの理由だが、海外に名前を売るためにそうする場合もある。アメリカの民間企業に顔のきくソロモンは、この市場でも先頭を走っていた。

とにかく、そのトレーダーが言うには、ウォール街の他社やロンドンのトレーダーたちはAT&Tを過小評価している。多少なら入手できるあてがあるから、その顧客にこう持ちかけてはどうか。AT&Tを買って、同時に三十年物財務省証券を空売りしろ、と。つまり、債券市場で売りにも買いにもかたよらないようにしながら、ひそかにAT&T債と財務省証券の差益に期待する手だ。ぼくには、込み入りすぎているように思えた。慎重にふるまいたかったので、リスクはないのかとトレーダーに尋ねた。

「心配するな。あんたのお客は、ばっちり儲かるよ」

そこで、ぼくはそのままヘルマンに話を持っていった。

「そういうの、やったことがないけど、なんだか名案みたいだね」

まだワインの酔いからさめないヘルマンは、そう言った。

「三百万でやってみてくれ」

ぼくの最初の注文だ。どきどきしながら、ぼくはさっそくニューヨークの国債トレーダーに電話をかけ、三百万ドル分の財務省証券を売った。それから、ロンドンの社債トレーダー氏に、「AT&Tを三百万、お願いしますよ」と、いかにもさりげなく、散歩にでも出かけるような調子で買い注文を出した。

ソロモンのどの支社にも、がなり箱と呼ばれるスピーカーが置かれている。稼いだカネの額とは別に、このがなり箱で頻繁に名前を叫ばれることが、ソロモンでの成功の目安になる。AT&Tの注文を受けたトレーダーの声が響き渡った。

「ただいま、マイケル・ルイス君がうちのAT&Tを三百万ドル売ってくれました。よくやったぞ。ありがとう、マイク」

ぼくは誇らしさで顔を赤くした。われながら、かわいいものだ。でも、何かひっかかる。

〝うちのAT&T〟とは、どういうことだろう？　ソロモンがAT&T債を所有していたなんて、知らなかった。ぼくはてっきり、あのトレーダーが他社のまぬけなディーラーから安く買い取ってきたのだと思っていた。債券がはじめからわが社にあったのだとすると……。

ダッシュが目を丸くしてぼくを見ていた。

「あの債券を売ったって？　なんでまた？」

「トレーダーが、こんなうまい取引はないと言うから」

「おおおおおお」ダッシュは頭痛にでも襲われたみたいに、両手に頭を埋めた。顔を見ると、にやついている。いや、せせら笑っているのだ。「トレーダーなら、誰だってそう言うさ。やつは、もう何カ月もあの債券をかかえ込んでたんだ。手放したくてたまらなかったのさ。ぼくの口から聞いたなんて言わないでほしいけど、きみは泣きを見ることになる」

「ぼくがどうやって泣きを見るんだい？　あのトレーダーは約束してくれたんだぞ」

「それでも、やっぱり泣きを見るだろう。いいんだよ、きみは下等動物なんだから。下等動物はこけにされるために生きてるのさ」

ダッシュはぼくのショックをやわらげようと、軽い口調で言ってくれた。そして、ペンを口の端にくわえ、考え込むように一、二度首をひねったあと、競馬の騎手のような身のこなしで、猛然と電話をさばきにかかった。

「AT&T債の値段はどうなっているかね？」

翌朝、聞き慣れた声が受話器の向こうから叫んだ。口調にはもう、冷静さも自信も感じられない。どうやら、ヘルマンはロンドンのほかのトレーダーから知識を授けられたようだった。ソロモン・ブラザーズがAT&T債をかかえ、なんとかして売りたがっていることは、ヘルマンとぼく以外、ロンドンでは知らない者がなかった事実らしい。ヘルマンは、自分がこけにされているのではないかと感じ始めていた。

ぼくは望みを捨てなかった。たいした望みではない。ただ、トレーダーのところまで行って、新しい顧客が困り果てていること、それが取引関係に悪影響を及ぼしかねないことを訴え、ぼくのつらい立場を示せば、向こうもきのう売ったのと同じ値段でAT&T債を買い戻してくれはしないかと考えたのだ。

「あまりかんばしくないな」値段を尋ねたぼくに、トレーダーはそう答えた。「でも、そのうち盛り返すよ」

「いくらになってるんです?」ぼくは重ねてきいた。

「あとで、こっちから知らせる」

「そんなわけにはいきません。かんかんになったドイツ人を待たせてあるんです。今、教えてください」

トレーダーは、何やらごちゃごちゃ書き込まれた紙を調べるようなふりをしたあと、いくつかの数字をクオトロンに打ち込んだ。これが、ソロモンの利益のために顧客を犠牲にしようとするときの標準的な手続きなのだ、とぼくは知った。人間の力の及ばない科学的な要素に罪をなすりつけるつもりだろう。数字がこうなってるんだから、どうしようもないじゃないの、というわけだ。トレーダーが時間稼ぎをしていることは、どう見ても明らかだった。だいぶよくない状況らしい。

「九十五というところだな」ようやく、トレーダーが言った。

「それはないでしょう。きのう九十七で売って、市場はそれから動いてないんですよ。財務省証券のほうは同じ値段です。AT&Tだけひと晩で二ポイント下げたなんて、客には言えません。何もせずに、六万ドルぶったくられたようなもんじゃないですか」

「あまりかんばしくないと言っただろう」

「どういうことです？……ぼくにうそをついたんですね！」ぼくは叫びかけた。

「なあ」トレーダーの声がとげとげしくなる。「あんたは誰のために働いてるんだ？　その客のためか？　ソロモン・ブラザーズのためか？」

誰のために働いているか？　セールスマンに絶えずつきまとう質問だ。トレーダーが顧客に損をさせ、セールスマンがおろおろしているようなとき、トレーダーはセールスマンに問いかける。「いったい、誰のために働いてるんだ？」メッセージは明らかだ。おまえはソロモン・ブラザーズのために働いている。つまりは、おれのためだ。おれがおまえに年末のボーナスを払ってやっている。だから、下等動物の分際でつべこべ言うな、ということだろう。まあ、そう言われれば、まったくそのとおりかもしれない。しかし、一歩下がって、自分たちのしている仕事をながめてみれば、これはとんでもない態度ではないか。投資家を足蹴《あしげ》にするようなやりかたは、破滅につながりかねない。こんな姿勢が知れ渡ったら、投資家などいなくなるだろう。投資家がいなければ、そのカネを扱うぼくらの仕事も成り立たなくなるのだ。

わが社のそういう姿勢について、ぼくがこれまで聞いたたったひとつの弁明らしい弁明は、国債部の総元締、みずからもセールスマンの経験を持つトム・ストラウスの口から思わず漏れたものだった。ぼくの顧客をまじえた昼食の席で、彼は何の脈絡もなくこう言った。

「客というのは、実に忘れっぽい生き物だ」

これがソロモン・ブラザーズの接客態度の基本方針だとすると、何もかもが急にはっきりしてくる。だまくらかせ。相手はどうせ、すぐに忘れてしまう！　なるほど。

しかし、ストラウスの率直さは認めてやるべきだろう。客をだますのは、確かによくないことだが、それを前もって客に宣言するというのは、ある意味で紳士的だとも言える。あのAT&Tのトレーダーとストラウスのスタイルを比べると、だまし討ちと決闘ほどの差がある。それでもやっぱり、仕事に臨む姿勢としては、どちらも感心しない。いくら忘れっぽい客でも、ソロモン・ブラザーズが自分を忘れっぽいと見なしたという事実だけは、けっして忘れるものではないだろう。

ぼくは、ソロモンのトレーダーを信じるという失敗を犯した。向こうは自分の失敗を埋め合わせるために、ぼくと初めての客の共通の無知につけ込んだのだ。自分と自分の会社を六万ドルの損害から救うために……。ぼくはとっさに、怒りと幻滅に襲われた。しかし、感情では問題はかたづかない。トレーダーに腹を立ててみても、何がどうなるわけではない。それははっきりしている。こちらの年末のボーナスが減るだけだろう。おまけに、腹を立てれば、自分の愚かさをさらけ出すことになる。ＡＴ＆Ｔ債が客を潤わせると、本気で信じていたことを白状するようなものだ。トレーダーの言葉を真に受けるほど愚かなことがあるだろうか？　ぼくにとって最善の策は、自分も客をだますつもりだったというふりをすることだった。そうなると、一目置かれるだろう。仲間うちで言う〝押しつけ〟だ。ぼくは、知らないでしたこととはいえ、はじめて債券を客に押しつけたのだ。もう潔白の身とは言えなくなった。

　しかし、ドイツ人ヘルマンには何と言えばいいのか？　六万ドルぐらいの損は、気にしないほうがいいですよ。どうせ、すぐ忘れちゃうんでしょ？　なにしろ、こっちは新米でして、あなたも貧乏くじを引いたもんですね！

　実際にはこう言った。

「いや、お待たせしてすみません。取り込んでましてね」

　どんな調子で話すべきか、いろいろ考えたが、こういう場面にぴったりのしゃべりかたが見つからず、とにかく陽気にいくことにした。勇者の微笑と愚か者のしまらない笑顔の、ちょうど中間あたりの表情をしていたのではないだろうか。ダッシュがこの懸命の演技を見て、せせら笑っていた。こんな場面で笑わなくていいのに……。ぼくは彼のほうへ人差し指をはじいた。ヘルマンへの気づかいより、自分のばつの悪さのほうが先に立った。

「今、トレーダーと話してきたところなんですが、ＡＴ＆Ｔの動きはあまりかんばしくないようで、でも、近々きっと盛り返すだろうということです」

「いくらなんだね？」

「ああ……ちょっと待ってください……値段は……ええと……おおよそ……九十五」

数字を口にしたとたん、自分の顔が引きつるのを感じた。

「ぎゃあああああああああああああ」

ヘルマンは、ナイフで刺されたような悲鳴をあげた。感情を言葉にする能力を、完全に失ったようだった。彼の野性の叫びには、ソロモン・ブラザーズの何人もの上客たちの感じた痛みが凝縮されていた。ぼくはすぐあとで知ったのだが、ヘルマンは自分が六万ドルの損をすることなど、夢にも考えていなかったらしい。銀行は確かに二千万ドルの取引資金を彼に託したが、ひと晩で六万も減らすような権限は与えなかった。この件が知れたら、くびになってしまうだろう。なんと、彼には幼い子どもと妊娠中の妻がいて、ロンドンに大型ローンで家を建てたばかりだった。といっても、それはあとから判明した事情だ。衝撃を受けたこの瞬間、彼にできたのは、ただ声をあげることだけだった。苦悶《くもん》の声。恐怖の声。

「わおおおおおおおおおお」

わずかにキーを変えて、彼は叫び続けた。受話器が吸気過多で壊れてしまいそうだ。

このとき、ぼくがどんな気持ちだったかって？　もちろん、罪の意識はあっただろうけれど、ぼくの破裂しかけた脳みそから最初に飛び出してきたのは、罪悪感ではなかった。安堵《あんど》感だ。ぼくはニュースを伝え終えた。彼はわめき、うめいている。一件落着だ。彼には、わめくこと、うめくことしかできない。ぼくははじめて、仲介者であることのありがたみを味わった。客は痛手を受ける。ぼくは受けない。客はぼくを殺したりはしないだろう。訴えることさえしないだろう。ぼくには、職を失う心配もない。それどころか、ソロモンが負うべき六万ドルの損失を他人のポケットに投げ込んだことで、社内ではささやかな英雄気分にひたれるのだ。

この件に関して、好都合な見かたがひとつある。客からすれば損失をこうむったのは恨めしいことだろうが、それはぼくの責任であると同時に、彼の責任でもある。債券市場の大原則は、カヴィアート・エンプトール。〝買い手が注意せよ〟という意味のラテン語だ（債券市場では、一、二杯のアルコールで、すぐにラテン語が飛び交う。メーアム・ディクタム・パクタムという言葉もよく耳にしたが、これは〝わが言質はわが債券〟という意味の単なる語呂合わせだ）。つまり、ぼくがAT&T債は儲かると言ったときに、彼はそれを鵜《う》呑《の》みにしなくてもよかったのだ。

どっちにしても、そのドイツ人以外に傷を負った者はいただろうか？　これは大切な問いだ。災厄をあまり深刻に受け止めないソロモンの体質も、そのあたりに根差しているのだから……。ドイツ人の勤める銀行は、六万ドルを失った。ということは、銀行の株主とオーストリア政府にも損害は及ぶ。もう一歩突き詰めると、オーストリアの納税者も損失をこうむっている。しかし、国全体の資産と比べれば、六万ドルというのはばかばかしいぐらいちっぽけなカネだ。つまり、取引をしたご本人のほかには、誰もくやしい思いはしていないということになる。しかも、本人からすると、自分でまいた種でもあるのだ。

とまあ、そういう正当化の能力を、ぼくが下等動物並みではなく人間並みに備えていたとしたら、自分にやましいところはないと居直ることもできただろう。ところが、向こうの態度ときたら……。それが顧客の特権であり、債券セールスマンの弱みだといってしまえばそれまでだが、彼は一度だけではなく、何百回とぼくを責めた。そして、この取引に飛びつくという第一の失敗のすぐあとに、ぼくらは、なおもそれにしがみつくという第二の失敗を犯した。その後数週間、毎日、午前と午後に、彼からきついいやみの電話がかかってくるのを、ぼくは恐怖に身をこわばらせて待った。ドイツなまりの太い声が、「この債券は実に名案だったよ、マイケル。もっとすごい名案を、どこかに隠してるんじゃないかね？」などと言う。実際のところ、ヘルマンは無傷で切り抜けることをあきらめてしまっていた。ソロモンが損失を埋め合わせてくれるという望みも捨ててしまっていた。電話をしてくる理由はただひとつ、ぼくに罵声《ばせい》を浴びせるためだった。

永遠の愛を誓った夫婦のように、ヘルマンは債券を放さなかった。AT&Tはどんどん値を下げた。騒ぎが幕をあけてからひと月ほどたったころ、とうとう彼の上司が資金の運用状況に探りを入れてきた。約十四万ドルの損失がむくむくと白髪頭をもたげ、ぼくの顧客第一号はあっさりと首を切られた。ガチョーン！　彼はその後、別の仕事を見つけ、ぼくの知るかぎりでは、子どもたちもすくすくと育っているようだ。

ぼくの職歴からいえば、さい先のいいスタートではなかった。わずかひと月で、最初にして唯一の顧客を吹っ飛ばしたのだから。しかし、ありがたいことに、かわりの投資家はいくらでもいた。みんな、下等動物の顧客となるふたつの要件を満たしていた。一、小口の投資家であること。二、ソロモン・ブラザーズの威光をおそれるあまり、どんなアドバイスも金言として受け入れること。ぼくは数カ月の間、ヨーロッパで最も金離れの悪い数十の顧客との電話のやり取りに追われた。その中には、ベイルートの綿花取引業者（「今どき流行《はや》らない商売だと思われるかもしれませんが、どうして、どうして」）や、通貨オプションでの思惑買いを好むアイルランドの保険会社、モンテカルロに住むアメリカのピザ王などがいた。ぼくは保険会社を、今回はトレーダーたちとは関係のない愚かな取引で吹っ飛ばした。ベイルートの男の場合は、吹っ飛ばす前にこちらが吹っ飛ばされるおそれがあるということで、ソロモンの信用評価委員会から〝取引に適せず〟のお達示《たっし》が出た。そして、モンテカルロのピザ王は、債券取引から手を引いて本業に精を出すことになったので、付き合いが切れたのだが、別れぎわに忘れられないせりふを残していった。

「おれたちのやってた取引に比べりゃ、ここらのカジノなんておとなしいもんだよな」というのだ。同感、同感。

はじめの数カ月に出会った中で、一番うまが合ったのは、イギリスのある仲買業者だった。ロンドンの金融界では小物の部類に入るこの男は、どこからかぼくの名前を聞きつけて、ソロモンに電話をしてきた。オプションや先物についていろいろ話を聞きたいというので、ぼくが彼の会社まで出向くことになった。彼の経営する会社は、ソロモンと競合するような仕事をしながら、自前の投資に割く資金も持っているという、ヨーロッパに数百ある中小金融機関のひとつだった。そういう業者が、情報を得るために潜在的な顧客のふりをして接触してくることがよくある。ソロモン・ブラザーズには他社にない情報が転がっていると考えるのだろう。彼がぼくから引き出した情報を利用し、ぼくを踏み台にして事業を拡張するという可能性は十分にあったから、ほんとうは会わずにすませてもよかった。しかし、投資するカネはあるようだし、ぼく自身、イギリスの古い金融業者というものに興味をそそられていた。それに、その時期のぼくが持っていたオプションと先物の知識では、彼の事業を助けるより、破産させてしまう公算のほうが大きかった。

彼は体に合わないスーツを着た恰幅《かっぷく》のいい中年男で、すり減った黒い靴をはき、イギリス経済の長い衰退のシンボルともいうべきたるんだ薄手の黒い靴下をはいていた。ほかにも、彼の置かれている社会的な地位にそぐわないところがいくつかあった。後頭部の立ち毛はそこだけ別の命を持っているようだったし、そのままの恰好で眠っていたみたいに服はしわだらけだった。数百人の社員を使う身でありながら、見てくれはまるで浮浪者、ひいき目に見ても、長い居眠りからさめたばかりというところだった。

ぼくらは照明の暗い彼の執務室に座り、よくもこんなにと思えるほどの数の未決裁の仕事に囲まれた中で、一時間ほど話した。いや、正確に言うと、一時間ほど彼が世界情勢について語り、ぼくは聞いていた。しゃべり疲れたところで、彼は昼食に出かけようとタクシーを呼んだ。しかし、会社を出る前に、彼はシャープペンシルを手に『タイムズ』のページをめくり、「賭《か》けとかなくてはならん」と言った。そして、馬券屋とおぼしい相手に電話をし、その日のレースに出走する二頭の馬に五ポンドずつ賭けた。受話器を置くと、「債券相場というのは、競馬の延長じゃないかと思っとるんだ。わかるだろう?」と言う。わかるわけがないじゃないか。でも、ここは相づちを打つべき場面だろう。うちのトレーディング・フロアでは、五ポンド単位で賭けるような客はつまみ出されてしまいますよ、などと言い返す度胸は、ぼくにはなかった。それに、研修のときにある職人肌のトレーダーが研修生のひとりに向かって発したしんらつな言葉を、ついつい思い出してしまったのだ。その研修生がいいところを見せようとして失敗したとき、トレーダーは言った。

「世の中にはお客様になるために生まれてきた人間がいるという事実を、きみが証明しているね」

お客様になるために生まれてきた人間。この言い回しは、後列グループにばか受けした。ともかく、ぼくらは、ロンドン支社の名物としてニューヨークで悪名高い二時間がかりの昼食をとった。ここでもまた、彼がしゃべり、ぼくはもっぱら聞き役に回った。債券相場の現在の活況がいかに異常であるか。アメリカの銀行員たちの働きっぷりがいかにばかげているか、自分の小さな会社が、ソロモンのような大企業のロンドン侵略といかに闘っていくか……。一日に八時間以上働くことに対して、彼はこう言う。

「そんなことをしたら、朝、出社したときに、前の晩の考えが頭にこびりついたままじゃないか」

ほのかにアルコールのしみた頭には、なかなか気のきいたせりふのように響いて、思わずナプキンに書き留めた。魚料理に合わせて、ぼくらは二本めの白ワインを注文した。食事が終わりに近づいて、ろれつが少しあやしくなり、血液が脳みそから胃袋へ大移動するころに、彼はようやく、ぼくを招いた用件を思い出した。

「オプションと先物の話をする時間がなかったね。もう一度、機会をつくらなくてはならんな」

しかし、それが実現する前に、イギリスの多くの弱小金融機関と同様、彼の会社はうらやましいぐらいの大金でアメリカの銀行に買収されてしまった。地面にたたきつけられる直前に、ぴったりのタイミングで黄金のパラシュートが開いたというわけだ。以来、彼からは何の音沙汰《おとさた》もない。

何もかもが珍しく、新鮮な経験だった。赴任して間もなく、パリへはじめての出張に行かされた。トレーディング・フロアを離れてしまえば、ぼくはもう、下等動物ではない。少なくとも、ぼくが下等動物であることを知っている人間はいない。ぼくはひとりの投資銀行家、出張経費を認められた投資銀行家なのだ。一泊四百ドルを支払って、ぼくはパリの最高級ホテル、ル・ブリストルに泊まった。べつに、自分勝手な浪費をしたわけではない。パリに出張したソロモンのセールスマンは、みんなブリストルに泊まるのだ。このぶんの経費を切り詰めようなどと殊勝なことを考えると、そのためにわざわざ経理担当者と折衝しなくてはならない。はじめてブリストルの金の扉をくぐり、長い大理石のフロアに立って、田園を描いた絵の数々とゴブラン織りを目にしたとき、そして、バスルームに置かれた色とりどりの化粧品や贅《ぜい》を凝らしたスイートの内装を見たとき、慣例に逆らわないでよかったとつくづく思った。『セールスマンの死』のウィリー・ローマンがせめてこれぐらいの待遇を受けていたら、彼の子どもたちの運命も変わったかもしれない。

最初の数カ月間のぼくのセールス活動は、ソロモン・ブラザーズの収益にはまったく結びつかなかったが、とにかく何をやっても楽しかった。直接的な結果よりも、ぼくにとっては、素養を身につけることのほうが大事だった。はじめのころは、自分がただの大ぼら吹きではないかという感覚に悩まされていた。客を吹っ飛ばしてばかりいたし、何も知らなかったし、カネをうまく運用したことも、会社に貢献らしい貢献をしたこともなかった。ごく少数の遺産相続人を除けば、金持ちの知り合いさえいなかったのだ。それなのに、堂々たる金融の専門家のような顔をしていた。これまで遭遇した最大の財政問題といえば、チェース・マンハッタン銀行の自分の口座に生じた三百二十五ドルの当座借越しぐらいのものだというのに、客に対しては臆面《おくめん》もなく数百万ドルの運用のしかたを説いていた。駆け出しのころの気持ちのよりどころは、たったひとつ、客のほうがぼくよりももっと無知だという事実だった。ロンドンは、今はどうだか知らないが、とんまなセールスマンたちの貴重な安全地帯だと言えた。

大恥をかくのも、時間の問題だった。ぼくは必死に知識をかき集め、なんとか屈辱的事態の半歩先を行っていた。ダッシュ・リプロックが得意げに指摘したように、ぼくは影響されやすいたちで、海千山千のソロモンのトレーダーたちの中に置かれると、それは大きな弱点となった。しかし、自分を啓蒙《けいもう》していく過程で、それが大きな強みでもあることを発見した。ぼくにはものまねの才能があるのだ。おかげで、他人の脳みその中に入り込むことができた。カネについて気のきいた能書きを並べたてるために、ぼくは自分の知る最も優秀なセールスマンふたりをお手本にした。ダッシュ・リプロックと、ニューヨークの四十一階にいて、いつも電話で相談に乗ってくれるアレキサンダーだ。ふたりの仕事に対する姿勢や話術を吸収し、合成するのが、ぼくのトレーニングだった。このふたりほど債券に詳しい人間は、業界に見当たらなかった。

ダッシュとアレキサンダーは、それぞれの偽名が示すとおり、ほぼ正反対の性格で、持っている技術もだいぶ違っていた。ダッシュはほとんどのセールスマンがすることを、ほとんどのセールスマンよりじょうずにこなした。国債の取引状況を映し出すグリーンの画面に鼻っつらを押しつけて、価格のわずかなずれを見つけ出す。生まれながらの債券セールスマン（いるのだ、そういう人間が）でなければ、たいくつでとても耐えられないような毎日の作業だ。アメリカ国債とひと口に言っても、何百という種類があり、満期も数カ月から三十年まで実にいろいろだ。ダッシュは、それぞれの債券の妥当な値段はどれぐらいか、どの大手投資家がどの債券を持っているか、市場で誰が弱い立場にあるかを知っている。価格に八分の一パーセントのずれが見つかると、彼は五、六社の機関投資家をけしかけて、その八分の一パーセントを埋めるような取引をさせる。このやりかたを、彼は〝ニップス・フォー・ブリップス〟と呼ぶ。ブリップスというのは、画面で債券価格を表わす小さなグリーンの数字のことだ。ニップスが何を意味するのか、ぼくにはいまだにわからないが、ダッシュの顧客の中に日本人が増えてくるにつれて、この表現が語呂合わせの色合いを帯びるようになった。年に数百億ドルのアメリカ国債が、彼の電話を経由して、アメリカ政府から日本へと流れ出した。ダッシュは、アメリカの貿易赤字を投資金として取り返すという愛国的な役を果たしていたわけだ。その一回一回の取引から、ソロモンがごく少額の口銭を取る。そのソロモンの取り分の中から、毎年の暮れに、ダッシュがごく少額の分け前を得るということになる。

アレキサンダーは変わった人物だった。相場の達人などというものは存在しないとぼくは思っているが、今まで会った中では、彼が一番それに近かった。当時二十七歳、ぼくよりふたつ上で、ソロモン・ブラザーズに勤めて三年めだった。彼は証券を取引しながら育ってきていた。初等学校七年生のときに、株で大儲けをしたという。十九歳の年には、財務省証券の先物で九万七千ドルの損を出した。まあ、普通の子どもではなかったわけだ。儲けをふくらませ、損を最小限に食い止めるこつをのみ込んでしまうと、彼はもう後ろを振り向かなかった。財務省証券で穴をあけたぶんは、金の先物で数倍にして取り戻したという。

アレキサンダーは、世界の金融市場からカネを巻きあげるすべを知っていた。おまけに、セールスマンとして、自分が金融市場からカネを巻きあげるすべを知っているように見せかけるすべを知っていた。号笛《ごうてき》が船員を動かすように、彼の言葉はこのせまい業界の人々を動かした。ロンドンからニューヨークの四十一階へ移って数カ月たつころには、個人的な投資へのアドバイスを求める何人かの取締役が、彼に目をつけていた。投資銀行の重役なら、自分のカネは自分の判断で運用すればよさそうなものだが、実情はちがう。彼らは毎日、アレキサンダーの託宣を聞きに行った。ただし、アレキサンダーの顧客とぼくが作っている列の後ろに並ばなくてはならなかった。アレキサンダーはセールスマンだったが、超一流のセールスマンの例に漏れず、トレーダーの天稟《てんぴん》を持ちあわせていた。というより、資質も意識も、トレーダーそのものだった。顧客は――上司たちもそうだが――一も二もなくアレキサンダーのアドバイスに従った。

アレキサンダーには、周囲で起こったできごとを解釈する特殊な能力が備わっていた。ことに驚かされるのは、そのスピードだ。ニュースが知れ渡るころには、彼はすでに対策を練り終えているように見えた。自分の嗅覚《きゅうかく》を信頼しきっているのだ。彼にもし欠点があるとすれば、それは自分のすばやい反応をまったく疑ってもみないことだろう。彼は相場を、ぴんと張った蜘蛛《くも》の巣だと見ていた。一本の糸を引っ張れば、当然、ほかの糸も動く。だから、彼はあらゆる市場で取引をした。債券、通貨、そして、フランス（アレキサンダーの数ある武勇伝の中のひとつが、トム・ウルフの『虚栄の篝火』の中核をなす逸話として、ひねった形で取りあげられている。主人公シャーマン・マッコイが、金交換保証付きのフランスの国債、いわゆるジスカール債に手を出し、大やけどをするのだ。ジスカール債が過小評価されているのを発見したのはアレキサンダーで、実際には、大やけどをするどころか、数百万ドルの利益をあげた）、ドイツ、アメリカ、日本、カナダ、イギリスの株式、石油、貴金属、商品先物――すべてが興味の対象になった。

　ぼくのソロモン・ブラザーズ在職中のできごとで一番幸運だったのは、このアレキサンダーに気に入られたことだった。はじめて会ったのは、ぼくが彼のあとがまとしてロンドンに赴任したときだ。それまで二年間、彼はスチュー・ウィリッカーの下で、ダッシュ・リプロックといっしょに働いていた。ぼくと会ったとき、彼は四十一階の債券セールスマンとしてニューヨークへ帰るところだったから、べつにぼくに目をかけるような理由はなかった。彼の得になることといえば、ぼくのパリ出張の際に、マンゴ・ティーをどっさり買ってこいと頼むぐらいのものだった。つまりは、見返りを求めない純粋な好意だったわけで、当時はそれが夢のようなことに思え、だからこそ、こうして詳しく書き残しているのだ。まるで、彼はマイケル・ルイスの先物を買い、その投資で利益をあげるために、懸命に肩入れしているかのようだった。ぼくらは少なくとも日に三回、多いときは二十回ほど言葉を交わした。はじめのうちは、彼が講義をし、ぼくが質問をぶつけるという形をとった。

　ぼくの仕事は、債券取引のプロらしい考えかた、しゃべりかたをどこまで身につけられるかにかかっていた。ほんとうに才能を持っていれば苦労はないのだが、そうでないぼくにとって、次善の策は、アレキサンダーの考えかた、しゃべりかたをまねることだった。そこで、カンフーのけいこみたいに、ぼくは師匠の言葉に耳を傾け、それを復唱した。外国語の勉強を思い出させた。最初は、何もかもが耳新しい。やがて、ある日、自分がその言語でものを考えていることに気づく。突然、学んだ覚えもない単語が自在にあやつれるようになる。最後には、その言語で夢を見る。今考えると、カネ儲けの夢など見るのは奇妙なことだという気がするが、ある朝、日本の債券先物に鞘取《さやと》りの余地がありそうだと思いながら目ざめたときは、それをあまり突飛なことだとは感じなかった。その朝、会社で日本の市場を調べると、確かにそのとおりだった。そういうことを話題にした覚えもなかったので、なぜそんな夢を見たのだろうと考え込んだものだ。単なる偶然だと、ひとは言うかもしれない。ぼくにとっては、外国語を習得したのと同じことだった。

アレキサンダーが薦める取引の多くは、ふたつのパターンのうちのどちらかに沿っていた。第一のパターンは、すべての投資家が同じ方向へ動くときは、その逆を行くというものだ。株式仲買人たちの間で、俗に〝逆張り《コントラリアン》〟と呼ばれる。誰もがそうしたいのだが、ほとんどの投資家は、恥をかくのがいやだという情けない理由で、それを実践できずにいる。投資家たちにとってこわいのは、カネを失うことより、孤立してしまうこと、つまりほかの連中が避けたリスクを自分ひとりで背負うことだ。ひとりだけ損をすると、その失敗に対して言いわけが立たない。投資家には、いや、たいていの人間には、言いわけが必要なのだ。不思議な話だが、何千人もの仲間といっしょなら、人は危ない崖《がけ》っぷちにも平気で立つ。ところが、相場が崩れそうだといううわさが広まると、たとえそれが根拠のないものでも、多くの投資家がどっと逃げ出すのだ。

そのいい例が、U・S・ファーム・クレジット社の危機だ。一時、ファーム・クレジット社が倒産しそうに見えたことがあった。投資家たちは、警告を受けながら避難せずにいると何を言われるかわからないとばかりに、いっせいにファーム・クレジット社の社債を手放した。倒産の許されない時代、クライスラーやコンチネンタル・イリノイ銀行のように国益と縁遠い企業にさえ政府の救いの手が差しのべられる時代に、ファーム・クレジット社がつぶれるはずがない。アメリカの貧しい農民にカネを貸している八十億ドル企業を、政府が黙って倒産させるなど、考えるだけでばかばかしいことだった。そこがポイントだ。ファーム・クレジット債を実際の価値より安く売った投資家たちは、必ずしも愚かだったとは言えない。彼らはただ、その債券を持っているのを見られたくなかったのだ。アレキサンダーは人目を気にしない人間だから、気にする人々のカネをふんだくることができた(彼が仕事柄陥りやすい悪弊は、いやみったらしいエリート主義だろう。自分以外の人間を、ついついばかにしてしまうのだ)。

アレキサンダーの第二の思考パターンは、株の暴落、天災、ＯＰＥＣの産油協定の挫折など、大事件が発生したときに、投資家がまず関心を向けるところからは目をそむけ、二次的、三次的な影響のほうを追っていくというものだ。

チェルノブイリを覚えているだろうか？　ソヴィエトの原子炉が爆発したというニュースが伝えられたとき、アレキサンダーが電話してきた。数分前に、惨事を確認する情報がクオトロンの画面に流されたばかりだというのに、アレキサンダーはすでに、超大型タンカー二隻ぶんの原油を買っていた。投資家たちの目はニューヨーク証券取引所に向いている、と彼は言った。特に、原子力関連企業に。そういう会社の株は急落するだろうが、それは気にするな。彼は、自分の顧客のために、石油の先物を買ったところだという。彼の頭の中では、原子力の供給減と石油の需要増が瞬時のうちに結びついたのだ。その読みは当たった。彼の顧客は大儲けをした。ぼくの顧客もおこぼれにあずかった。ぼくが二、三の客を説得して、石油を買わせた数分後、アレキサンダーからまた電話がかかってきた。

「ジャガイモを買え。はね上がるぞ」それだけ言って、切れる。

それはそうだ。死の灰はヨーロッパの食糧や水の供給をおびやかすだろうから、汚染されていないアメリカの作物に高い値が付くのはまちがいない。ソ連の原子炉が爆発してからほんの数分後に、アメリカのジャガイモの値段のことを考えた人間は、ジャガイモを作っている農夫のほかに何人かいたかもしれないが、ぼくの知る範囲ではアレキサンダーだけだった。

しかし、チェルノブイリと石油というのは、どちらかというと単純な例だ。ぼくらが仲間うちでやっていたゲームに〝きみならどうする?〟というのがあった。例えば、自分が数十億ドルを預かる機関投資家になったと想像してみる。東京で大地震が起こったとき、きみならどうする? 東京の街は瓦礫《がれき》の山と化す。日本の投資家はうろたえる。彼らは円を売り、日本の株式市場からカネを引きあげようとするだろう。さて、そのとき、きみはどうする?

アレキサンダーの第一のパターンに従うなら、日本の市場にカネをつぎ込む手だ。誰もが撤退しようとしているのだから、安い買い物ができるにちがいない。ほかの投資家たちが一番敬遠しそうな証券に目をつける。まず、日本の保険会社の株。世間一般には、保険業界全体に大きな被害が及ぶと見られるだろうが、実際にリスクをこうむるのは、おもに西欧の保険業者と、何十年も掛け金をため込んできた日本の特殊な損害保険会社だ。普通の保険会社の株は、安くて買い得ということになる。

アレキサンダーだったら、次に日本の国債を二億ドルほど買うだろう。一時的に経済が壊滅状態になると、政府は復興を促すために金利を下げ、銀行にも低利の貸出しを命じるはずだ。日本銀行も、いつもどおり政府の意向に従う。金利が下がれば、債券価格は上がるという仕組みだ。

さらに、短期市場のパニックは、日本の資本の長期的な再配分にも大きな影を落とすだろう。日本の企業は、ヨーロッパやアメリカに莫大《ばくだい》なカネを投資している。彼らはいずれ、そのカネを引きあげて、内需に振り向け、傷口をなめ、工場を建て直し、自社の株価を支えようとするはずだ。そうすると、どういうことになる？

アレキサンダーのやりかたからいけば、ここが円の買いどきだ。日本はドルやフランやマルクやポンドを売って、円を買うだろう。さらに、海外仕手筋がそれを見越して買いまくり、円は高騰する。地震の直後に円が暴落したとしても、大勢の逆を行くアレキサンダーにとって、それは自分の読みの正しさを裏づける徴候でしかない。反対に円がいきなり上がれば、彼は売りに回るだろう。

毎日、アレキサンダーは電話をしてきて、新しい知識をさずけてくれた。はじめの数カ月はそれを消化するのに苦労したが、そのうち話についていけるようになった。電話を切るとすぐに、ぼくは三、四人の投資家に電話して、アレキサンダーから聞いたばかりの話をそのままくり返した。相手はぼくを、天才とまではいかなくても、切れ者だと思ったことだろう。ぼくの言ったとおりに、彼らはカネを出した。アレキサンダーの顧客と同様、彼らは大きな利益をあげた。ほどなく、向こうから電話が来るようになった。しばらくすると、彼らはぼくとしか取引をしなくなった。ぼくの言うことなら、つまりアレキサンダーの言うことなら、何でも受け入れるのだ。じきにわかることだが、これはぼくにとって、とても貴重な財産だった。

アレキサンダーが相場に対する構えを教えてくれる一方で、ダッシュはスタイルの手本を示してくれた。ぼくらはほとんどの時間を電話に費やす。ここでスタイルというのは、電話のかけかたのことだ。ダッシュは実に多様な電話テクニックの持ち主だった。顧客にごきげんうかがいの電話をするときには、椅子の上で背すじを伸ばす。セールスの電話のときは、うずくまって、頭を机の下に突っ込む。机の下の空間を、一種の防音室として使うのだ。下等動物だった時代、経験豊かなセールスマンたちに自分のまぬけなセールス・トークを聞かれないよう、隠れてしゃべっていたのが、この奇行の始まりらしい。

今では、くせになってしまっている。ダッシュが数億ドルの国債を売ろうとするときは、椅子に座ったまま体が折りたたまれ、胸がひざにつきそうな姿勢で、頭から防音室へ突っ込んでいくので、見ていてすぐわかる。商談が終わりに差しかかると、彼はあいたほうの人差し指であいたほうの耳の穴をふさぎ、低い声で早口にしゃべる（ある客は、これを〝ダッシュのひそひそ話〟と呼んだ）。やがて、突然に体を起こし、電話機の消音ボタンを押して、がなり箱に叫ぶ。

「おい、ニューヨーク……ニューヨーク……九二年十月から九三年九月、一を一・一で、予約が入ったぞ……そう、一億ドルを一億一千万ドルでだ」

彼が声もなく隠れ場所から顔を出すのは、たいてい母親に電話をかけていたときだ。トレーディング・フロアで母親に電話をするというのは、あまり格好のいいものではない。

ぼくは、親のくせを身につける子どものように、特に意識もせずにダッシュの電話のかけかたをまねていた。自分なりの基準があったわけではない。いつの間にか、体を折りたたみ、口のすみで鉛筆をくるくる回し、客に向かって小声で早口にしゃべるようになっていた。実を言うと、下等動物が支社にひとり加わるたびに、この現象はトレーディング・フロア全体に広がっていった。未熟な人間の小集団が、群れの中で一番羽振りのいい人物のしぐさやくせを自然に見習ったということだろう。課員が五人から十人に増えるころには、課全体がますますダッシュ・リプロックの色に染まってきていた。

ダッシュはダッシュ。アレキサンダーはアレキサンダー。ぼくは、このふたりの個性を混ぜ合わせて作られたまがいものだ。自己弁護するなら、非常によくできたまがいものというところか。それに、師匠たちとは違って、ぼくは仕事とのあいだに距離を置いていた。セント・ジェームズ宮の資金集めパーティーで職を拾ったというひけめがあったからか、あるいは、ほかに収入源があったせいだろう（ソロモン在職中から、夜と週末はジャーナリストとして働いていた）。どっちにしても、若い勤め人にとって、これはたいへんな武器だった。

こわいもの知らずになれるからだ。レンタカーで渋滞に巻き込まれたドライバーのようなものだろう。考えられる最悪の事態は、借り物の職《レンタ・キャリア》を奪い取られることで、べつに自分からそんな運命を招き寄せようという気持ちはなかったが、この仕事に一生をささげたダッシュ・リプロックのような人間と比べると、失業に対するおそれは小さかった。会社側の評価が気にならなかったというのではない。評価はおおいに気になった。ほめられたい気持ちは人一倍強く、だから、なんとか成績をあげようと努めた。しかし、これが天職だという思い込みが浅いぶんだけ、ひとより大きなリスクを冒すことができた。例えば、上司には平気で反抗し、そのためにかえって、従順な兵卒でいるよりも早く名前を覚えられた。

アレキサンダーとダッシュに導かれて、ぼくは、いかにもそれらしい蓄財法の数々、説得力のあるセールス・トーク、そしてトレーディング・フロアにふさわしい表情を身につけた。運まかせではあったが、実績はすぐあとからついてきた。何人かの小口の投資家が、あの不幸なドイツ人と同じようにぼくに近づいてきた。ぼくは彼らをあおりたて、大金を借りてこさせて、投機させた。

ジャンクボンドや借入れによる投機の危険が声高に叫ばれながら、個々の投資家が日常的に行なっている度はずれな投機に注意が払われないのは、実に不思議なことだ。ぼくがAT&T債三千万ドルを買わせたい客がいたとする。その客は、たとえそれだけのカネがなくても、そのAT&T債を見返り担保に、ソロモン・ブラザーズから購入資金を借りることができるのだ。わが社はまさに至れり尽くせりのカジノで、客はカネの心配さえせずにギャンブルに興じられる。つまり、少額の資金しか持たない投資家でも、大きな取引ができるというわけだった。大口の投資家を持たず、そのくせ、大口の取引をやって、がなり箱で自分の名前を叫ばれたいぼくとしては、度はずれな投機にみがきをかけるしかなかった。

成功が成功をはぐくむ。じきに、ソロモンの上層部は、大きな客相手ならもっと巨額の取引ができるのではないかという期待のもとに、ほかのセールスマンのお得意様をぼくに振り向けてくるようになった。一九八六年六月、勤め始めてから半年たつころには、ぼくはヨーロッパで最大級の資金プールのいくつかを顧客にしていた。絶頂期（というのは、ソロモンを辞めるころだが）には、電話の向こうの投資家たちが動かす金額は、ひとまとめにして約五百億ドルにのぼった。彼らは機敏で、抜け目なく、柔軟で、気前がよかった。ぼくの経営するささやかなフル・サービスのカジノは、一番多い年で一千万ドルのリスクなしの収入をソロモン・ブラザーズにもたらした。トレーディング・フロアを維持するのにかかる費用は、椅子ひとつ当たり六十万ドルといわれていた。それがほんとうだとすると、ぼくの取引だけでも、年九百万ドル以上の利益をあげていることになる。自分が給料をはるかに上回る働きをしていると知ってからは、ぼくはもう、取引の数字に頭を悩ませなくなった。

顧客の輪は、たちまち、ロンドン、パリ、ジュネーブ、チューリッヒ、モンテカルロ、マドリード、シドニー、ミネアポリス、パーム・ビーチと広がった。社内では、市場で最も動きの速いカネを扱う男として名を売った。うまい運用のアイディアがあれば、五億ドルぐらいのカネをかき集めて、例えばアメリカの株式市場からドイツの債券市場に移動させたりすることができた。長い目で見ると、市場が基本的な経済法則で動いていることはまちがいない――アメリカが貿易赤字を出し続ければ、ドルはいずれ急落する、というように――が、短期的なカネの流れはそれほど理にかなったものではない。カネを動かすのは、投資家の不安であり、それより影響力は劣るが、投資家の貪欲《どんよく》さだ。そういう動きをじっと観察するうちに、次の波が見えてきて、手持ちの五百億ドルのごく一部をその波の先頭に置くことができるというわけだった。

早い話が、ぼくはかなりうまくやっていた。ソロモンのトレーダーたちに助言を求められるところまでくると、もう自分を下等動物だと思わなくてもよくなる。一九八六年半ばのある時点で、技量よりは運に助けられて、ぼくは下等動物の域を脱した。普通の、一人前のソロモンのセールスマンになったのだ。昇格のしるしになるようなできごとがあったわけではない。ほかの人たちがぼくを下等動物と呼ばず、マイケルと呼び始めたので、自分がもう下等動物ではないことを知った。ただそれだけの話だ。しかし、凄腕野郎《ビッグ・スウィンギング・ディック》と呼ばれるには、もう一段階のぼらなくてはならない。ぼくはまだ、凄腕野郎ではなかった。役立たずの下等動物からマイケルになるまでの道のりは、約半年だった。マイケルから凄腕野郎までの道のりは、結果的にはごく短くてすみ、ただ一度の売上げがその決め手になった。

ソロモンでは、優先販売という指令が出されることがある。対象となるのは、会社がかかえ込んだ大きな額の債券や株券で、売れると会社が金持ちになる、あるいは売れないと会社が貧乏になるという勝負どころの物件だ。例えば、テキサコが倒産の危機に瀕《ひん》していたとき、ソロモン・ブラザーズは一億ドルの社債をかかえていた。へたをすると、それだけの債券がまったく無価値になってしまう。もし客に売りつけなかったら、ソロモンが大損をしかねない。もし客に売りつけたら、当然、そのリスクを客がかぶることになる。どちらかを選ぶなら、客に肝を冷やしてもらうしかない。というわけで、ソロモンのセールス軍団に、テキサコ社債を優先販売せよという指令が下るのだ。

ぼくが在職していた間に優先販売の対象になった物件の中で、最大級のもののひとつに、オリンピア&ヨークという不動産開発会社の社債八千六百万ドルというのがあった。一九八六年の五月半ばから八月半ばにかけて、ソロモン全社の凄腕野郎たちが全力を傾けてこれを売ろうとしたが、売れなかった。売れないことで、総帥トム・ストラウスからロンドンの下等動物に至るまで、全員が困り果てていた。

ある日、ぼくはアレキサンダーと電話でしゃべっていた。アレキサンダーも、オリンピア&ヨークを売ろうとして失敗した口だった。しかし、彼は心底から、この債券にはうまみがあると信じていた。オリンピア&ヨーク社債は、所有しているのがソロモンのトレーダーではなく、ブラック・リストを無視してわが社と取引しているアラブの大口投資家であるという点で、ほかの優先販売債券とは趣を異にしていた。そのアラブ人はオリンピア&ヨークを売りたくてたまらないのだが、社債について特に知識があるわけでもないので、売値を下げさせることも可能だった。

第二に、債券に対する好みは、女性のスカートの長さに対する好みと同様、あまりあてにならない理由で変わってしまうものだ。今、オリンピア＆ヨークを誰も買いたがらないからといって、三カ月後にも人気がないとは言いきれない。オリンピア＆ヨークの社債は、会社の実績や信用より、同社の所有するマンハッタンの高層ビルを担保にしているところに特色があった。多くの機関投資家は、これまで不動産を評価する専門技術を持たなかったが、不動産を担保にした債券が増えてきたので、少しずつ勉強するようになってきていた。

もちろん、ソロモン・ブラザーズが自社でオリンピア＆ヨーク社債を買い取る手もあった。しかし、ソロモンは長期の投資家ではないし、何カ月もの間、いや、買い手がつかなければ何年もの間、八千六百万ドルが帳簿に居座るという可能性を考えると、経営陣としても二の足を踏んだ。そこで、われわれセールスマンが別の買い手を探すことになったわけだが、これはかなりの大商いだった。アラブの投資家は、オリンピア＆ヨークを売ったカネを新たな債券の購入にあてたいと申し出てきていた。その新規投資ぶんと、オリンピア＆ヨークの売買手数料を合わせると、二百万ドルほどがソロモンに転がり込むことになるのだ。

そのころのぼくはアレキサンダーを誰よりも信頼していたので、思いきって秘密を打ち明けることにした。秘密というのは、オリンピア＆ヨーク社債を買いそうな客の心当たりがあるということだった。オリンピア＆ヨークをどうやって売ればいいかは、ひと月ほど前からわかっていたのだが、AT＆T債のにがい経験が頭にあって、情報を自分の胸にしまい込んでいたのだ。その投資家はフランス人で、買った債券を長く持っている気はない。ほかの投資家たちがこのいきさつを忘れてしまうまでの間、かかえておいて、あとはさっさと利食い売りをするつもりだった。

アレキサンダーの助けを借りて、ぼくは自分に言い聞かせた。もしこの債券の売りかたをまちがわなければ、もし上層部をうまく説得して、客をだまし討ちするようなことはしないという約束を取りつけられれば、全員がこの取引で得をすることも可能だ、と。ソロモンには大金が転がり込む。客は少額の利鞘《りざや》（個人にとっては多額だ）を稼げる。そして、ぼくはヒーローになる。ソロモンで学んだ教訓の中で、ぼくが反古《ほご》にしてしまったものがあるとすれば、それは、得する者がいれば必ず損する者がいるという経験則だろう。債券取引というのは、基本的にはゼロサム・ゲームだ。客のポケットから一ドル出れば、こちらに一ドル入り、その逆もまた成り立つ。しかし、今回は特殊なケースなのだ。なおも数カ月間、上層部がオリンピア&ヨークの優先販売措置を続け、ぼくの客の買い値以上で売ってくれる（つまり、ほかのセールスマンの顧客に売りつける）という保証が得られれば、経験則に例外を作ることができるかもしれない。不可能を可能に変える名人であるアレキサンダーと話していると、ぼくもときどき、そんなことができそうな気になる。優先販売債券を売って、なおかつ客を喜ばせるという、そんな奇跡的なことが……。

ぼくはロンドン支社のトレーディング・フロアを突っ切り、オリンピア&ヨークの担当トレーダーと話しに行った。例のAT&T担当トレーダーの隣りの席だった。彼はもちろん、客に損をさせるようなことはしないと請け合った。

「だけど、ほんとうに売れるのか？　ほんとうに？　ほんとうに？」

そのずるそうな目の中には、あんな債券が売れるのだろうかという疑いの念と、売れたらいくらの儲けになるだろうという欲深な表情がまじり合っていた。約束を口にしながら、頭の中には利益のことしかない。信用する気になれなくて、ぼくは気持ちを翻《ひるがえ》した。債券を売るのはやめたのだ。

しかし、すでに遅すぎた。ちょっとした質問をしただけなのに、ソロモン帝国全体がざわめきたった。何人ものトレーダーが、めす犬を求める発情期のおす犬のように、ぼくの机のまわりをうろつき回った。二十四時間のうちに、ニューヨークとシカゴと東京のセールスマン六、七人から電話がかかってきた。彼らはみんな、トレーダーたちと同じことを言った。

「おい、頼むよ。一発決めたら、ヒーローだぞ」

ソロモン・ブラザーズがひとつの声でしゃべっていた。しかも、大声で。しかし、その中の誰ひとりとして、ぼくに必要な保証を与えてくれる立場の人間はいなかった。と思っていると、電話が鳴った。ぼくは受話器を取った。相手の声には、なんとなく聞き覚えがあった。

「よお。大物打ち、元気にしくさってるか？　おまえさん、あのくされ債券に、買い手がつく見込みがありくさると思ってるのか？」

そう、くされ言葉の巨匠、人間ピラニアだ。

彼と話すのははじめてだった。聞けば、オリンピア&ヨーク社債を処分する責任が、回り回って彼の肩にのしかかってきたのだという。客に損はさせないというおなじみの約束がくり返されたが、ほかの人間が言うとうつろに響くその言葉も、彼の口から出るとべつだった。

ぼくは、自分の目とまわりのうわさで、彼のことを知っていた。カネ万能のこの世界にあって、彼はめずらしいぐらい律義に約束を守る人物だ。ソロモン・ブラザーズの誰よりも、債券相場をよく知っている。ぼくは彼の言葉を信じた。アレキサンダーに電話して、債券を売るつもりだということを知らせた。アレキサンダーはさっそく、四十一階の取締役たちを相手に、ぼくが債券を売るかどうかで賭《か》けをした。賭け率は十対一。彼のカネは十倍になって戻ってきたという。これはりっぱなインサイダー取引ではないか。

ぼくはそれから、客のフランス人に電話をかけ、急にカネが入り用になったアラブ人（人間ピラニアがつけたあだ名によると、〝らくだの騎手〟）が八千六百万ドルぶんの債券を投げ売りしたがっていると話した。人気薄の債券で、同格の銘柄に比べると過小評価されている。安く買って、何カ月か持っていれば、アメリカあたりから買い手が現われるだろう、と。たいていの債券セールスマンは投資家の言葉を使い、会社の業績や見通しを分析してみせるのだが、このときのぼくは相場師の言葉を使って、とにかく人気薄で安い買い物なのだとあおりたてた。

この客には、そういう売りかたのほうが有効だった。大半の投資家とちがって、彼が八千六百万ドルの債券をごく手軽な投資対象と見なすことを、ぼくは知っていた。ぼくにとって、一番の上客、実にありがたいお得意様なのだ。知り合ってまだ四カ月にしかならないが、向こうもぼくを信頼してくれているはずだった。なのに、こうして、ふだんなら近寄りもしないような種類の商品を、自分の栄誉に目がくらんで、売りつけようとしている。おそろしいことだ、という意識はあった。しかし、今から振り返って感じるおそろしさに比べれば、当時の意識にはずいぶん甘いところがあった。一分間ほど考えた末に、彼はオリンピア&ヨーク社債八千六百万ドルぶんを買ってくれた。

それから二日間、ソロモン帝国のあちこちから祝福のメッセージが届いた。お偉方のほとんどが、八千六百万ドルのお荷物がかたづいてどんなにうれしいか、ソロモンでのぼくの未来がどんなに明るいかを伝えてきた。ストラウスが、マッシーが、ラニエーリが、メリウェザーが、ヴァウトが、別々に、順番をきそうように電話をくれた。たまたまぼくが席をはずしたときに電話を取ったダッシュ・リプロックは、自分は電話番じゃないと言って、おおげさに憤慨してみせた。

けれど、彼の反応にはやや本気の部分があった。ぼくは神々から祝福されている。ダッシュはりっぱな成績を収めていたが、一度も神々から祝福されたことはなかった。ぼくがソロモンにいる間に、何度かこういう儀式が行なわれたが、のろわれた債券を売ったこのときほど、熱狂的な騒ぎにあったことはない。一般的に言って、ソロモン内部でセールスマンに浴びせられる賞賛が大きければ大きいほど、あとで顧客がこうむる痛手も大きい。机の上に置いてある〝トム・ストラウスからおほめの電話あり〟などという黄色いメモ用紙に、こそばゆい思いを味わう一方で、ぼくはわがフランス人の行く末を案じた。

そのうち、一番大事な客を窮地におとしいれてしまったのではないかというにがい気持ちを、感激の甘さがかき消した。何より重みのある電話がかかってきた。人間ピラニアからだ。

「債券を少しばかり売ったそうじゃないか」

と言う。ぼくは努めて声を平静に保った。向こうはちがう。がなりたてる声が聞こえた。

「やりくさったな。ごついことをやりくさった。くそごついことを、だ。おまえさんも、凄腕野郎《ビッグ・スウィンギング・ディック》の仲間入りだよ。下っぱセールスマンだなんて、誰にも言わせるんじゃないぞ」

聞いていて、涙が込み上げてきた。何年も前に凄腕野郎という称号を誕生させた当の本人、冠のさずけ役に誰よりもふさわしい人物から、凄腕野郎と呼ばれるなんて……。

9　戦術

最も高等な戦術は、戦わずして敵を制することである。

――孫子

パリ、ブリストル・ホテルの自分の部屋で、ぼくはベルボーイに向かって、精いっぱいの大声でどなっていた。

「部屋にバスローブがないとは、どういうことなんだ?」

相手は、どうしようもないのだと言いたげに肩をすくめながら、戸口のほうへあとずさる。そのとき、ぼくは気づいた。フルーツの鉢もない。スイートに必ずあるはずの、りんごやバナナを盛った鉢は、どうしたのか?　それに、おい、待ってくれ。トイレットペーパーのへりを小さな三角形に折るのも、忘れているぞ。こんなことが、あっていいものだろうか?

「冗談じゃない。支配人を連れてきてくれ。今すぐだ。ここに泊まるのに、いくら払ってるか、知ってるのか?　ええ?」

そこで、目がさめた。

「だいじょうぶよ」妻が言っている。「また、ホテルの悪夢を見てたのね」

いやホテルの悪夢だけじゃないし、だいじょうぶでもない。ぼくはときどき、英国航空でクラブ・クラスからエコノミー・クラスへ格下げされた夢を見る。もっとひどい場合だってある。ロンドンのタンテ・クレールというレストランで、ぼくのいつものテーブルにほかの客が座っていたり、朝、迎えの運転手が遅刻してきたり……。オリンピア&ヨーク社債を売って以来ずっと、投資銀行員ならではの悪夢にうなされている。おごった生活と凄腕《ビッグ・スウィング》野郎《ギング・ディック》という地位の重圧のせいだろう。よりによって、フルーツの鉢とは……。まあ、さめてよかった。それに、もう六時だ。出勤の時間ではないか。

一九八六年八月のこの日は、特別な日だった。投資銀行員にはつきもののように思われている権謀術数に、はじめて遭遇することになるのだ。ソロモン・ブラザーズ内部の抗争には、ふたつの種類がある。ひとつは、損が出たときに、たがいに責任をなすりつけ合おうとして生じるもの。もうひとつは、カネが儲かったときに、手柄を奪い合って生じるもの。ぼくのトレーディング・フロアでの第一戦は、損失よりは利益をめぐっての戦いになるだろう。それはいいことだ。そして、ぼくはその戦いに勝つだろう。それもまた、いいことだ。

投資銀行業務には、著作権法などないし、妙案を特許化する方法もない。創り出す栄誉は、すぐさま稼ぎ出す栄誉の軍門に下る。ソロモン・ブラザーズが新型の債券または株式を創ったとすると、二十四時間以内に、モルガン・スタンレーやゴールドマン・サックス、その他の同業者が、新製品の動きを見届け、同じようなものをこしらえるだろう。それもゲームのうちだと、ぼくは理解している。入社前に会った投資銀行員たちのひとりが教えてくれた詩の一節を思い出す。

だてについてる目ではない
おおいに盗み見るがいい

他社とせり合う際には便利な標語だ。しかし、ぼくが学ぼうとしていたのは、それがソロモン社内でのせり合いにも、同じぐらい便利な標語だということだった。

その日、ロンドン時間の午前十時、アレキサンダーから電話がきた。もちろんニューヨークからで、向こうは午前五時だ。自宅の書斎で、ロイターの受信機をわきにおいて眠り、一時間ごとに起きて為替レートを確かめていたという。ドルが急落したわけを知りたくて、電話してきたのだった。ドルが動くときは、たいていの場合、どこかの国の中央銀行幹部や政治家の発言がきっかけになる（政治家たちがもし、ドルの先行きに関して口をつぐんでいてくれたら、市場はずっと平穏になるだろう。あとになって弁解したり、修正を加えたりする確率の高さを考えると、彼らがみずから発言を差し控えないのが不思議なくらいだ）。しかし、誰かが何かを言ったというニュースはない。ぼくはアレキサンダーに、何人かのアラブ人が大量の金を売って、代価をドルで受け取ったのではないかと言った。そのドルでマルクを買ったから、ドルが安くなってしまったのだろう、と。

ぼくは勤務時間のかなりの部分を、こんなふうな筋の通ったうそを考え出すことに費やしていた。相場が動いても、誰にもその理由がわからないことは多い。じょうずな物語をこしらえることのできる者が、ブローカーとしてカネを稼げるのだ。ぼくのような人間の仕事は、理由をでっちあげること、もっともらしい話を作り出すことに尽きる。中東の投資家がドルを大量売りしたという話は、古くからある急場しのぎの手だ。アラブ人のカネの使い道やそのわけを理解できる人間などいないから、アラブ人が出てくる話は反論のしようがない。だから、ドル安の原因がわからなかったら、とりあえずアラブ人のせいにしておけばいいというわけだ。アレキサンダーは、当然、そんなことなどお見通しで、軽く笑い飛ばした。

こっちには、もっと差し迫った話題があった。ぼくの顧客のひとりが、ドイツの債券相場は必ず上がると確信し、大金を賭《か》けたがっているのだ。アレキサンダーはこの話に興味をかきたてられたようだった。ある投資家がドイツの債券に強い関心を持っているのなら、ほかにもそういう人間はいるはずで、それは相場を押し上げる力になりうる。投資のしかたはいくらでもある。これまでのところ、その顧客は数億マルクのドイツ国債を買っただけだ。もっと思いきった賭けかたはないものだろうか、とぼくは考えた。他人のカネで賭けをすることに慣れすぎた人間は、頭がついそういう方向に向く。アレキサンダーとぼくは、ごちゃごちゃになったぼくの考えを整理し始めた。そして、その過程で、すばらしいアイディアにぶち当たった。今までにない新しい証券を創るのだ。

問題の客は、リスクを大いに好んだ。リスクそれ自体も商品であることを、ぼくは学んだ。リスクを缶に詰め、トマトみたいに売ることもできるのだ。投資家によって、リスクに付ける値段はそれぞれちがうだろう。うまくやれば、ある投資家からリスクを安く買い、別の投資家に高く売りつけて、こちらはまったくリスクなしで利鞘《りざや》を稼ぐこともできる。ぼくらがやったのは、まさにそういうことだった。

ぼくの客は、ドイツの債券が値上がりすることに大金を賭け、それによって大きなリスクを負いたがっている。だから、リスクの〝買い手〟ということになる。アレキサンダーとぼくは、ワラント（証券引受け権証書）とかコール・オプション（買付け選択権証書）とか呼ばれる証券を創り出した。どちらも、一方から他方へリスクが移動することを意味する。世界各地のリスクをきらう投資家たち（つまりは、ほとんどの投資家だ）は、わが社のワラントを買うことによって、実際にはリスクをこちらへ売ることになる。彼らのうちの多くは、ぼくらがこの新しいワラントを差し出したときにはじめて、自分たちがドイツ債券市場でのリスクを売りたがっていたことに気づく。ちょうど、多くの消費者が、ソニーからウォークマンという新製品が出たときにはじめて、自分たちが一日じゅうピンク・フロイドを聴きたがっていたことに気づいたように……。ぼくらの仕事には、投資家が知りもしなかった投資家の欲求を満たすという部分があった。この新製品に対する需要を掘り起こす作業は、ソロモンのセールス軍団に頼らなくてはならないが、ユニークさからいって、成功はまちがいないと思われた。われわれがリスクの代価として用心深い投資家たちに支払う額と、それをぼくの客に売る額との差が、わが社の利益ということになる。今回の取引から得られる利益を、ぼくらは七十万ドルと見積もった。

夢のようなアイディアだった。リスクの移動を仲介するソロモン・ブラザーズは、まったくリスクを負わない。リスクなしの七十万ドルというのは、経営陣にとって大きなうまみだ。しかし、それ以上に重要なのは、商品の斬新《ざんしん》さだった。ドイツの金利に対するワラントは、まだどこも手がけたことがない。新型証券を最初に発行する投資銀行として世に知られるのは、投資銀行員たちの心をくすぐる栄誉なのだ。

ふたりでこまかい点を煮詰めているうちに、トレーディング・フロアの人々が興味を示し始めた。ふだんは大企業相手のセールスを担当しているほかの部の副部長が、なんとなくあたりをうろつくようになった。この副部長を、日和見《ひよりみ》主義者と呼ぶことにしよう。彼は、ぼくらの新事業に一枚かむことが自分の使命だと心に決めたようだった。ぼくは異議を唱えなかった。彼はソロモンで六年働いていた。アレキサンダーとぼくを足した年数の倍であり、その経験は役に立ちそうだった。日和見主義者のほうは、ぜいたくを言う立場になかった。ボーナスの時期が迫っていた。彼はなんとか目立つ働きがしたくて、ぼくらのひそかな計画に飛びついてきたのだった。

結果的には、日和見主義者に助けられた部分もあった。西ドイツ政府の認可を得る必要があるという点を見過ごしていたぼくらは、あやうく恥をさらすところを、日和見主義者に救われた。西ドイツ政府は、ユーロ市場に発言権を持っていない。ユーロ市場の美点は、どの国の政府の管轄下にもないというところだ。理屈からいえば、西ドイツ政府を無視してもいいことになる。しかし、礼を失してはならない。ソロモン・ブラザーズはフランクフルトに支社を開く計画を持っており、西ドイツの政治家たちを怒らせることだけはなんとしても避けたかったのだ。

そこで、日和見主義者はぼくらの密使として、西ドイツ大蔵省におもむいた。高官たちを前に、彼は、わが社の新型証券が政府の通貨供給量の管理能力を損なうものではないこと（ほんとうだ）、ドイツの金利に対する投機熱をあおらないこと（これはうそ。投機を促すのがそもそもの目的なのだから）を訴えた。相手に与える印象までを考慮した彼の演技には、拍手を送らなくてはならないだろう。彼は賢いカムフラージュをほどこして、フランクフルト出張に臨んだ。長期投資家を思わせる茶色を身にまとったのだ。茶のスーツ、茶の靴、茶のネクタイ……。金色の＄マーク入りの真っ赤なサスペンダーなど、もってのほか。金のカフス・ボタンもなし。地味な中産階級市民の役柄をこなすことで、彼はなみいる大蔵官僚の信頼をかちえた。

それから数週間は、たいした問題ももちあがらなかった。ある日の会議で、ドイツ側がマスコミに騒ぎたてられるのをおそれているという報告があった。わが社のワラントの仕組みを完全にはのみ込めずに、ただ、あやしげな取引に政府の名前が使われるのではないかと心配になったらしい。ぼくらは、マスコミへの公開部分は最小限にとどめるつもりだと伝えた。するとと、向こうは、取引完了の際に経済紙に載せる墓碑広告《ツームストーン》のことを尋ねてきた。ぼくらは、墓碑広告は行ないたいが、新聞に大々的に載せるようなことはしないと答えた。向こうは、ドイツ連邦共和国のシンボルである鷲《わし》の図柄を入れないという条件付きで、墓碑広告を許可してきた。じゃあ、かわりにかぎ十字を入れようと冗談で言ってみたが、ぼくがおもしろいと思ったほどには受けなかった。ぼくらの折り目正しい態度がほころびを見せたのは、このときだけだった。

やっとのことで始まった取引は、はなばなしい成功を収めた。ソロモン・ブラザーズとわがリスク好きの顧客は、追いはぎのように目当てのものをかすめ取った。アレキサンダーとぼくがちょっとばかり名を上げるのは確実だった。日和見主義者にも、喝采《かっさい》を浴びる資格はあった。と、ここで、トラブルが芽を吹く。取引が開始された日の午後、それまでのいきさつを詳しく書いた一枚のメモ（新商品の斬新《ざんしん》な仕組みが、才気に富む思いつきとして誇らしげに述べられていた）が、ロンドンとニューヨークのトレーディング・フロアに配布されたのだ。アレキサンダーやぼくの顧客やぼく自身については、ひと言も書かれていない。筆者の名が記してあった。日和見主義者だ。

巧妙で、しかし効果的なスタンド・プレーだった。この業界になじみのない人はまさかと思うかもしれないが、ニューヨークとロンドンのお偉方の誰ひとりとして、ぼくらのやった取引のことを完全には理解していなかった。業界にいたことのある人間なら、その辺の事情はよくわかるだろう。日和見主義者は、取引について上層部に解説することで、自分ひとりで成し遂げた仕事のように見せかけたのだった。

ここまで露骨で、欺瞞《ぎまん》に満ち満ちた手を使われたら（彼はどうやって罰をのがれる気でいたのだろう？　いまだに不思議だ）、笑い飛ばすしかなかったのかもしれない。しかし、当時のぼくにすれば、笑ってすまされることではなかった。暴力に訴えようと、ぼくは彼の机に向かって歩いていった。受話器を投げつけるもよし。罵声《ばせい》を浴びせるもよし。同僚を巻き込むことだけはやめよう。なぐらずにいたいが、もし手が出てしまったら、向こうにもなぐり返させること。そうすれば、くびになるときも道連れにできる。

ところが、日和見主義者はぼくより一歩先を行っていた。コピー機のボタンを押してすぐ、ニューヨーク行きのコンコルド第一便に乗りに、会社を飛び出したらしいのだ。べつに、ぼくを避けようとしたわけではない。ぼくのことなど、頭の隅もかすめなかったのではないだろうか。上層部につてのない人間を、彼がおそれる理由はない。それに、ただぼくの前から姿を消すだけだったら、普通の定期便のファースト・クラスで事足りる。

ロンドンのトレーディング・フロアで、ぼくがむなしく彼の椅子をにらんでいるちょうどその瞬間、日和見主義者はニューヨークの四十一階で、アレキサンダーの言う〝勝利のフロアめぐり〟をやっていた。小走りにフロアを一巡し、途中で足を止めては、ストラウスとかグッドフレンドとかいう大物に、取引のいきさつを得々と説明するのだ。「わたしがやったんですよ。年末には、ボーナスをたんまりはずんでくださいね」という意思表示なのだが、もちろん、口に出しては言わない。わざわざ宣伝するまでもなく、メモのコピーがすでに行き渡っていた。ニューヨークの誰もが新型証券の成功を知っており、しかも、メモを読むかぎり、それは日和見主義者が独力でやった仕事だった。

誰だって、他人に何かを奪い取られる腹立たしさは知っているだろう。しかし、周りじゅうに軽んじられる苦々しさとなると、これはまた別物だ。上層部には、真実を知る人間はいないようだった。ロンドン支社長が、いまわしいメモを手に、ぼくの机のそばを通りかかった。

「いや、きみの力添えに礼を言っておきたくてね。きみが顧客を紹介してくれなかったら、日和見主義者の取引もうまくいかなかっただろう」

日和見主義者の取引？　ぼくは叫びたかった。「この能なし、あんたはだまされてるんだ」実際には、にっこり笑って、どうも、と言っただけだった。

アレキサンダーの話では、ニューヨークの連中も日和見主義者の仕事ぶりをほめそやしているらしい。アレキサンダーには、ぼくと同じぐらい怒る権利があった。なのに、達観した口調で言う。「気にするなよ。あの男は、前にも似たことをやってるんだ。しょうがないさ」

ぼくのほうは、少なくとも端役としての功績を認められたが、アレキサンダーはそういう恩恵にさえ浴していない。彼のソロモン金融史への貢献は、まったく無視されたのだ。ぼくらにはふたつの道があった。怒り狂うか、仕返しをするか。ぼくはアレキサンダーに、よく考えてみてくれと言った。おたがいに、叫び声をあげていい立場にある。こすっからい副部長ごときに砂をかけられて、じっとがまんしていなくてはならないのなら、凄腕《ビッグ・スウィンギング・》野郎《ディック》を名乗る意味がどこにあるだろう？　しかし、社内でわめきたてるのは、いくらソロモンのような粗野で原始的な会社であっても、逆効果になりやすい。日和見主義者の首を取ることはできるかもしれないが、払わされる犠牲も大きいだろう。敵は、ヴァウト一家の人間だ。こちらは、ストラウス一家。火花を散らしたりすれば、きなくさいにおいが天まで、いや、少なくとも会長室まで届く。問題点は、派閥への忠誠心にもみ消されてしまうだろう。マフィアの抗争は激烈だ。では、抗争に持ち込まずに日和見主義者をやり込めるには、どうすればいいのか？　どうすれば、健康な細胞を殺すことなく、癌《がん》細胞を撃滅できるのか？　アレキサンダーはぼくのはやりたった言葉に耳を傾け、だが、冷静に、すべてを無視することにしたようだった。彼の考えでは、人は他人を踏み台にして出世していけるものではない。日和見主義者がぼくらを踏み台にしようとするのなら、ぼくらは彼の足を払いのけ、忘れてしまえばいいのだという。確かに、そのとおりだろう。しかし、ぼくはどうしてもそこまで悟りきれなかった。おとなげないと言われてもいいから、仕返しがしたかった。ジャングルで生きていくうちに、ゲリラ戦を好む気持ちが育ってきていた。

とうとう、美術史の学位が役立つときがきた。ぼくは、いかさまについて詳しい。ここで、ひとつ質問をしてみよう。ある画家の作品を、ライバルが盗み出し、自分の名前を書いてしまった。画家はどうすればいいのか？　答えはこうだ。その作品をもう一度描いてみせ、ライバルにも同じことをさせる。ぼくがしたことは、まさにそれだった。たとえ話と食いちがう部分があるのは、たいていの人間にとって、レンブラントをまねるより、いや、ジャクソン・ポロックをまねるよりも、にせのワラントを作るほうが簡単だからだ。ぼくはなにも、完璧《かんぺき》なにせものを作る必要はなかった。敵の主張にちょっと揺さぶりをかけるだけでいいのだ。日和見主義者は、自分ひとりがワラントの生みの親だという顔をしていたから、それを疑わせるような事態が起これば、程度はともかく、信用が落ちることはまちがいない。ぼくたち（アレキサンダーは賛成はしてくれなかったが、茶目っけまじりに助力を申し出てくれた）は、同じ人間の仕事であることがはっきりわかるほど最初の取引とよく似た別の取引をこしらえた。今度はドイツではなく、日本の国債で、仕組みもやや異なるものだったが、当面の目的にはそれで十分だった。

段取りをつける際、日和見主義者のところへ行って、日本政府への密使役を頼むことはしなかった。彼には、その立場にふさわしい量の情報しか与えなかった。すなわち、ゼロだ。それから、取引に入る前に、ニューヨーク本社四十一階のフロアめぐりをした。いわば、〝足ならしのフロアめぐり〟。勝利のフロアめぐりとちがって、足ならしのフロアめぐりは電話で用が足りる。

何本かの電話をかけた。日和見主義者は、ジョン・グッドフレンドに直接仕えているかのようにふるまいたがるが、間にちゃんとボスがいた。そのボスは、四十一階の席に座り、部下のもたらした栄光の余韻にひたっていた。それが突然、ばつの悪い状況に置かれていることに気づく。同じ地位にある何人かの男が、日本での新しい取引の話を持ち出して、からかうのだ。暗に「この新事業を考え出した脳みそは、おまえさんの家来の頭蓋骨《ずがいこつ》の中とは別の場所にあるみたいじゃないか」というようなことを言われているらしい。ボスは日和見主義者に電話をかけ、なぜ日本での新しい取引のことを知らせなかったのかと問いただした。日和見主義者はそんな取引の話など知らないし、知っているようなふりをすることもできなかった。ぼくの電話爆弾は、みごと標的をとらえたのだった。

ぼくはもう、水面下の駆け引きをやめて、あとは知らんぷりを決め込みたかった。向こうがそれを許さなかった。電話でのフロアめぐりが完了してから約一時間後、日和見主義者はぼくの前に立って、こわい目でにらみつけた。意外におこりっぽい男だ。ぼくは笑いをかみ殺すのに必死だった。はじめて彼のメモを見たときのぼくの顔も、きっとこうだったのだろう。彼はたぶん、あのドイツのワラントが最初から自分の思いつきだったと信じ込んでしまっているのだ。ぼくは精いっぱいの愛想笑いを浮かべたが、チーズをかじりながらにやついているぐらいにしか見えなかったにちがいない。

「ちょっと、いっしょに来てくれたまえ」彼は言った。

「すみません、忙しいもので」うそばっかり。「またの機会にしてもらえませんか」

「今夜八時にまた来る。それまで帰るんじゃないぞ」

すっぽかしたかったのだが、折悪くほかの仕事が入ってしまって、八時にはまだ自分の席にいるはめになった。これでは、逃げることもできない。

「チャーリーの部屋に来てくれ」

八時きっかりに、日和見主義者が言った。チャーリーというのは、支社長のことだ。日和見主義者の身勝手なくせのひとつは、ひと山いくらの副部長の分際で、支社長室を自分の部屋みたいに使うことだった。思っていたとおり、彼はチャーリーの椅子に座った。ぼくはしかられに来た小学生の気分で、机をはさんだ向かいの椅子に座った。盗っ人は相手のほうだぞ、と自分に言い聞かせた。

こんなことを言うと、ソロモン・ブラザーズの感化力に罪を着せすぎていると思われそうだが、次の瞬間にぼくの頭をよぎった考えは、トレーディング・フロアに足を踏み入れる前なら浮かびもしなかった種類のものだった。要するに、こいつをたたきのめしてやれ、と思ったのだ。さてどうするかという段になって、ぼくは自分の中に眠っていたマキャベリストの素質を発見した。主導権を握っているという喜びに、全身が震える。おののいたり、すくんだり、憤ったりするかわりに、計算ずくで立ち向かってやろう、と急に腹がすわって、わくわくしてきた。最大限のダメージを与える方法は、はっきりしている。こちらはできるだけ口数を少なくして、相手の失言を誘い出すのだ。

日和見主義者は、午後の間に落ち着きを取り戻したらしく、いやになるほど慎重な言葉づかいで話を切りだした。あらゆる点で、彼は正気そのものだったが、ただひとつ、うぬぼれの強さでは常軌を逸していた。彼が切れ者であることは認めよう。だが、他人もみんな切れ者だということには、まったく気がついていないのだ。机に片足をのせて、彼は手に持ったもの――ペンだったと思う――を見下ろしていた。それをてのひらでいじくるばかりで、こっちと目を合わせようとはしない。

「きみには目をかけていた。ここの連中は、まぬけぞろいだ。きみだけは、もっと頭がいいと思ってたんだがね」

ソロモンがまぬけぞろいの会社かどうかは、考えるまでもなく明らかだが、これがまあ、この男の言いかただろう。

「どういう意味です?」と、ぼくはきいた。

「ニューヨークから電話があって、きみが日本のワラントのことをふれ回ってるという話を聞いた」

「それがどうしました?」

「なぜ、わたしに知らせなかったのかね? どういうつもりなんだ?」ひと息ついてから、続ける。「わたしの助けなしでは、取引などできんぞ。今からでも、話をつぶそうと思えば、わたしが電話一本かけるだけで……」と、自分のひと声で中止に追いやった、総計数十億ドルにのぼる取引の数々を並べたてた。

「でも、会社の利益になるような取引を、何のためにつぶしたりするんです?」

儲かる取引を彼がつぶしたがる理由は、手に取るようにわかった。自分の手柄にならない仕事なら、最初からないほうがいいのだ。新型ワラント事業を自分が掌握しているという、せっかく創りあげた虚像が、一気に突き崩されてしまう。そうなったら、年末にボーナスをがっぽりという計画も水の泡ではないか。そんな彼の気持ちを、ぼくは見透かしていた。向こうも、見透かされていることを知っていた。それがまた怒りをつのらせる。怒りをつのらせたことが、彼の最大の誤りだった。

「きみをくびにすることもできるんだよ。電話を一本かけるだけでね（このせりふがお好きなようだ）。部長かジョン（グッドフレンドのことだろう）にわたしがひとこと言えば、きみはもう、この会社にいられない」

やった。ぼくは四枚めのエースを引き当てたのだ。日和見主義者の言葉ははったりで、そのことが顔じゅうに書いてあった。朝から晩までトレーディング・フロアに座っていると、ひとのわずかなはったりにもすごく敏感になる。ほとんどまる見えだといっていい。そして、いったんそれを見抜くと、がっちり針にかかった魚同様、相手は身動きできなくなる。逃がすも取り込むも、こちらの思うまま。今回の場合、ぼくはすでに、どう料理するかを決めていた。日和見主義者は足場を大きく踏みはずしてしまっている。ぼくをくびにすることなど、できるわけがない。罰を与えることさえ、できないだろう。それより何より、この脅しのことが知れたら、彼は多くの人間の怒りを買うことになる。つまり、みずから窮地を招き寄せたというわけだ。ぼくは今まで、ひとをおとしいれる作戦をこれほどうまくやり遂げたことがなかった。いや、そもそも、ひとをおとしいれようとしたことがなかったのだが。

これ以上続けても意味がない。ぼくはしょげたふりをして、わびを入れた。申しわけなかった。二度とこういうことはしない。今度いい案を思いついたら、まっさきに副部長に報告する……。向こうは、ぼくがほんとうに反省したと信じ込んだようだった。

日和見主義者がボーナス獲得計画の中でうっかり見落としていたのは、全知全能、全方位的な権威の存在だった。いや、神様ではない。トレーディング・フロアでシンジケート・マネージャーと呼ばれている人物のことだ。シンジケート・マネージャーは、ウォール街ならウォール街、ロンドンならロンドンのすべての取引を最終的な形にまとめる役目を果たす。わがロンドン支社のシンジケート・マネージャーは、ソロモンでも屈指の権勢を誇る女性だった。ドイツのワラントをまとめてくれたのも、彼女だ。シンジケート・マネージャーといえば、ホワイトハウスでは首席補佐官、プロ・スポーツのチームでは総監督に相当する。ジョン・グッドフレンドも、かつてはシンジケート・マネージャーとして名を上げた。この地位からは、現実的政策の名手、本来の意味でのマキャベリストが多く輩出する。彼らはすべてを見ている。すべてを聞いている。すべてを知っている。シンジケート・マネージャーをだますことはできない。だまそうとすれば、痛い目にあうことになる。

翌日、ぼくは日和見主義者とのやり取りをシンジケート・マネージャーに話した。ドイツのワラントの成功にひと役買った彼女は、取引の実情を知っていた。その立腹ぶりは、ぼくの期待をも上回るほどだった。それに、彼女の上層部へのつては、日和見主義者とは比べものにならなかった。ぼくは残酷な気持ちで、彼の運命を彼女の手にゆだねた。のら猫に金魚の番を頼むようなものだ。そうやって、あともどりができない段階まで来てはじめて、ぼくはやりすぎたかなと後悔した。ただし、ほんの少しだ。良心までが計算高くなってきていて、まあ、たまに軽いうずきを覚えるぐらいはしかたないとしても、罪悪感で眠れないなどということがないよう、しっかり防備ができあがっていた。

物語の結末は、だいぶあとになるまでわからなかった。ぼくがげたを預けた女性マネージャーは、日和見主義者の俸給を直接決定できる立場にあった。日和見主義者は、多額のボーナスと、取締役への昇進を期待していたことだろう。彼の将来は、その昇進にかかっていた。女性マネージャーは、五、六本の電話をかけて、彼の計画を押しつぶした。効果のほどを見るには、十二月末のボーナス支給日を待つしかなかった。昇進のほうは、支給日の一週間前に発表された。日和見主義者は副部長の地位にとどまった。ボーナスが銀行口座に振り込まれるとすぐ、彼は会社を辞めた。

この時期、つまり一九八六年の秋あたりから、ぼくの運命と会社の運命が別々の道をたどり始めた。ぼくの電話機を通して、カネはどんどん流れ込んでくるのに、ソロモン・ブラザーズの収益にそれが反映されている気配がない。強気一方の債券相場にも、ついにかげりが見えてきた。十一月に入って、一時的に相場が下がり、金融ダーウィニズムが業界を支配した。少数の顧客とともに、力の劣る多くのソロモンのトレーダーが、みずから吹っ飛んだ。客の数は少なくなるし、トレーダーは及び腰になるしで、取引の量が減っていった。大半のセールスマンは、熱狂的ギャンブラーたちからの電話に答える時間が少なくなり、忙しく見せようと努める時間が多くなった。年末には、ボーナスが支払われる。数年ぶり、いや、十数年ぶりで、ソロモン・ブラザーズの社員はさえないクリスマスを迎えることになった。

ロンドンのトレーディング・フロアでは、あちこちで局地戦が勃発《ぼっぱつ》した。それまではもの静かなタイプと見られていたプロシアふうの名前を持つふたりの男が、今では、クラウゼヴィッツの『戦争論』を常に机の上に置いている。投資銀行員はふつう、『戦争論』をこそこそと読むが、それは読んでいるところをひとに見られるのが恥ずかしいからではなく、自分の戦術のよりどころを知られたくないからだ。プロシアふうの名前のひとりに、古代中国の兵法書『孫子』をすすめたことがあるが、中国人にどうして戦争のことがわかるんだというような、疑いのまなざしが返ってきただけだった。

トレーディング・フロアからカネが遠ざかるのは、椅子取りゲームで音楽が止まったときのようなものだ。椅子に近い所にいる人間は、ほかの人間が熾烈《しれつ》な争いをくり広げるのをながめて楽しむ。ソロモン・ブラザーズ内部の風潮は、会社の栄光のためという方向を離れて、ひたすら身を守るという一点に集中しつつあった。誰が落ちこぼれるかというのが、最もよく交わされる質問だった。

セールスマンはトレーダーを責め、トレーダーはセールスマンに罪を着せた。どうして、ヨーロッパのおめでたい投資家たちに債券を売りつけることができないのか、と、トレーダーたちは不思議がった。どうして、売るのが恥ずかしくなるような債券しか見つけてこれないのか、と、セールスマンたちは問い返した。あるトレーダーが、例のAT&T債に似たお荷物債券をぼくの客に押しつけようとして、こう言ったことがある。もっとチームのことを考えろ。ぼくはよほど、「何のチームだ？」ときいてやろうかと思った。売ろうと思えば、その債券を売って、トレーダーを助けることもできたかもしれないが、それには客との関係を犠牲にしなくてはならない。ぼくはたまに、こわいものなしの気分になって、自分の失敗は自分でつぐなえ、とトレーダーたちに言ったものだが、それは倫理というよりビジネスのうえでの意見だった。ぼくから見れば、あのAT&T債の悪夢に対する解決策は、ぼくの顧客に損を押しつけることではなく、そういうお荷物をかかえ込んだトレーダーたちをくびにすることだ。トレーダーたちは、もちろん、賛成してくれないだろうが。

とにかく、市場の力と救いがたい管理の甘さのせいで、ソロモン・ブラザーズはたいへんな窮地に追い込まれていた。ときどき、わが社には管理体制がまったくないのではないかとさえ思えた。内輪もめに割って入る人間も、進むべき方向を示してくれる人間も、急成長に歯止めをかける人間も、ビジネスマンとしてきびしい決断を下したがる人間も、ひとりとしていなかった。

経営者側がいつまでも事態を把握できずにいるうちに、トレーディング・フロアでは、奇妙な逆転現象がしだいに目立ってきていた。歩兵たちのほうが、将軍たちよりよほど的確に、問題の本質を見抜いているのだ。ひらのセールスマンは、毎日、朝から晩まで、わが社の収入源であるヨーロッパの機関投資家と電話で接している。そして、一九八六年十二月の時点で、顧客の声に新しい響きを聞き取り、同時に起こったふたつの変化、経営陣にはまったく見えなかった変化を、しっかりと目にしていたのだった。

ひとつは、ソロモン・ブラザーズをはじめとするアメリカの投資銀行の、手当たりしだいに木をなぎ倒して焼き畑にしてしまうようなやりかたに、しだいに投資家たちがいらだちをつのらせてきたことだ。巨額の資金を管理している人々（例えば、フランスやドイツの機関投資家たち）は、われわれから株や債券を買うことを拒むようになった。

「わかってちょうだいね」フランスの女性投資家が、ある日、ソロモンの優先販売債券をはねつけた際に、うんざりしたような声でぼくに言った。「ドレクセルやゴールドマン・サックスやソロモン・ブラザーズに食い物にされるのは、もうごめんなのよ」

うちの支社に少しでもいたことのあるニューヨークのトレーダーなら気づくことだが、ヨーロッパの機関投資家とアメリカの機関投資家の間には、根本的なちがいがあった。いや、今でもある。アメリカの投資銀行界は、長期にわたって、寡占体制が続いている。少数の〝一流〟投資銀行が、資金調達にしのぎを削る状態だ。アメリカの投資家（資金の貸し手）は、いくつかの大手業者としか取引ができないと考えることに慣らされてきた。そして、ごく一般的に、ニューヨークでは、貸し手の利益より借り手企業の利益のほうが優先する。つまり、債券や株の取引は、投資家が何を買いたいかよりも、どの企業が資金を調達したがっているかによって動いていくのだ。

どうしてそうなったのか、ぼくにはわからない。ふつうに考えて、資金の借り手は、仲介業者にうまい汁を吸われる点では、貸し手と同様の立場であるはずだ。ところが、実情はちがう。貸し手には多大な犠牲を強いるウォール街の寡占体制も、借り手には何の影響も及ぼさないらしい。企業の側がうまく立ち回って、投資銀行同士をせり合わせるからかもしれない。あるいは、ウォール街への依存度がそもそも低いせいかもしれない。なにしろ、債券発行という手段が気に食わなかったら、企業はいつでも銀行から融資を受けることができるのだから……。いずれにしても、例えばＩＢＭをだまして、安い株式や債券を発行させせようなどとは、誰も考えないだろう。ＩＢＭのような大企業を怒らせるわけにはいかないから、株式も債券も常に高い値段で発行される。そこで、ウォール街のセールスマンは、投資家のほうをだまして、割高な商品をつかませようとするわけだ。

ヨーロッパの貸し手（ぼくのお得意様たちだ）は、搾取されて泣き寝入りするということを知らない。一度だけならだませるが、それをやってしまうと、彼らは二度と寄りつかない。アメリカの貸し手とちがって、ソロモンの仲介がなければ取引できないというふうには考えないのだ。ニューヨーク本社のトレーダーに、こう言われたことがある。

「ロンドン支社で問題なのは、客が訓練されてないことだな」

しかし、訓練を受ける必要など、彼らにあるだろうか？　わが社を気に入らなければ、イギリスやフランスや日本の投資銀行と取引するまでだ。外国の同業者がわれわれより客に親切かどうかは、ぼくにはわからない。ただし、わが社とほとんど同じ業務をこなせる会社が、世界に何百とあることははっきりしている。

この悲しい事実を、経営陣に直言できる人間はいなかったし、ぼくもあえてしようとは思わなかった。どなり返されるのが落ちだ（「うちがほかの会社とたいして変わりないとは、どういうことだ？　それがほんとだとしたら、おまえが仕事をちゃんとやってないからだ」）。

しかし、ぼくはここで、ジュネーブへの短い出張のときに会った男のことを思い出す。八千六百万ドルという少額の資金を管理しているその男が、ずばりと核心を突くせりふを吐いたのだ。ぼくらは彼の執務室で話していた。そこへ、会計係のひとりが、一枚の紙をかざしながら飛び込んできた。

「二百八十五です」そう言って、会計係は部屋を出ていった。

二百八十五というのは、この男が前年度に取引をした投資銀行員の数だった。ぼくをびびらせるためにこの数字を持ち出してきたのだとしたら、それはみごとに成功した。ぼくは思わず息をのんだ。この世に二百八十五人も投資銀行家がいるとは……。

「とんでもない」彼は言った。「数はもっともっと多いさ。そして、中身はみんなおんなじだ」

つまりは、グローバルな投資銀行という考えそのものが、ばかげた妄想だということだ。通信手段が発達し、世界の資本市場がひとつにまとまったからといって、ソロモンのようなひと握りの投資銀行が世界を支配できるわけではない。カネは、以前より自由に地球上を飛び回るようになった。しかし、そのカネを扱ううえで、例えば冷凍のグリーンピースみたいに、規模が大きくなれば経費が少なくなるというような法則を適用することはできないのだ。

債券の発行や取引は、もはやひとつの会社の独占領域ではなく、数百社が入り乱れる競技場だ。新しいプレーヤーの多くは、われわれのように余計な自尊心をかかえてはいない。ノムラをはじめとする日本の投資銀行、モルガン・ギャランティをはじめとするアメリカの商業銀行、クレディ・スイスをはじめとするヨーロッパの万能金融機関は、ソロモンと同じ業務を、はるかに安い料金で引き受ける。天井の低い薄汚れた事務所で営業する従業員六人の零細業者でさえ、徹底的に値引きすることで競争に加われる。持っている情報は、われわれと同じだ。通信手段の発達で、情報はどんどん安く、手に入れやすくなってきている。かつてのアメリカの製鉄会社や自動車会社のように、コストの低い外国の業者の力で、われわれはわれわれの市場から締め出されつつあるというわけだ。

わが支社のあわれな管理職連中は、とんでもない責務を負わされていた。ニューヨークの作戦本部から出される指令は、現場の状況とはかけ離れたものだった。そういう穴だらけの戦略で戦いを勝ち抜けと、ジョン・グッドフレンドとトム・ストラウスが圧力をかけてくる。このふたりは、いまだに世界征服という考えに心を奪われているのだ。彼らは、ロンドン支社の業績が思わしくないのは、すばらしい戦略をまったく生かせていないからだと言って、士官たちを責めるばかりで、戦略そのものを疑ってみようとはしなかった。士官たちは、全ヨーロッパのソロモンのテーマソングを大合唱して、これに答えた。

「おいらはちっとも悪くない。なにせ、当地に来たばかり」と。

それはほんとうだった。ロンドンの管理職たちは、下等動物たちと同様、市場になじみがなさすぎて、戦略を疑うところまでいかないのだった。支社の最高司令官であるマイルズ・スレーターは、四十三歳のアメリカ人で、ロンドンへ来たのは一九八六年六月、ぼくより半年あとだった。セールス軍団の部隊長、ブルース・ケプゲンは、三十四歳のアメリカ人で、一九八五年、ぼくより半年前にロンドンに赴任した。営業部長のチャーリー・マクヴェイは、四十五歳のアメリカ人で、経験は豊富だったが、管理職というよりは、支社の外交官という雰囲気だ。支社開設以来、ロンドンに来たソロモンの取締役の中で、英語以外の言葉を話せる人間はひとりもいなかった。

一九八六年十一月、わが支社は、金融街の中心にあるドーナツ型のビルから、ヴィクトリア駅の真上の空間、今はヴィクトリア・プラザと呼ばれているビルへ移転した。新しいオフィスは、駅そのものとほぼ同じぐらい広く、支社としての必要条件よりは、われわれの楽天主義を色濃く反映していた。ウィリアム・ソロモンは言う。

「ロンドン支社の開所式に行ったが、ニューヨークの倍もあるトレーディング・フロアを見たときには、過剰のきわみという気がしたね」

ぼくらの豪華なオフィスから、バッキンガム・パレス・ロードを少し歩くと、気高い皇太后陛下の住む宮殿がある。その由緒正しい通りから、目のくらむような高さにある支社まで、長いエスカレーターでのぼれるようになっていた。ただし、降りたらそこがトレーディング・フロア、というわけにはいかない。それでは、あまりに経済的すぎる。エスカレーターを降りたところは、ハイアット・リージェンシーのロビーふうのだだっ広い空間で、ソファーや観賞用の植物、それに、巨大な走るうさぎのブロンズ像が置いてある。このうさぎには、べつに意味はない。未来に向かってひた走るウォール街の韋駄天《いだてん》を暗示しているわけではないのだ。クリスマスのころになると、トレーダーたちが大きな銀色の飾り物を尻尾《しっぽ》につるし、うさぎの金玉と称したものだ。のちには、急所を保護しようというつもりか、傘が掛けられるようになった。

新しいオフィスを造る際に、働きやすくするのと同じくらいの時間が、見た目を華やかにするために注がれたことは、明らかだった。宇宙時代のエスカレーターと、金属のパイプむき出しのロビーにすぐ続いて、木のらせん階段があり、古ぼけた写真が掛けられていた。オフィスというより、『二〇〇一年宇宙の旅』から『風と共に去りぬ』に切り替わる途中のハリウッドのセットだった。立ち寄ったイギリス人の顧客から見ると、ほほえましいぐらいアメリカ的な光景だ。彼らは小声で、前にニューヨークで見た悪趣味な前衛芸術のようだ、とささやき合う。ところが、まだまだ。奥へ進めば、きわめつきの見せ物があるのだ。毛くずを一面に貼《は》りつめた赤とクリーム色の壁紙。ニューヨーカーなら〈タッドのステーキ・ハウス〉を、ロンドンっ子なら千軒近いインド料理店を思い浮かべてしまう、けばけばしい装飾だ。

ある日、オリンピア&ヨーク債八千六百万ドルを当時かかえ込んでいた例のフランス人が、ランチを食べにやってきて、何か難くせをつけたそうに、彫り模様入りの階段の手すりをなでた。それから、吹き出物の診察でもするように、近くの壁紙を調べながら言う。

「この費用を、われわれが払ってるというわけだな」

声の調子からして、わが社の高い手数料に不平を唱えているのではなく、収益の使い道に幻滅を感じているようだった。

新しいトレーディング・フロアは、いざ立ってみると、ニューヨークの四十一階の倍以上あるように見え、そこに最新式の装備がずらっとそろえてあった。四人の男が、どちらの方向へもじゃまされずに、フットボールのパスやパントができるくらいの(実際にやってみたのだが)広さだった。しかし、ただひたすら広いというのも、五サイズ大きい靴のようで、困りものだ。ニューヨークのトレーディング・フロアみたいなぴりぴりした緊張感は、ここにはかけらもなかった。ぼくらの発するわずかなエネルギーが、巨大な真空に吸い取られていくようだった。静けさは気持ちをたるませ、身を隠しやすくする。人間は、仕事をしていないときには、身を隠したくなるものだ。ぼくは時々、フロアのまんなかに立って、「隠れんぼする者、この指とまれ」と叫びたくなった。誰が会社に出てきているのか、確かめるだけのために……。このがらんどうの雰囲気は、経営陣を不安におとしいれた。ロンドンへ来る前にニューヨークで何年も過ごした彼らは、騒々しさを利益と、静けさを損失とつなげて考えるくせが身についているのだ。

〝とにかく、早くカネをくれ。いくらかでも残っているうちに〟というのが、一九八六年の年末を迎えたほとんどの社員の心境だった。理由は前に書いた。ぼくらがちょうどヴィクトリア・プラザに引っ越したころ、戦利品の分配をめぐる取締役たちの会議が、ニューヨークで開かれていた。カネが支給される十二月二十一日まで、みんなが考え、しゃべるのは、ボーナスのことばかりだった。仕事の滞るさまは、見ていておかしくなるほどだったが、それも無理はない。このときを、全員が待ちに待っていたのだから。

グッドフレンドじきじきの命令で、一年めと二年めの社員のボーナスに対しては、その年によって上限と下限が定められることになっていた。そして、一年めと二年めの社員の間では、その上限と下限の幅を予測するのが伝統になっていた。というわけで、年末の約六週間、ぼくの時間の大半は、世界各地に散らばった研修クラスの同期生との電話のやり取りに割かれた。話題は、ボーナスの幅のことだけだった。話の切り口には、ふた通りある。まず、全員に適用される上限と下限の額について。

「去年は、六万五千から八万五千（ドル）だったそうだぜ」どちらかが言う。

「五万五千から九万と聞いたけどな」

「一年めから、そんなに幅を広くとるはずないさ」

「広くとらないと、がっぽり稼いだ連中が納得しないだろう」

「そんな連中のこと、会社が気にすると思うか？　けちれるだけのカネはけちるのが、会社のやり口だ」

「ああ、そうかもな。おっと、ボスがにらんでる」

「また、あとで」

もうひとつの切り口は、特定の個人が受け取る額について。

「八万もらえなかったら、ゴールドマンに行くぞ」一方が言う。

「八万はもらえるさ。きみは、同期の稼ぎ頭だからな。会社にぼられるばかりじゃ、やってられない」

「ゴールドマンなら、最低十八万はくれるぞ。ソロモンは追いはぎみたいなもんだ」

「そうだな」

「そうさ」

「よし！」

「じゃ、切るぞ」

「またな」

ついにボーナス日がやってきて、投資家としゃべったり相場をにらんだりする日常の業務から一時的に解放され、ぼくは心をうきうきさせた。査定説明の面談から戻ってくるひとりひとりの顔を観察していると、千回の講義を聴くより切実に、このちっぽけな社会におけるカネの意味を学ぶことができた。自分の口座がどれだけ潤《うるお》ったかを知ったとき、人には三通りの反応のしかたがある。ほっとするか、喜ぶか、怒るか、だ。ほとんどの人間は、この三つをさまざまに混ぜ合わせた感情をいだく。中には、三つ全部をリレー式に感じていく者もいる。額を告げられてほっとし、何を買おうかと考えて喜び、同僚がずっと多い額をもらったと聞いて怒るのだ。ところが、顔に浮かぶ表情は、ボーナスの額にかかわりなく、みんな同じだった。むかついた表情。まるで、チョコレート・パイを食べすぎたときのような。

給料をもらうということ自体が、多くの人間にとっては苦痛の種なのだ。一九八七年一月一日を迎えたとき、八六年はたったひとつの数字を残して、記憶からかき消される。その数字とは、年収の額だ。逃げも隠れもできない最終的な評価の数字……。想像してみてほしい。

年に一度、神様の前に召し出されて、自分の人間としての値打ちを告げられるとしたら、心穏やかではいられないのではないだろうか。おおまかに言えば、ぼくらはそういう種類の試練を受けているのだった。ひたすら成功を追い求めた一年のすぐあとに、純粋な感情の波に洗われる瞬間が訪れる。胃が痛くなる瞬間だ。それればかりか、その感情を隠さなくてはならない。ゲームは続くのだ。カネをもらったすぐあとに、ほくそえむのは無作法だし、怒りをあらわにするのはみっともない。最高の評価を得た人間が感じるのは、静かな安堵《あんど》の気持ちだろう。予想どおりたっぷりもらえたとすれば、驚きも怒りも感じなくてすむ。あるのは満足だけ。表情を殺すのも、たやすいことだ。

ぼく自身の面談は、その日遅くなってからだった。『風と共に去りぬ』ふうのダイニング・ルームで待っていたのは、わがジャングル案内人、スチュー・ウィリッカーと、ロンドン支社のセールス軍団司令官、ブルース・ケプゲンだ。ジャングル案内人は、にこにこと話を聞いていただけだった。幹部候補の呼び声も高い取締役ケプゲンが、会社を代表してしゃべった。

ぼくは、任務を果たしたあとで親分の前に立つマフィアの殺し屋みたいに、冷静でそっけなかった。と言いたいところだが、実際には、自分で思っていた以上にそわそわしていた。ぼくがほんとうに知りたいのは――誰だってそうだが――、ボーナスの額だけだった。それなのに、なかなか核心に触れない演説を長々と聞かされるはめになり、最初はその理由もわからなかった。

取締役は自分の前にある書類をぱらぱらとめくってから、話し始めた。「わたしは今まで、入社して最初の年から光るものを感じさせる新人を、何人も見てきた」そう言って、数人の若い取締役の名を例にあげる。「だけど、きみみたいな一年めを送った人間は、見たことがないね」と、また名前を並べ始める。「ビルだって、リッチだって、ジョーだって、こうはいかなかった」そして、そのあと、「あの〇〇〇(人間ピラニアの本名だ)だって」人間ピラニアも？　あの人間ピラニアも、ぼくには及ばない！

「わたしとしては、おめでとうと言うしかないね」

ここまで、およそ五分間。ケプゲンの演説は、彼の意図したとおりの成果をあげた。ぼくはもう、ソロモン・ブラザーズで働けるという特権のために、彼にカネを払っても惜しくない気分になっていた。

それから、自分がセールスの天才に思えてきた。ケプゲンの言葉がぼくをくすぐる。彼は、押すべきボタンを全部押した。ぼくが会社に対して持っていた恨みや反感は、ほとんど溶け去った。多くの上司や、ジョン・グッドフレンド、あのAT&T債のトレーダー、その他、ソロモンにかかわってきたすべての人たち——日和見主義者は、まあ例外としても——に、深い敬意を覚えた。カネのことはどうでもよかった。この相手に、自分の仕事ぶりを認めてもらえさえすれば、それでいい。彼らが、カネをくれる前にじっくり話をしたがった理由が、ようやくわかってきた。

司祭と同じように、ソロモン帝国の主計官たちは、古式にのっとってボーナス授与の儀を執り行なう。カネの話は、常に付け足しのように、持って回った言いかたで切りだされるのだ。

「今年一年のきみの稼ぎは、九万ドルということになる」

給料が四万五千ドル。すると、あとの四万五千ドルがボーナスだ。

「来年のきみの給与は、六万ドルに上がる。さて、ひとつひとつの数字を説明していこうか」

四万五千という数字が同期社員の最高額であること（あとでわかったことだが、ほかに三人が同じ額をもらっていた）が説明されている間に、ぼくは九万ドルの年収をポンドに換算し（五万六千ポンドだ）、それをいろいろな物差しで測ってみた。この額がぼくの客観的な価値を上回っていることは、確かだ。まず、ぼくの社会への貢献度は、五万六千ポンドに遠く及ばない。いや、社会への貢献度が数字で測れるとしたら、毎年の暮れに、ぼくは報酬を受け取るどころか、つけを払わなくてはならないだろう。この額は、父の二十六歳のころの稼ぎをも上回っている。インフレのぶんを差し引いたとしてもだ。それから、ぼくの知るかぎりでは、同年配の誰もこんなに稼いではいない。へえっ！　ぼくは高給取りなのだ。ぼくは会社を愛し、会社もぼくを愛してくれている。なんという幸せ。というところで、面談は終わった。

ぼくはもう一度考えてみた。よくよく振り返ると、自分がたいして喜んでいないことがわかった。奇妙な話ではないか。そう、これがソロモン・ブラザーズなのだ。ＡＴ＆Ｔ爆弾でぼくに客を吹っ飛ばさせたのと同じ連中だ。彼らは、その火薬でたやすくぼくをけむに巻くことができる。彼らのために汚れ仕事を一年間やってきて、その見返りがたったの数万ドル……。ぼくのポケットから出ていったカネは、ぼくへの賛辞を並べたてた男のポケットに収まっている。向こうのほうが役者は上。言葉など安いものだ。彼はそのことをよく知っていた。

結局、うまくのせられたのだ、とぼくは思った。今でも、この見かたは変わらない。ぼくがソロモンにどれだけの利益をもたらしたか、数字で示すことはできないが、まともな物差しで測れば、九万ドルをはるかに超える働きをしているはずだ。市場でのソロモンの独走ぶりからすれば、九万ドルなど、失業手当のようなものではないか。ばかにしている。腹の底から、怒りが込み上げた。怒らずにいられるだろうか？　まわりを見渡せば、自分では一セントも稼がないくせに、報酬だけはたんまりと受け取っているやつばかり。

ひそかにアレキサンダーに不満をぶちまけると、「この商売では、金持ちになんてなれっこないのさ」という答えが返ってきた。「新しい段階の貧乏に行き着くだけだよ。グッドフレンドが裕福な気分でいると思うか？　とんでもない」

賢人アレキサンダー。彼は仏教を勉強していて、自分が超然として見えるのもそのせいだと説明したがった。よく考えれば、彼は研修プログラムを終えてまる三年たち、報酬に枠を課されなくなっている。よだれが出そうな額のボーナスをもらったばかりだ。悟ったようなせりふも、余裕をもって吐けるというものではないか。

それでも、彼の言葉は、ソロモン・ブラザーズやウォール街の他社で成功を収めた人間たちの欲望の果てしなさを、的確にとらえていた。この欲望にもさまざまな形のものがあり、健全さの面から見てもいくつかの段階があった。会社にとって最も有害なのは、今すぐ、もっと欲しいという欲望だ。つまり、短期的な欲望。この種の欲望を持つ人間に、忠誠心は望めない。一九八六年のソロモンの社員たちは、すぐにもらえるカネを欲しがった。会社の先行きが危ぶまれたからだ。八七年がどうなるか、誰にわかるだろう?

ボーナスが支給された直後から、ロンドンのトレーダーやセールスマンたちは――ニューヨークのラニエーリ一家と同様――、もっと稼げる場所を求めて、どんどん外へ流れ出していった。ソロモンのトレーダーやセールスマンに対しては、いまだに他社が高給のえさをちらつかせていた。貢献度の高い古株の社員たちは、会社にかなり失望させられたようだった。例えば八十万ドルを期待していた人が、四十五万しかもらえないといった具合だ。なにしろ、社員にばらまくだけのカネがない。会社にとってはさんざんな一年で、ところが、社員ひとりひとりは、自分はよくがんばったと感じているのだった。

赴任してから一年たつころには、周囲を見回して、ぼくより古くからソロモンにいる人間を数えても、両手と片足の指で足りるほどになった。ワイン二本付きのランチの時代に入社した二十数人のヨーロッパ人社員は、三人だけを残して、もっと緑の濃い牧草地へと去っていった。ひとり去るごとに、四、五人の下等動物が雇い入れられたので、ほかの職を見つけた社員が次々辞めていくのに、会社はどんどん大きくなっていった。

働き手を見つけるのは、べつにむずかしいことではなかった。一九八六年の終わりころには、アメリカの大学の熱狂がイギリスにも上陸してきていた。投資銀行以外の職場は目に入らないという不気味な感覚が、学生の間に定着し始めた。年末に、ぼくはロンドン・スクール・オブ・エコノミクスの保守派学生連合から講演に呼ばれた。保守派学生連合とソロモン・ブラザーズの両方を同時に収める器があるとすれば、それは左翼思想の温床としての歴史を持つロンドン・スクール・オブ・エコノミクスぐらいのものだろう。

講演のテーマは、債券相場についてだった。これでは学生は集まらないだろう、とぼくは思った。どう工夫したって、債券相場の話は長くてたいくつだ。ところが、会場には百人以上の学生が詰めかけ、後ろのほうでビールをがぶ飲みしていた目つきの悪い男が、ぼくに向かって寄生虫と叫んだときなど、逆にその男がやじり返されたほどだった。話し終えたあと、ぼくに浴びせられたのは、罵声《ばせい》ではなく、債券相場に関する質問でもなく、どうすればソロモン・ブラザーズに就職できるかという質問だった。ある急進派の若者は、ソロモンの人事部長がニューヨーク・ジャイアンツのファンである（これは事実だ）と聞いたので、ジャイアンツの先発メンバーの名前を全部暗記していた。別の学生は、ソロモンの社員は敵を背中から刺したりせず、手《て》斧《おの》で堂々と正面から襲いかかるという話を『エコノミスト』で読んだが、それはほんとうかと尋ねてきた。自分が攻撃的な人間であることを求人担当者に示すには、どんな方法が一番有効なのか？　本能のままにふるまえばいいのか、それとも、やりすぎてはいけないのか？

一九八七年中盤の最盛期には、ヴィクトリア・プラザは九百人の社員を擁し、ソロモン帝国の戦略拠点というよりは、巨大な託児所と呼びたいようなありさまだった。いつも鋭い言葉を吐くダッシュ・リプロックが、ある日、顔を上げて言った。

「取締役とがきばっかりじゃないか」

そのころには、ぼくは彼が口を開く前から、彼の言いたいことがわかるようになっていた。ダッシュ・リプロック解読装置を内蔵していたわけだ。ロンドンの同僚の平均在職期間は、六年から急速に二年足らずまで落ち込んだ。かつて三十をゆうに超えていた平均年齢も、今では二十五前後だ。

八七年のはじめごろ、どこかで聞いたようなつまらない冗談がはやった。もうじき、トレーディング・フロアの出口のそばに、〝最後に出ていくかたは、ライトを忘れず消してください〟という看板が掲げられるのではないかというのだ。そのあと、耳新しいジョーク（少なくとも、ぼくにとっては）がささやかれた。もっとも、それはあとで実話だとわかるのだが……。イギリス国債（ギルト債と呼ばれる）の主任トレーダーが会社を辞めた。ロンドン支社の取締役たちはひざまずいて（単なる比喩《ひゆ》だが）、思いとどまってくれと頼んだ。きみはよちよち歩きの新事業の屋台骨なのだから、と……。彼は言った。屋台骨など折れちまえ。ゴールドマン・サックスが給料をたっぷりはずんでくれると言ってるんだ。おいしい誘いがあるうちに、話に乗っておかないとな。おれはしょせん、自分の腕を取引するトレーダーだ。

何か、文句があるか？

すると、取締役たちは言った。取引のことはしばらくわきに置いて、会社への忠誠心のたいせつさについて考えてみてくれ。

さて、彼はどういう言葉を返したか？　こう言ったのだ。

「忠誠心が欲しかったら、コッカスパニエルでも雇うんだな」

10　社員をもっと満足させるには

　ぼくらの生活にはパターンができあがってしまった。月はじめには、わが小部隊の業績を分析し、週はじめには、支社の会議が開かれ、一日のはじめには、サイコロをふりたそうな客のところへ電話をかけまくる。毎朝、ダッシュ・リプロックは、ぼくより一時間以上早く出社する。電話の前から離れているところをボスに見つかったら、ボーナスに響くと思っているのだ。考えちがいもはなはだしい。ボスたちは、ぼくらが客からカネをしぼり取るのにどれだけ時間をかけたかより、どれだけのカネをしぼり取ったかのほうに、ずっと関心を払っている。それなのに、ダッシュは、七時四十五分を過ぎてから出勤してくるぼくの厚かましさに驚き、時々がなり箱に向かって、

「マイケル・ルイス君が本日も仕事をしに来てくれたことに、感謝の気持ちをささげたいと思います。皆様、盛大な拍手をどうぞ」などと叫ぶ。

　それから、ぼくらは、〝内的独白のぶつかり合い〟とでも呼ぶしかないような会話にうつつを抜かす。彼の将来とか、相場の裏をかく方法とか、ソロモン・ブラザーズの運命とか、新しく入った三人の下等動物に対する教育方針とかいうはっきりした話題がないときには、

まるで耳栓をした異国人どうしみたいに、とりとめなく言葉をぶつけ合うのだ。それが、トレーディング・フロアでの典型的な社交術だった。

〈ダッシュ〉きょう、サザビーズで絵を一枚見てきた。買おうと思うんだが。
〈ぼく〉そのスーツ、どこで買ったんだ？
〈ダッシュ〉円はいくらになってる？
〈ぼく〉その『アトランティック・マンスリー』を、ちょっと貸してくれないか？
〈ダッシュ〉香港だよ。四百ドルだった。こっちで買うと、八百ドルはするぞ。
〈ぼく〉誰の絵なんだい？
〈ダッシュ〉いいけど、ちゃんと返せよ。おれも読むんだから。
〈ぼく〉今年の年末は、ボーナスをもらえるかな？
〈ダッシュ〉年末にボーナスをもらったことがあったっけ？

二年めも後半にさしかかった一九八七年九月二十四日、前ぶれもなくこのパターンがくずれた。ダッシュはいつもどおり、机の下の防音室に身をひそめていた。ぼくもいつもどおり、彼が叫び声とともに顔を出すのに備えて、くだらないだじゃれを考えていた。しかし、それを口にするチャンスは訪れなかった。誰かが大声で、「会社の一大事だぞ！」と叫んだからだ。

　ダッシュは、耳の穴に指を突っ込んで、債券セールス業務に熱中していたので、騒ぎに気づかなかった。ぼくはすぐに、ニュースの画面を確かめた。信じられないものを見たときに目をこするのが、いまだに人類共通のくせなのだとしたら、ぼくもたぶんそうしたのだろう。速報が流れていた。ニューヨークのゴシップ・コラムニストを妻に持つ身長五フィート四インチの男、化粧品会社レヴロンを乗っ取ったばかりの悪名高い市場荒らし、ロナルド・ペレルマンが、ソロモン・ブラザーズの株を大量に買い付けているというのだ。ドレクセル・バーナムが資金面を支え、ファースト・ボストンのジョーセフ・ペレラとブルース・ワッサースタインが顧問に付いている。ウォール街の会社が同業者を攻撃目標にしたのは、これがはじめてだった。

　突然、ぼくの電話機のボードが、ロッキー山中の雲ひとつない星空みたいに、ちかちかとまたたきだした。顧客からの電話だ。みんな一様に、わが社が極悪非道な暴漢に襲われ、手足をもがれようとしていることに対し、同情の念を表明してきた。ただし、声にはまったく心がこもっていなかった。彼らは見物したいだけなのだ。事故現場に駆けつけて、ねじれた鉄板や震えている被害者をながめるやじ馬のように……。大柄な悪役ソロモン・ブラザーズが、ついにもっと大柄な悪役に首根っこをつかまれたのだと考え、その悪役がよりによって女性用化粧品のトップ・メーカーであることをおもしろがっている人間も、少なくなかっただろう。例のオリンピア&ヨーク債のフランス人は、ぶっきらぼうな声で皮肉を言った。

「そのうち、きみは百万ドル以上の債券の購入者に、口紅の試供品セットを進呈することになるだろうよ。わが家が口紅で埋まってしまうな」

なぜ、口紅製造業者がソロモンに目をつけたのか？　一番好奇心に訴える答えは、ペレルマン自身の考えではなかったというものだ。彼の公開買い付けは、ジャンクボンドの帝王であり、ペレルマンのパトロンでもあるマイケル・ミルケンが、ジョン・グッドフレンドに向かって投げつけた恨みの爆弾だと見ることもできる。ミルケンはよく、自分を手ひどくあしらった人間に恨みの爆弾を投げつける。そして、グッドフレンドはミルケンを手ひどくあしらったことがある。一九八五年のはじめ、ミルケンは、グッドフレンドと朝食をともにするためにわが社を訪れた。朝食は、グッドフレンドが対等の口をきいてくれないことに対するミルケンの怒りの声で幕をあけ、壮絶などなり合いで幕を閉じて、ミルケンは守衛に付き添われてビルを出ていった。そのすぐあと、グッドフレンドはソロモンの債券取引からドレクセルを全面的に締め出した。

ほどなく、ドレクセルは証取委の大々的な捜査にさらされた。ソロモンのある取締役は、お祝いの花束を贈るかわりに、ドレクセルの顧客三人から出されたミルケンに対する告訴状（罪状は、財物強要及び恐喝）のコピーを、ドレクセルのほかの顧客に送りつけた。一九八七年九月の時点でのソロモン・ブラザーズとドレクセル・バーナムの関係は、ウォール街の二業者間の関係としては最悪の状態にあったといっていい。

ミルケンはグッドフレンドをおびえさせた。グッドフレンドは、野心こそ雄大だったが、実際には、驚くほどがんこで、内向的な人物だった。だから、例えば、ロンドン支社にアメリカ人以外の経営者を置くことなど、まったく考えもしなかったのだ。わが社はビジネスマン的な視野を欠いており、力がついてきたときに、事業の幅を広げる機会をとらえきれなかった。債券を取引する以外のことは、何ひとつ知らない会社だった。ソロモンの社員で、価値のある新事業を生み出した人間はいない。唯一の例外はルーウィー・ラニエーリだが、その彼も、個人的なトラブルで葬り去られてしまった。これに対して、ミルケンは、わが社の縄張りのすぐ隣りに、ウォール街最大の新事業を打ち立てた。彼の目標は、債券市場におけるソロモンの王座を奪うことだった。

ぼくよりずっとグッドフレンドに近い位置にいた同僚が言う。

「口でどんなことを言っても、グッドフレンドの頭の中には、ソロモンをおびやかし、打ちのめすことのできる会社が、ただ一社だけ常にあった。ドレクセルだ。モルガン・スタンレーのエリート連中のことは、心配していなかった。競争力では、こっちのほうがずっと上だからな。だけど、ドレクセルは、うちと同じでしぶとい。それに、ヘンリー（・カウフマン）が、アメリカ企業の信用度は長期的に下落するという予測を立てていた。社債がみんな、ジャンクになってしまうわけだ。そうなると、うちの顧客はごっそりドレクセルのほうへ流れていく」

しかし、それは顧客だけではなかった。社員までが、びっくりするような率で、ドレクセルに寝返ったのだ。ビヴァリーヒルズにあるミルケンのジャンク債トレーディング・フロアの従業員八十五人のうち、少なくとも十二、三人が、ソロモン出身のトレーダーかセールスマンであり、ニューヨークのドレクセルに移った人間の数は、さらに多かった。ほとんど毎月のように、債券トレーダーやセールスマン、調査アナリストが、経営陣の前に来て、ドレクセルへ移籍することを告げる。ソロモンの経営陣は、どう対応したか？

「いいか、トレーディング・フロアにジャケットを取りにもどることも許さんぞ」とすごむぐらいが、精いっぱいだった。

ドレクセルへの人材流出がいつまでも止まらないのも、無理のない話だった。マイケル・ミルケンのもとで働いて、夢のような給料をもらったという報告が、ソロモンにもぽつぽつと漏れ伝わってきて、ぼくらはよだれを垂らしたものだ。一九八六年にソロモンを去って、ビヴァリーヒルズのミルケン軍団に加わった中堅幹部がいる。新しい職について三カ月めに、決まった週給のほかに、十万ドルが口座に振り込まれていた。まだボーナスの時期ではない。経理のまちがいだと思って、彼はミルケンにそう言った。

「いや、まちがいじゃない」と、ミルケン。「きみの仕事ぶりを、会社がどんなに頼もしく思ってるか、知ってもらいたかっただけさ」

別のソロモン出身者は、マイケル・ミルケンからもらった最初のボーナスのことを語る。期待していた額より数百万ドル多く渡されたのだ。予想をめったに上回ることのないソロモンのボーナス査定になじんできた彼は、ジョン・グッドフレンドが全社員に支払う額よりも多い自分のボーナスに、目をみはった。啞然《あぜん》として、言葉も出ない。楽隠居するにも十分なほどのカネをくれた人間に、どうやって感謝の気持ちを表わせばいいのか？　ミルケンはそんな彼を見つめて、「満足かね？」ときいた。ソロモンの元従業員はうなずいた。ミルケンは膝《ひざ》を乗り出して、言った。

「どうすれば、きみをもっと満足させてあげられるだろう？」

ミルケンは社員をカネびたしにした。あまりに豪勢な話なので、ソロモンに残ったぼくらも、ミルケンからの電話を心待ちにするようになった。カネはまた、ビヴァリーヒルズのトレーディング・フロアへの忠誠心をもはぐくむ。当時のミルケンは、まるで新興宗教の教祖様だった。ドレクセルのあるトレーダーは、作家のコニー・ブルックにこう語った。

「われわれは完全にひとりの男におぶさってる。それに、われわれはみんな、よそ者だ。マイケルに魂を抜き取られたってわけさ」

どんな魂にも、値段はある。研修クラスの同期生で、ミルケンのもとに走ったある男が、ビヴァリーヒルズで働く八十五人の魂の値段について、「一千万ドル級が二、三十人、一億ドル以上が五、六人」と言っていた。新聞がドレクセルの社員の推定年俸を書きたてるたびに、ビヴァリーヒルズの面々はその額の少なさをせせら笑っていたことだろう。ぼくの友人とその同僚の話では、ミルケン自身の実入りは十億を超えるという。それでも、マイケル・ミルケンにとって、十億ドル稼ぐことと、上得意のロナルド・ペレルマンにソロモン乗っ取りをけしかけ、グッドフレンドがもだえ苦しむ姿をながめること、どちらのほうが楽しいか、推理しろと言われると、首をかしげるしかない。

「わたしはマイケルを知ってるし、マイケルが好きだ」と言うのは、二カ月前にグッドフレンドに首を切られたばかりのルーウィー・ラニエーリだ。「やつの墓碑銘は、こうなるだろうよ。〝友をけっして裏切らず、敵にけっして情けをかけなかった男〟」

ペレルマンの買い付けに対するふたつめの見かたは、わが社の経営陣に天罰が下ったというものだ。ダッシュとぼくは、少数意見だとは思うが、会社が乗っ取られるのもそんなに悪いことではないと考えていた。むくつけき口紅売りであり、力自慢の荒事師でもあるロナルド・ペレルマンが、投資銀行の経営にまったくのしろうとだということはわかっている。しかし、一方、彼がもしグッドフレンド追い落としに成功したら、何よりまず、会社を帝国ではなく、事業体として見直すだろうということもわかっていた。それは、ソロモン・ブラザーズにとって、画期的な経営方針の転換となる。もちろん、会社乗っ取りの多くは、薄っぺらな仮面をかぶった単なる強奪だ。乗っ取り屋たちは、愚劣で怠慢な経営者を退陣させるのだというスローガンを掲げながら、本心は、その会社の資産を身ぐるみはぎ取ることしか求めていない。しかし、ソロモン乗っ取りは、うれしい例外だった。わが社には、はぎ取られるような土地も、年金引当金も、商標名もない。わが社の資産は、社員だけだ。ソロモン・ブラザーズは、まっとうな乗っ取りの標的にされているのだ。経営陣がなたで首をはねられたとしても、それは当然の運命だろう。

ソロモンがこれまで進めてきた事業計画は、ウォール街の歴史の中でもおおよそ最悪のものだったが、ソロモンが近い将来に向けて立てた計画は、それに輪をかけてひどかった。気性も、知恵も、われわれはレバノン人のタクシー運転手並みだった。アクセルかブレーキを力まかせに踏むだけで、ギヤの切り換えも状況に合わせた運転も知らない。本社にもっとスペースが必要だと判断したとき、世間並みに、筋向かいの今より広いオフィスに移ろうなどという穏健な考えかたはしないのだ。上層部はなんと、不動産開発業者モート・ズーカマンを巻き込んで、マンハッタン史上最大、最高額の建設プロジェクトをぶちあげた。グッドフレンド夫人スーザンは、われらが王宮の完成予想図を底に彫ったガラスの灰皿を、ひと箱発注した。結局、一億七百万ドルを投じたところで、大けがをしないうちに、計画は打ち切られた。灰皿は、今もスーザンの手もとにある。

世界征服計画のほうも強引に進められ、ロンドンの鉄道駅の真上に、世界一のトレーディング・フロアが造られた。それが今は、推定一億ドルの赤字をかかえるきらびやかな空洞と化し、整理統合を待つばかりとなっている。イギリスのマスコミは、われわれを〝スモーク・ソロモン〟とからかう。わが社はかつて、並ぶもののない巨大なモーゲージ部を設立し、のちに部員の半分をよそに奪われて、残る半分をくびにした。ルーウィーとともに、独占体制も去っていき、その結果生じた損失も数億ドルを下らないだろう。わが社は、世界最大級のうぬぼれ屋たちの手綱を放し、四十一階を権力抗争の場にしてしまった。今のニューヨーク本社には、内輪もめの病がはびこっている。この失敗のつけも、会社にとっては大きい。臆病《おくびょう》者のたわごと、というわけだ。中庸《ちゅうよう》の徳など、進むか、しりぞくか。買うか、売るか。右か、左か。ふたつにひとつ。

けれど、何より大きな判断ミスは、わが社が実際にとった策ではなく、とろうともしなかった策のほうにある。一九八七年の時点で、投資銀行業が儲からない商売になってしまったというわけではない。それどころか、業界全体の収益は、今までにないほど伸びていた。どの新聞を開いても、数週間の取引で五千万ドル以上の手数料を稼いだ投資銀行員の記事が見つかる。実に何年ぶりかで、ソロモン以外の会社がうるおっていた。皮肉なことに、新しい勝者の顔ぶれは、ロナルド・ペレルマンによるソロモン株買い付けの後援者とぴったり一致していた。ミルケン、ワッサースタイン、ペレラ……。特に、マイケル・ミルケン率いるドレクセル・バーナムは、わが社を押しのけて、一九八六年度の収益第一位に躍り出た。売上げ四十億ドルのうち、五億四千五百五十万ドルを利益として計上し、わが社の最盛期をもしのいだのだ。

ドレクセルの収入源はジャンクボンドであり、これがくせものだった。わが社は、ウォール街きっての債券取引業者として名をはせていた。ところが、上層部がジャンクボンドの将来性に目をつけそこねたせいで、その名声があやうくなりつつあった。彼らは、ジャンクを一時的な流行だと考えたのだ。これは、とびきり高くついたミスだった。ジャンクボンドの力は、アメリカ企業の構造革命を促し、ウォール街を投資家に全面開放しただけではなく、ついにはわが社に対する乗っ取りの動きを引き出すのだから。

ここで、ジャンクボンドについてくわしく振り返ってみるのも、充分に価値のあることだろう。

ジャンクボンドというのは、ふたつの大手格付け機関ムーディーズとスタンダード＆プアーズに〝不履行の可能性大〟と評価された企業が発行する債券のことだ。〝ジャンク〟という格付けは、あいまいだけれど、区分として重要な意味を持っている。上はＩＢＭから、下はベイルートの綿花取引業者まで、延々と続く信用度の帯には、どこか途中で境目があるはずだ。ある段階を越えた社債は、投資ではなく、大胆なギャンブルの対象となる。ジャンクボンドは、八〇年代で最も論議を呼んだ金融手段で、ニュースにもたびたびとりあげられた。

しかし、強調しておかなくてはならないが、形態としてはけっして新しいものではない。人間と同じように、企業も、欲しいものがあってカネがないときには、昔から借金に頼ってきた。また、少なくともアメリカでは、負債に対する利息の支払いが税控除されるという特典があるため、借金は企業にとって最も効率のいい資金調達の手段でもあるのだ。そして、経営の不安定な企業は、常にカネを借りようとしてきた。今世紀初頭、悪徳実業家たちが借用証の山の上に帝国を築いたときのように、貸し手の財布のひもが驚くほどゆるむこともしばしばあった。しかし、今の財布のゆるみかたは桁《けた》がちがう。つまり、新しいのは形態ではなく、ジャンクボンド市場の規模なのだ。借金漬けのあぶなっかしい企業と、元本を（ひょっとすると、生活の根本までを）リスクにさらしてまでカネを貸したがる投資家の、たまげるような数の多さ。

ドレクセルのマイケル・ミルケンは、ジャンクボンドはうまみのある賭《か》けだと投資家たちを説き伏せることで、市場を創りあげた。ルーウィー・ラニエーリがモーゲージ債の市場を開拓したやりかたとよく似ている。七〇年代後半から八〇年代はじめにかけて、ミルケンは全国を駆けめぐり、相手がちゃんと話を聞くまでテーブルをたたき続けた。モーゲージとジャンクのおかげで、それまで債券取引と縁のなかった人々や企業が、カネを借りやすくなった。別の言いかたをすれば、新しい債券の誕生によって、投資家が住宅所有者や零細企業に直接カネを貸す道が、はじめて開けたということになる。そして、投資家が多くなるにつれて、借り手の数も増えていった。その結果として生じた財務てこ入れの力こそ、金融史の上にこの時代を位置づける一番の特色といえるだろう。

コニー・ブルックは、『ウォール街の乗取り屋』という著書の中で、ドレクセルのジャンクボンド部門勃興《ぼっこう》のあとをなぞっている（ミルケンがカネを払って、出版を差し止めようとしたといううわさもある）。物語は、一九七〇年、マイケル・ミルケンがペンシルヴェニア大学のウォートン・スクールで債券の勉強をしていたころから書き始められる。彼は、型にはまりがちな中流階級の出身だった（父親は会計士）が、それを乗り越えるだけの型破りな才能に恵まれていた。ウォートンでは、〝堕天使〟についてくわしく学んだ。経営難におちいったかつての優良企業の社債のことだ。当時は、ジャンクボンドといえば〝堕天使〟ぐらいしかなかった。ミルケンは、それらの債券が、リスクの大きさを差し引いても、優良企業の債券より割安であることに目をとめた。彼の分析によれば、〝堕天使〟の所有者の投資収益は、よほどのことがないかぎり、優良企業の社債所有者の収益を上回る。それには理由があった。投資家たちが〝堕天使〟を避けるのは、無分別だと見られることをおそれるからだ。

なんとも単純な話ではないか。投資家が外見にしばられ、そのおかげで、外見を気にしないトレーダーがチャンスにありつけるのだということに、アレキサンダー同様、ミルケンも気づいた。金融界の革命の土台には、必ずこの群集心理がある。

同じ年のうちに、ミルケンはドレクセルの事務員として、職業生活のスタートを切った。やがて、自力でのし上がり、債券トレーダーとなる。彼は部分かつらを着用していた。友人たちでさえ、サイズが合ってないと言い、彼に悪感情をいだく人間たちは、頭の上でねずみが死んでいるようだと陰口をたたいた。ミルケンは、ラニエーリと驚くほどよく似ている。ともに、美意識や品位には欠けるが、自信はたっぷり持っている。仲間から孤立することを、少しもおそれない。ミルケンは村八分のような状態で、トレーディング・フロアのすみっこに追いやられながら、自分の市場を創り、ついには、ボスになるしかないほどのカネを稼いだ。ラニエーリと同様、彼にも崇拝者の一団がある。

熱意もまた、ふたりの共通点だ。ドレクセルのある元重役は、ブルック女史にこう語った。「マイケルの困ったところは、とにかく、自分とちがう意見に耳を貸そうとしないことだ。おそろしく横暴でね。勝手に問題はかたづいたことにして、どんどん先へ進んでしまう。集団の議決が必要な場では、まったくの役立たずさ。真理を説くことしか考えていない。証券業界に入らなかったら、信仰復興運動のリーダーにでもなってただろうな」

ミルケンはユダヤ人だが、彼が入社したころのドレクセルは昔ながらのWASPの投資銀行で、反ユダヤ感情が根強かったようだ。ミルケンは自分を部外者と考えた。それがのちに幸いする。一九七九年の時点で、以後十年間に金融の大変革を引き起こす人物を予想するとしたら、次のような手順を踏むことになるだろう。まず、ウォール街の中の、あまり流行《はや》っていない一角に目をつける。そこにいる人間のうち、ブルックス・ブラザーズのカタログから抜け出してきたようなしゃれ者、高級会員制クラブに所属している気取り屋、WASPの名門出身者を、全部除外する（こうして残った顔ぶれの中には、ミルケンとラニエーリのほかに、企業買収の第一人者であるファースト・ボストンのジョーゼフ・ペレラとブルース・ワッサースタインも含まれる。このふたりがのちに、ロナルド・ペレルマンのソロモン株買い付けをあと押しすることになるのは、偶然だが）。

ミルケンとラニエーリが似ているのは、ここまでだ。ラニエーリとちがって、ミルケンは自分の会社の実権を完全に握った。彼は、ジャンクボンド取引の場をニューヨークからビヴァリーヒルズに移し、やがては、五億五千万ドルの年俸を自分に支払うまでになる。これは、ラニエーリの絶頂期の百八十倍だ。ウィルシャー大通りのそのオフィス（ミルケン所有のビルにある）を開くとき、誰が会社を動かしているかを天下に示すため、彼は社名のかわりに自分の名前をドアにかかげた。そして、ソロモン・ブラザーズとはひとつの点で決定的にちがう職務環境を築きあげた。社員ひとりひとりの実績が、部下を何人かかえているかとか、役職についているかとか、ゴシップ欄に何回登場したかとかではなく、純粋にどれだけの取引をしたかで測られるのだ。

人々が幾時代も親しんできた因襲をくつがえしてしまった人物の、どういう部分が革新の素地を作ったかを言うのはむずかしい。ミルケンの場合、過敏なほどの人ぎらいで、個人的な取材に対しても、仕事の話以外、人柄を知る助けになるようなことは何ひとつ明かさないので、なおさらむずかしいのだ。ぼくが見たところでは、彼はふたつの資質をあわせ持っていた。彼がのし上がったあの時期には、たがいに相容れないと思われ、もちろん、八〇年代はじめのソロモンでは共存しえなかったふたつの資質――つまり、ミルケンは、荒削りな債券取引の技術と、粘り強さの両方を兼ね備えていた。彼は、注意持続時間が長かった。

これは、まれにみる天分だ。集中力がなくなる、考えをしぼり込む能力がすっかり麻痺《まひ》してしまうというのは、トレーディング・フロアにはびこる職業病の筆頭だと言っていい。ダッシュ・リプロックが、そのひときわ典型的な例だろう。ダッシュを見ているとミュージック・ヴィデオをながめているようで、目が休まらない。例えば、ほんの短い時間、むっつり黙り込むことがある。かと思うと、仕事の手がちょっとあいたときに、受話器をがちゃんと置き、いつか投資銀行員を辞めて、学校にもどるつもりだなどと言いだす。何年か図書館に閉じこもって、史学の教授になりたいのだそうだ。そうでなければ、もの書きに……。ダッシュがたとえ五分間でも静かにものを考えているところなど、ぼくには想像もつかなかったので、ひやかしぎみにそう言うと、ダッシュはもうその話に飽きていて、話題を替えたがる。

「今すぐ、勉強したいわけじゃないよ。三十五になって、何百万ドルか貯金ができてからのことさ」

まるで、何年か債券を扱って、預金口座に数百万ドルたまれば、それで集中力がつくのだとでもいうように。

債券セールスにたずさわって三年になるダッシュは、不きげんさをある程度の時間持ちこたえるだけの粘りも失っていた。何かでむくれたかと思うと（「おれにちょっかいを出すなよ。虫のいどころが悪いんだ」と、トレーダーたちによく警告を発した）、次の瞬間には忘れてしまい、そういうときに限って、数億ドルの国債がすぐに売れたりして、もとのにこやかな顔にもどってしまう。「やったぜ、マイケル！」注文をなぐり書きしながら、ぼくに向かって叫ぶ。「日本人だよ。気に入られちまったらしいや。むちを当てて、どんどんしぼり取ってやるぞ。ひゃっほう！」

頭の中のほとんどの部分が、次の取引のほうだけを向いている。いつまでも歯止めのきかない中毒患者のようだ。

マイケル・ミルケンは、ダッシュとそれほどちがわない条件で仕事を始めながら、取引に際限なくのめり込んでいくのではなく、ひとつの事業をじっくり創りあげた。数字のちらつく画面から顔を上げ、すみきった頭で将来のことを考えたのだ。あるマイクロチップ製造業者が、今後二十年間、半年ごとの利息を払い続けられるだろうか？　アメリカの製鉄業界は、どんな形にせよ、生き延びていけるだろうか？　そのころドレクセルの経営者の座についたフレッド・ジョーゼフはミルケンの企業についての意見に耳を傾け、〝社内の誰より、各企業の信用度を熟知している男〟という評価を与えた。副産物として、ミルケンは企業そのものについても知識を深めることができた。

企業は、長い間、商業銀行員たち、そして、投資銀行の企業金融や株式の担当者たちの縄張りとされてきた。債券トレーダーの考慮の対象とはならなかった。ソロモンでは、前に書いたように、株式部門は一番身分の低い部署と見られている。わが社の債券トレーダーの多くは、企業金融担当者たちをアシスタント事務員のように考え、企業金融部を〝ゼロックス班〟というあだ名で呼ぶ。ミルケンと同じものを見たとしても、誰もそこから何かを導き出すことはできなかっただろう。ほんとうに情けない話だ。手の届くところにある宝物が、まったく目に入らなかったのだから。

債券トレーダーとしての目で、ミルケンはアメリカの実業界を完全に評定し直した。注目すべき事実が、ふたつ浮かび上がった。ひとつは、大きくて信頼の置けそうな企業の多くが、低い金利で銀行からカネを借りていること。そういう企業の信用度は、先行き上昇が見込めない。カネを貸すうまみがあるだろうか？　まったくない。ばかばかしい取引だ。企業の活力のお手本といわれた会社の多くが、その後倒産の憂き目を見ている。リスクのない融資などありえないのだ。巨大企業だって、業界という地盤が揺らげば、倒れてしまう。隆盛を誇ったアメリカの大手製鉄会社が全滅した例もある。

もうひとつは、リスクをきらう商業銀行や金融業者がカネを貸したがらない企業が、二種類あるということ。小さくて新しい企業と、大きくて古いけれど問題のある企業だ。金融業者たちは、どの会社が安全かを判断するのに（いや、むしろ、自分たちの投資が無分別なものではないというお墨付きを得るのに）、格付け機関を頼りにする。しかし、格付け機関は、商業銀行と同じで、自分たちの意見を打ち出すのに、もっぱら過去の情報（バランスシートやこれまでの実績）を頼りにする。分析結果が、分析よりも数字で決まってしまうわけだ。小さくて新しい企業や、大きくて古いけれどあぶなっかしい企業を評価するのに、この方式では心もとない。経営陣の性格とか、その業界全体の状況とかを客観的に判断すれば、もっとましな結果が出るはずだ。ＭＣＩはジャンクボンドによる資金調達で成長した会社だが、この会社にカネを貸すことは、長距離電話業界の将来性やＭＣＩ経営陣の能力を見通しさえすれば、リスクに十分見合う有利な投資だったといえる。また、クライスラーに法外な利率でカネを貸すことも、会社に利息を支払う余力があるかぎり、お得な賭《か》けだった。

ミルケンはよく、ビジネス・スクールで講演をした。そんなとき、彼は受けを狙《ねら》って、大会社を破産に追い込むのがどんなにむずかしいかを、具体的に語ってみせた。大会社を沈没させないでおこうとする力は、つぶしたいと願う力よりもずっと大きい。例えば、第一の仮定として、その会社が大きな工場を地震地帯に建てたとしよう。第二に、役員の報酬を増やし、従業員の給料を減らして、労働組合を怒らせる。第三に、生産ラインに欠かせない部品の製造を、わざわざ倒産寸前の会社に請け負わせる。第四に、いよいよのときアメリカ政府に救済措置をとってもらうために、外国の口の軽い高官に賄賂《わいろ》をつかませる。種を明かすと、七〇年代後半に、ロッキード社がこれとまったく同じことをしたのだ。ミルケンは、破産まちがいなしと見られていたロッキード社の債券を買い、同社がしぶとく危機を乗りきったときに、ひと財産つくった。アレキサンダーが、くず同然のファーム・クレジット債を買ったときの事情と似ている。

ミルケンが言いたいのは、アメリカの格付けシステムそのものが穴だらけだということだった。将来を見据えなくてはならないのに、過去にばかり目が行き、見せかけだけの慎重さに手足を取られている。ミルケンはそのシステムの穴を埋めた。『フォーチュン』の企業番付上位百社を捨てて、格付けから漏れる会社に狙《ねら》いを定めた。そういうジャンクボンドは、貸し手の負うリスクを埋め合わせるために、利率が高く設定され、ときには優良企業の社債を四、五、六パーセント上回る。さらに、借り手の資金に余裕ができて、期限前償還が行なわれる場合、貸し手に多額の手数料が支払われることが多い。だから、その会社が業績を伸ばし始めると、繰り上げ償還への期待で、ジャンクの価値が急騰する。逆に、会社が不振だと、債務不履行をおそれて、ジャンクの値が下がる。要するに、昔ながらの社債と比べると、ジャンクボンドはうんと株式に近い動きをとるわけだ。

そのあたりに、ミルケンの市場の秘密が、驚くほど巧妙に隠されている。ドレクセルの調査部は、企業と密な関係を保っているので、ソロモン・ブラザーズまではとても届いてこないような企業内の生のデータに実にくわしい。ミルケンがジャンクボンドを取引するときは、必ず内部情報を握っている。内部情報にもとづいて株を取引するのが、完全な違法行為であることは、ドレクセルの元顧客であるアイヴァン・ボウスキーが身をもって証明してくれたとおりだ。ところが、債券に関しては、そういう法律がない（法律が制定されたころ、株式そっくりの動きをする債券がこんなに出回ることを、誰が予測できただろう?）。

ソロモンのトレーダーの頭の中ではっきり線が引かれている債権と株式所有権の境目（ダラスの株式部門というののしり言葉があるぐらいだ）が、ドレクセルのトレーダーの中ではぼやけているとしても、なんの不思議もない。経営不安の企業の債権を所有することは、その企業を牛耳ることだ。会社が利息の支払いを怠った場合、債券所有者は担保を差し押え、清算する権利を持つわけだから。マイケル・ミルケンは、七〇年代後半のある朝食の席で、ラピッド・アメリカン社の事実上の経営者メシュラム・リクリスに、このことを簡潔に伝えた。つまり、ドレクセルとその顧客がラピッド・アメリカン社を手中に収めているのだ、と。

「そんなことがありうるかね？　わたしが四十パーセントの株を持っているのに」リクリスは言った。

ミルケンは言葉を返した。

「われわれは貴社の債券を一億ドルぶん所有しています。一回でも利息の支払いが遅れたら、会社をつぶしますよ」

日ごろ、借り手企業の顔色をうかがい、投資家の弱みにつけ込むいやな役を演じさせられているぼくのような債券セールスマンからすると、胸のすく啖呵《たんか》だ。一回でも利息の支払いが遅れたら、会社をつぶしますよ、か。

「マイケル・ミルケンはこの商売をひっくり返してしまった。投資家の利益のために、企業におどしをかけるんだからな」と、ダッシュ・リプロック。借り手のほうが弱い立場に置かれるのは、ミルケンにすがる以外にカネを調達するあてがないからだ。ミルケンは彼らに貸し手を紹介する。貸し手は、ミルケンとともにひと儲けする。ミルケンの売り文句はこうだ。ジャンクボンドをたっぷり持っておけば、そのうちいくつかが不良品だったとしても、うまくいった銘柄の高収益が十分にそれを埋め合わせてくれる。ドレクセルはどんどん賭《か》けをする、と、ミルケンは機関投資家たちに呼びかけた。諸君も乗りたまえ。アメリカの将来に、われわれを支える小さな企業の成長に、投資しようではないか。これは、人民主義的なメッセージだった。初期のジャンクボンドの投資家は、モーゲージ債の投資家と同じく、カネを儲ける一方で、自分がいいことをしたような気分になれた。ニューヨークのドレクセルのある重役が言う。

「ビヴァリーヒルズで毎年行なわれるジャンクボンド・セミナー（ロナルド・ペレルマンのような人食い人種が集まるので、〝略奪者たちの饗宴《きょうえん》〟とも呼ばれる）で、マイケルの講演を聴いてみるといい。感激で涙が出てくるから」

どれだけのカネがミルケンの大義に引き寄せられたか、正確に言うことは不可能だ。とにかく、かなりの数の投資家がミルケンに財布を預けた。例えば、コロンビア貯蓄貸付組合のトム・スピーゲルは、ミルケンの熱弁にこたえて、バランスシートの資産を三億七千万ドルから百四億ドルにふくらませ、大半をジャンクボンドの購入にあてた。住宅所有者にカネを貸し付ける機関が、数十億ドルの投資用預金をごっそりジャンクにつぎ込んだわけだ。一九八一年までは、S&Lがほぼ独占的に住宅所有者に融資していた。預金には連邦政府の保証がついていた（金融機関が安く資金を調達できるように）ので、投資も政府機関によって制限されていた。それが、八一年に入って、軒並み経営が苦しくなり、この危機を脱するため、議会としても、S&Lに投機的な資金運用を許可せざるをえなかった。実質的にそれは、政府のカネでギャンブルをすることを意味したが、ともかくも、彼らはジャンクボンドを買うことができるようになった。スピーゲルは、ジャンクであがった利益の一部を投じて、テレビにコマーシャルを流し、コロンビア貯蓄貸付組合がどんなに堅実な機関であるかを視聴者に訴えた。資産の急成長ぶりを示す棒グラフの階段を、ブルーのスーツを着た小さな男がのぼっていくというものだ。

一九八六年ごろには、コロンビアはドレクセルの最大のお得意様のひとつになっていた。トム・スピーゲルの年俸は一千万ドル、全米三千二百六十四人のS&L会頭のうち一番の高給取りだった。ほかの組合の会頭たちは、スピーゲルを天才とあがめ、投資法をまねた。

「全国津々浦々のS&Lが、今じゃ、みんなジャンクボンドを持ってるんだぜ」

研修クラスの同期生のひとりが、うれしそうに手をすり合わせながら言った。この男は一九八七年の半ばにソロモンを辞め、ほかの多くの債券エキスパートと同様、ビヴァリー・ヒルズのマイケル・ミルケンのもとに走ったのだ。

おもしろいことに、八〇年代はじめにソロモン・ブラザーズがジャンクボンド市場に飛びつかず、その後もうまく食い込めなかった主な理由のひとつが、その辺にある。ソロモン社内では、S&Lはすべて、ルーウィー・ラニエーリ専属の顧客と見られていた。ソロモンがジャンクボンドを本格的に取り扱うようになれば、社債部のボスであるビル・ヴァウトが、

S&Lへの接触をモーゲージ部と同等に行ないたいと要求してくるだろう。大事なお得意様を取られることをおそれたラニエーリは、八一年にヴァウトが設立したジャンクボンド班を、大きくならないうちにつぶしてしまおうと画策した。

一九八四年、ふたりの社員から成るジャンクボンド班は、S&Lの経営者たちを集めたソロモンのセミナーで講演をした。ふたりを招いたのは、モーゲージ部だった。ところが、三時間にわたる講演のあとに、セミナーのしめくくりとして、ラニエーリが壇上に立った。聴衆は、彼の一語一句に耳をすます。救い主と仰ぐ人物の言葉なのだから、当然だ。ラニエーリは言う。

「投資家として、絶対にやってはいけないことがふたつあります。ひとつは、ジャンクボンドを買うこと。ジャンクボンドは危険です」

もちろん、ラニエーリとしては、自分の信念を語ったのだろう。しかし、それは結局、経営者たちの信念とはならず、彼の反対演説はソロモンのジャンクボンド班の評判を落としただけに終わって、S&Lのカネはどんどんドレクセルのほうへ流れていったのだった。そして、大事な聴衆の前で恥をかかされたビル・ヴァウトの部下ふたりは、かんかんになって怒った。

「食事に招かれて、行ってみたら、自分がその晩のおかずだとわかったようなものさ」と、元ソロモンのジャンクボンド班のひとりは言う。

その同じジャンクボンド担当のふたりが、S&Lを個別に訪問するために、半年かけてアメリカじゅうを回ったことがあった。十分すぎるぐらいの手ごたえがあったんだが、そのあと、全然注文が来ないんだ」

「商品説明は実にうまくいって、十分すぎるぐらいの手ごたえがあったんだが、そのあと、全然注文が来ないんだ」

ふたりとしては、自分たちのロードショーを追いかけるように、ジャンクの注文が殺到することを期待していた。なのに、一本もS&Lからの電話がないという。

「あとで、相棒がソロモンを辞めて、ドレクセルへ移ったときに、ほんとうのことがわかったよ。客のひとりがそいつに打ち明けたんだが、ルーウィーのとこのセールスマンが、おれたちのすぐあとから来て、あの連中の話は信用するなと言って回ってたそうだ」

そんなろこつな営業妨害をして、モーゲージ部が罪に問われなかったのだから、四十一階にはリーダーシップをとれる人間がまったくいなかったと言われてもしかたがない。しかし、それが当時のわが社の状況だったのだ。

その間にも、新しい市場は爆発的な勢いで広がっていた。ミルケンの成功を示す証拠のひとつは、新たに発行されたジャンクボンドの数だろう。七〇年代にはゼロに等しかったのが、一九八一年には八億三千九百万ドル、八五年には八十五億ドル、八七年には百二十億ドルが発行された。この時点で、ジャンクボンドは社債市場の二十五パーセントを占めるに至る。IDD情報サービスによれば、八〇年から八七年までの間に、五百三十億ドルのジャンクボンドが市場にお目見えした。しかし、これは市場のほんの一部に過ぎない。新しい人工の〝堕天使〟を数に含めていないからだ。ミルケンは、安定度のごく高い企業の社債をジャンクに変えてしまう方法をあみ出した。相手の資産をかたにして、その企業を買収するのだ。

新しい投機的な市場に何百億ドルもの資金を吸い寄せたマイケル・ミルケンは、一九八五年ごろには、さばききれないほどのカネを目の前にしていた。彼は頭をかかえたことだろう。有望な中小企業や、得な〝堕天使〟をいくら見つけてきても、まだまだ資金を吸収しきれない。この需要を満たすだけのジャンクボンドを創り出さなくてはならなかった。ジャンクは誰も手を出したがらないから安い、という当初の前提は、とっくに消し飛んでしまった。今では、需要が自然の供給を上回っている。アメリカじゅうの巨大なカネの山が、節操もなくリスクに向かってなびいていた。ミルケンとドレクセルの幹部たちは、絶好の解決策を思いついた。過小評価されている企業を乗っ取る資金を、ジャンクボンドで調達すればいいではないか。当の企業の資産を、債券購入者への担保にして……（家を担保に住宅ローンを組むのと同じ仕組みだ）。大きな企業をひとつ買収すれば、数億ドルぶんのジャンクボンドを生み出すことができる。新規に発行する債券のほかに、担保の比重が大きくなれば、その企業の優良社債までがジャンクに変わるからだ。ただし、企業買収に手を染めるには、何人かの突撃要員が必要になる。

企業の重役室を急襲するというこの新しい刺激的な仕事に喜んで飛びつくのは、おもに、経験は乏しいけれど、金持ちになることにはおおいに興味があるという人間たちだ。ミルケンは、名のある乗っ取り屋たちの夢に、ことごとく資金を提供した。ロナルド・ペレルマン、ブーン・ピケンズ、カール・アイカーン、アーウィン・ジェイコブズ、ジェームズ・ゴールドスミス卿、ネルソン・ペルツ、サミュエル・ハイマン、ソール・スタインバーグ、アシャー・エルドマン。「もらえなけりゃ、借りるしかない」と、彼らは言う。ほとんどの乗っ取り屋が、ドレクセルを窓口にジャンクボンドを売ってカネを作り、今まで誰も攻めたことがないレヴロン、フィリップス石油、ユノカル、TWA、ディズニー、AFC、クラウン・ゼラバック、ナショナル・キャン、ユニオン・カーバイドなどの砦《とりで》に襲いかかった。それは、本人たちにとってだけではなく、ミルケンにとっても予想外の展開だったはずだ。一九七〇年にジャンクボンド市場の構想を描いたときには、アメリカ実業界をオーバーホールすることなど考えもしなかっただろうから。考えなくて当然。そのころの人間はみんな、企業が過小評価されるはずがないと頭から思い込んでいた。

ロンドン・スクール・オブ・エコノミクスを出たぼくも、株式市場に穴はないと教え込まれた。広い意味では、それぞれの企業に関して公表された情報は、すべて株価に織り込まれている、つまり、企業は常に正当に評価されているということだ。株式ブローカーやアナリストなど、情報にもっとも通じている人々の銘柄選択も、企業名を書いた紙を帽子に入れて猿に一枚選ばせたり、『ウォール・ストリート・ジャーナル』のページにダーツの矢を投げたりするのと変わらないという悲しい事実を、学生はくり返したたき込まれる。市場に穴がないとなると、誰でもまず、インサイダー取引以外に株で確実に儲ける方法はないと考えてしまう。ミルケンやウォール街のほかの人間たちは、この仮説のうそをあっさりと見抜く。収益に関するデータはすばやく消化する市場も、企業の所有する土地や年金基金の規模を評価することにかけては、おそろしく効率が悪いのだ。

なぜそうなのかを説明するのは、むずかしい。といっても、それをわざわざ説明しようと試みた人間が、ウォール街にいたわけではない。ウォール街の小さなＭ＆Ａ（合併・買収）部門の人間たちにとって、マイケル・ミルケンは神の使いであり、自分たちの職業選択の後見人でもあった。一九七三年にファースト・ボストンにＭ＆Ａ部を開いたジョー・ペレラは、七八年にブルース・ワッサースタインを雇い入れ、〝勘だけを頼りに〟乗っ取りに全力を注いだ。

「チャンスはたっぷりあったよ」ペレラは言う。「そこらじゅうにころがって、泥をかぶってた。次から次に、資産を過小評価されてる会社が見つかる。ところが、買い手がいなくてね。買う気のある人間には、カネがなかった。そこへ、ある男（ミルケン）がやってきて、泥を払ってくれたのさ。今じゃ、二十二セント切手一枚あれば、会社ひとつ買えるようになった」

ペレラやワッサースタイン、それに、ドレクセル以外のＭ＆Ａ担当者たちは、この変化を喜んで受け入れた。一件の乗っ取りには、少なくともふたりのアドバイザーが必要だ。乗っ取る側にひとりと、標的にされた側にひとり。だから、ドレクセルとしても、自社で創り出したこの事業を、一手に全部引き受けることはできない。ほとんどの取引には、四社以上の投資銀行がからみ、数人の買い手がえものを奪い合った。乗っ取り屋たちは、静かな池に投げ込まれた石であり、その波紋はアメリカ実業界全体に広がっていった。広がる過程そのものが、またひとつの波を作った。資産評価の低い上場会社の経営者たちは、自分で自分の会社を株主から買い取ることを考え始めた（ヨーロッパでは、経営者買収《マネージメント・バイアウト》、略してＭＢＯと呼ばれ、アメリカでは、資産担保買収《レバレッジド・バイアウト》、ＬＢＯと呼ばれる）。狙《ねら》われる側まで舞台に上がってきたわけだ。そして、ついには、ミルケンがひそかにやってきたことを、ウォール街じゅうの投資銀行がまねるようになった。銀行みずから、乗っ取りに大きく元手を賭《か》けるのだ。客にばかり儲けさせておく手があるだろうか？　というわけで、企業買収アドバイザーたちは突然、利害の衝突という問題に直面させられた。ぼくが毎日、債券を売るときに頭にめぐらすのと同じ問題だ。得な取引なら、自分の銀行でやってしまう。うまみのない取引なら、どうにかして客に売りつける。

　言いかえれば、仕事はいくらでもあった。八〇年代半ばには、ウォール街のそこかしこにＭ＆Ａ部門が誕生した。数年前に、債券取引部門がどんどん新設されたのとちょうど同じように。このふたつの部門は、金融面で深いつながりがあった。どちらも、債券で投機を行なおうという投資家の意欲を掘り起こした。また、どちらも、たやすく返済できる以上のカネを借りようという人々の意欲を引き出した。要するに、どちらも、負債というものに対するまったく新しい態度を土台にしていたのだ。ジョー・ペレラは言う。

「どんな会社にも、給料ぶんの働きをせずにぶらぶらしている社員がいるものだ。負債を背負うと、会社はいやでも贅肉《ぜいにく》を切り捨てることになる」

　アイヴァン・ボウスキーが欲のためにやったことを、乗っ取りの専門家たちは負債のためにやる。負債は善だ、と彼らは言う。負債は役に立つ。債券取引と企業買収は、実践面でも深いつながりがある。どちらも、新しい積極的な事業家精神を推進力にしている。過去にウォール街で生計を立てていた多くの人間の目には、いかがわしく映るしろものだが……。ひとつひとつの乗っ取りにはたいへんな量の思考と知恵が投資されているのだ、と他人に思わせたがる手合いがいるが、そんなことはない。ウォール街の乗っ取りセールスマンは、ウォール街の債券セールスマンとたいしてちがわない。取引をすべきかどうか迷うよりはるかに多くの時間を、彼らは戦略を練ることに費やす。自分たちを金持ちにしてくれる仕事は、世界のためにも役立つにちがいないという思い込みが、根本にあるのだ。乗っ取り市場を人間にたとえれば、アメリカの大手投資銀行に雇われ、にこにこと電話をかけまくっている、気張り屋で野心的すぎる二十六歳の青年といったところだろう。

乗っ取りが地域社会や労働者や株主や経営陣に及ぼす影響の大きさに比べると、そのプロセスはびっくりするほど単純だ。ニューヨークかロンドンで、ある晩遅くまでコンピューターをいじくっていた二十六歳の青年の目に、オレゴン州の製紙会社の資産が割安に映ったとする。青年はテレックスの用紙に自分の見積もりを書き、製紙業とかオレゴン州とか企業買収とかに少しでも関心のありそうな顧客に送信する。お見合いパーティーの主催者みたいに、誰がどんな相手を求めているかというデータを、ファイルにして机にしまってあるのだ。誰だってジャンクボンドを使ってカネを借りられるのだから、買い手は誰であってもかまわない。オレゴンの製紙会社は、いまや乗っ取りの標的だ。

翌日、当の製紙業者は、『ウォール・ストリート・ジャーナル』の〈街のうわさ〉の欄に自分の名前を見つける。会社の株価は、絞首台にのぼったみたいにはね上がっている。アイヴァン・ボウスキーのような鞘《さや》取《と》り業者が、乗っ取り屋に売りつけるために株を買いあさっているのだ。製紙業者はあわてふためき、防戦のために投資銀行員を雇い入れる。もしかすると、騒ぎを起こした二十六歳の青年当人かもしれない。ここまで動きを見せなかったほかの五つの投資銀行の五人の二十六歳の青年が、記事を読んで、この製紙会社の買い手をさがしにかかる。買い手が見つかると、買収戦争が正式に開始される。それと並行して、若い働き者の群れがコンピューターの画面をにらみ、ほかに割安な製紙会社はないかと、リストをくまなく調べ始める。製紙業界全体に買収の魔の手がのびるまでに、たいして時間はかからない。

攻めるにしろ、守るにしろ、大企業をめぐる戦いでアドバイザーを務めると、債券取引が貧乏人のゲームに見えてくるほどの手数料が得られる。ドレクセルは、一件の乗っ取りで一億ドル以上稼ぐという。ワッサースタインとペレラは、一九八七年、雇い主のファースト・ボストンに三億八千五百万ドルの手数料収入をもたらした。ゴールドマン・サックス、モルガン・スタンレー、シェアソン・リーマン、その他の投資銀行も、機をのがさずアドバイザー業務に名のりをあげ、どこもソロモンほどの資金調達力を持たないのに、そろって莫大《ばくだい》な利益をあげた。乗っ取りに出遅れ、ジャンクボンドにほとんど手を出さなかったソロモン・

ブラザーズは、おこぼれにあずかれなかった。これには、われわれが債券取引のからを破りたがらなかったという以外、理由はない。わが社は、乗っ取りとジャンクに参入するには絶好の位置にいた。全国の貸し手とのつながりの強さを考えると、乗っ取りの資金作りではトップを走っていてもおかしくなかった。もちろん、口実はある。これだけ大きなチャンスをのがしたのだから、無理にでも口実をこしらえなくてはならない。それは、ジャンクボンドは邪悪である、というものだった。ヘンリー・カウフマンは、アメリカ実業界は借金に頼りすぎであり、ジャンクボンドのマニアはいつか身を滅ぼす、とくり返し発言した。確かにそうかもしれないが、現実にはそんな理由でジャンクを避けたわけではない。わが社がジャンクボンドを引き受けなかったのは、上層部にまったく知識がなかったからであり、四十一階の内戦にかまけて、誰も勉強する時間とエネルギーを持たなかったからだ。

それならそれでジョン・グッドフレンドは、乗っ取りが結果的に企業のためにならないから、ソロモンは手を出さないのだというポーズを保っていればよかった。ところが、あとになって、カミカゼ特攻隊みたいに買収業務に首を突っ込み、会社と何人かの顧客に損をさせてしまったせいで、たちまち化けの皮がはがれる（彼とカウフマンが、企業の節操を説きながら、裏では個人的にジャンクボンドを購入していたことも、客にいい印象を与えなかった）。いずれにしても、ソロモンが参加しようと、自重しようと、今ではすべての企業が、ミルケン率いる乗っ取り軍団の潜在的な標的であり、ソロモン・ブラザーズも例外ではなかった。ロナルド・ペレルマンによるソロモン株買い付けの皮肉も、ここにきわまる。企業を乗っ取ったり、ジャンクボンドで乗っ取りに資金を供給したりする事業へ参加しそこねたために、ジャンクボンドで資金を調達した男に襲いかかられるはめになったのだ。

ペレルマンの野望がニュースで明らかにされたすぐあと、グッドフレンドは社内に向けて、敵対的な乗っ取りの圧力には屈しない、ペレルマンを撃退してみせる、と演説をぶったが、そのわかりきった情報以外、社員にはいつもどおり、何も知らされなかった。ぼくらは、『ニューヨーク・タイムズ』のジェームズ・スターンゴールドや『ウォール・ストリート・ジャーナル』取材班による追跡記事で、事態のくわしい経過を追いかけるしかなかった。

話を最初からたどっていってみよう。危機が小さな芽を出したのは、九月十九日、ニュースが発表される数日前の日曜日だった。その朝、グッドフレンドは自分のアパートで、友人である弁護士のマーティン・リプトンから電話を受けた。二カ月前、ラニエーリに引導を渡すときに事務所を使わせてくれた男だ。リプトンは、ソロモンの筆頭株主であるミノルコが、全体の十四パーセントに当たるその持ち株の買い手を見つけたことを知らせてきたのだった。ただし、買い手の素姓はまだわかっていなかった。グッドフレンドはさぞ、ばつの悪い思いをしたことだろう。ミノルコが持ち株を売りたがっていることは、何カ月も前から知っていたのに、対応を延ばし延ばしにしてきたのだ。まずい判断だった。その結果として、株の売買に対する支配力を失ってしまった。グッドフレンドの態度にいらだったミノルコは、ウォール街のほかの投資銀行を通して、株を売りに出したのだ。

九月二十三日、水曜日、グッドフレンドはミノルコの社長から、買い手がレヴロンだという悪い知らせを受け取った。買収工作の始まりであることは、明らかだった。ペレルマンはミノルコの持ち株に加えて、さらに十一パーセントのソロモン株を取得し、持ち株比率を二十五パーセントまで持っていきたいと発言していた。それがうまくいけば、グッドフレンドははじめて、専制君主の座をおろされることになる。

グッドフレンドは必死で、レヴロンにかわるミノルコ株の買い手をさがしにかかった。やり手の投資家でもある友人ウォーレン・バフェットに電話をした。バフェットは当然、グッドフレンドを救うことの見返りを期待し、グッドフレンドは驚くほど条件のいい取引をもちかけた。バフェットに、わが社の株を即金で買うのではなく、とにかくカネを貸してくれと頼んだのだ。株を買いもどす役は、ソロモンが務める。それには、八億九百万ドルが必要だった。バフェットは、七億ドルなら貸そうと言い、実際にはその額に相当するソロモン・ブラザーズの社債を買った。それで充分。グッドフレンドは、差額の一億九百万ドルを、わが社の資本金から引き出すことができた。

世界じゅうの投資家は、ウォーレン・バフェットをうらやんだ。どちらにころんでも、ぼろ儲けではないか。彼の買った債券（優先転換社債と呼ばれる）には、九パーセントの利率が付いていて、それだけでもかなり有利な投資になる。しかも、それに加えて、一九九六年までならいつでも、一株三十八ドルでソロモンの普通株に転換できるのだ。つまり、バフェットは向こう九年間、ソロモン株に対して、好きな役を演じることができる。ソロモン・ブラザーズの低迷が続くようなら、九パーセントの利息を受け取って、それで満足する。どうにかして業績が持ち直した場合は、債券を株に転換し、最初から危険を覚悟で投資したような顔をして、値上がり益をがっぽりとふところに入れる。ソロモンの将来にわが身を賭《か》け、大量の株を買い付けようとしたロナルド・ペレルマンとちがって、バフェットはただ、ソロモンが倒産しないというほうに、安全なカネを張っておけばよかったわけだ。

この取り決めは、ふたつの結果を生んだ。グッドフレンドは会長の座を手放さずにすみ、そのつけが、ぼくら社員や株主に回ってきたのだ。特に株主は、バフェットへの贈り物の代金を肩代わりさせられたことになる。その額を一番簡単に割り出す方法は、バフェットの債券に値を付けることだ。彼の買い値を百としよう。それが即座に百十八で売れたとする（ごく控え目な見積もりだが）。差額の十八、つまり彼の購入総額の十八パーセントが、ソロモンからのプレゼントということになる。愛用のヒューレット・パッカードの計算機に数字を打ち込むと、一億二千六百万ドルという答えが出てくる。よそ見をしてストライクを見のがしたひと握りのお偉方を救うために、どうして、株主が（ついでに、社員もだ。カネの一部は、ぼくらのボーナスを削って出されたものだろうから）身銭を切らなくてはならないのか？これが、ぼくの頭を、そして多くの取締役たちの頭をよぎった第一の問いだった。

ソロモン・ブラザーズのためだ、とグッドフレンドは釈明する。

「わたしはショックを受けた。ペレルマンという人物は名前しか聞いたことがなかったが、ソロモン・ブラザーズの企業構造、つまり、顧客との関係とか、信用、信頼で成り立っている体質とかを考えると、乗っ取り屋と呼ばれる連中にうまく対応できないんじゃないかという気がしてね」

最初の一文を除けば、このコメントはうそだらけだ。後半の部分を取りあげてみよう。わが社の顧客との関係は、南アフリカの企業を株主に持つことさえ許してきたのだ。どうして、いまさら、乗っ取り屋を受け入れたぐらいでぐらつくだろう？　アパルトヘイトと乗っ取りの倫理的な差など、考えたくもないが、少なくとも、乗っ取りのほうが危険だということはないはずだ。それどころか、乗っ取り屋と付き合うことで、わが社が恩恵をこうむる面さえある。乗っ取りをおそれる企業が、乗っ取り屋をバックに持つドレクセルのような投資銀行を、一種の保護料を払って味方につけたがる例は多い。ペレルマンがわが社の筆頭株主になれば、彼や彼の仲間をソロモン専任の用心棒にすることもできただろう。ペレルマンのほうでも、きっと、投資銀行を買収しようと考えついたときに、そういう協力関係を計算に入れていたにちがいない。

第二に、一九八七年九月の時点で、ウォール街の人間がペレルマンのことを〝名前しか聞いたことがない〟と言うのは、常識はずれだ。誰だって、ロナルド・ペレルマンが何者かは知っていた。このぼくですら、ソロモンに入社する前から知っていたぐらいだ。彼は、ほとんど無一文から五億ドルの財産を築きあげた。借金を元手に会社を乗っ取り、能なしの経営者たちをくびにすることで、それだけのカネを稼いできたのだ。グッドフレンドは、ペレルマンが筆頭株主になると自分の首があぶないことを知っていたのだろう。たとえそれに気づかないほどうかつな神経の持ち主だったとしても、九月二十六日にニューヨークのプラザ・

アテネ・ホテルでペレルマンと会ったとき、一瞬のうちに悟ったはずだ。四十二階の取締役専用食堂では、グッドフレンドの後任はブルース・ワッサースタインだという衝撃的なうわさが広まっていた（ペレルマンのアドバイザーであるワッサースタインは、わが社の商売がたきファースト・ボストンの社員だったから、乗っ取りが成功したときに、彼がファースト・ボストンを辞めてソロモンの経営者に収まるというのは、考えにくい話のように思えた。しかし、彼がファースト・ボストンでの待遇に不満を持っていたことを知れば、それほど意外とも言えなくなる。事実、翌年の一月に、彼は退社して、自分の会社〝ワッサースタイン・ペレラ&カンパニー〟を設立した。その会社で、ぼくは彼に直接、うわさの真偽を確かめるチャンスを得た。彼は押しの強い人物で、めったにうつむいたり口ごもったりしないのだが、この質問を聞くと、視線と声の両方を落とした。そして、次のように答えてくれたのだ。「どこからそんなうわさが出たのか、わからないね。ほんとうなわけがないだろう？　買い付けが発表されたころ、わたしは日本にいたんだから」うーむ）。

　状況からいって、ジョン・グッドフレンドがソロモンの役員会を説得し、白馬の騎士役のウォーレン・バフェットに多額の報酬を支払ったやりかたは、実に抜け目がなかった。役員会というものは、株主の利益を優先するのが建て前だ。ところが、九月二十八日、グッドフレンドは、役員会がバフェット案を蹴《け》ってペレルマンを受け入れるなら、自分は（トム・ストラウスら数人の幹部とともに）退任すると言った。

「けっして、おどしではなかった。わたしは事実を述べたのだ」

グッドフレンドはのちに、スターンゴールドにそう語っている。

グッドフレンドの天才的な能力のひとつに、私欲を高潔な主義の衣に包み隠してしまうというものがある。ときには、そのふたつの見分けがつかなくなる（ぼくがウォール街で学んだことがひとつあるとすれば、それは、投資銀行員が道義について語りだしたときは、たいてい自分の利益を弁護しようとしているのだということ、道義という畑の下に黄金でも埋まっていないかぎり、彼らはその畑を死守しようとはしないものだということだ）。ロナルド・ペレルマンの金融戦略にぞっとするような嫌悪を覚えたというのは、おそらくジョン・グッドフレンドの本心だろうし、彼が伝道師のような確信をもって発言していたこともまちがいない。その説得力は、並みはずれたものだった。しかし、彼は退任をちらつかせることで、少しでもリスクを冒したわけではない。失うものは何もなく、得るものばかりだったのだ。ペレルマンが実権を握れば、どうせグッドフレンドは、退任を申し出るいとまもなく、くびにされただろうから。

退任発言に冷ややかな解釈を加えたくなる根拠は、グッドフレンドの過去にいくらでもころがっている。十数年前、似たような状況で、彼は同じ動きを見せたのだ。七〇年代半ばのパートナー会議で、奇妙なやり取りが行なわれた。ビル・サイモン（ウィリアム・ソロモン会長の後継者争いで、グッドフレンドと接戦をくり広げていた）が、パートナーがそれぞれの持ち分を売り、ソロモンを合資会社から株式会社に変えたら、全員のふところがどんなに豊かになるだろうというような趣旨のことを言った。ウィリアム・ソロモンは、共同出資という形態こそ健全な会社経営のかぎであり、ほかの仕組みでは従業員の忠誠心を保てないと考えていた。ソロモンの発言が終わると、グッドフレンドが立って、臆面《おくめん》もなく会長の意見をそっくりなぞった。会社が身売りするようなことになったら、自分は退任する、と彼は言った。なぜなら、合資会社であることがソロモン・ブラザーズの成功のかぎなのだから。

「あの男を後任に選んだおもな理由のひとつは、それだった」と、ウィリアム・ソロモン。「共同出資制のよさを、ちゃんとわかってくれてるようだったからな」

ところが、会長の座につき、最大の持ち分を手にすると、グッドフレンドは心変わりしてしまった。実権を握って三年たった一九八一年十月、彼は商品取引業者ファイブロに、五億五千四百万ドルで会社を売った（実権は、一九八四年にグッドフレンドの手にもどった。その年、ソロモンの高収益とファイブロの業績悪化を受けて、彼は役員会を説得し、ファイブロの経営者デーヴィッド・テンドラーを追い落とした。子会社ソロモン・ブラザーズの最高責任者から、親会社ファイブロ・ソロモンの最高責任者に昇格したグッドフレンドは、社名をのちにソロモン・インクと変えた）。会長である彼は、誰よりも多い四千万ドルの売却益にあずかった。会社には資本が必要だったのだ、と本人は言う。ウィリアム・ソロモンは異を唱える。

「資本は十分すぎるほどあった。あの男の実利主義にはうんざりさせられるよ」（ある意味では、グッドフレンドは今、その報いを受けているのだ。ソロモンが合資会社のままだったら、乗っ取りに頭を悩ませることもなかっただろう）。

それでも、グッドフレンドの退任のおどしは、ソロモン・インクの役員会を揺さぶった。単純な経済学の見地からいえば、状況は圧倒的にペレルマン優位だったが、役員たちの注意はそこからそれて、ソロモン・ブラザーズの社会的責任のほうに向いた。おまけに、彼らの大半は、グッドフレンドの指名で役員の椅子を得た、いわば同志だった。二時間の討論のち、彼らはグッドフレンドの提案を受け入れることに決めた。ウォーレン・バフェットは安全有利な投資を行ない、グッドフレンドは会長の座にとどまり、ペレルマンはカネをポケットに収めたままという結果になった。

わが社の雰囲気は、数週間のあいだだけだが、ほぼ元にもどった。しかし、ソロモン・ブラザーズについての根本的な疑問が持ち上がっていた。経営のしかたがまずいということを、みんなが知ってしまったのだ。とはいっても、ペレルマンのような海賊に刷新をゆだねなくてはならないほど、まずい経営だったのだろうか？　実は、四十一階の凄腕野郎《ビッグ・スウィンギング・ディック》たちの頭には、もっと切実な疑問が根づいていた。長いあいだカネを成功の物差しにしてきた男たちは、ペレルマンに対してだけではなく、ワッサースタインやペレラ、ミルケンらに対して、羨望《せんぼう》を覚えずにはいられなかったのだ。特に、マイケル・ミルケンに対して。四十一階を支配するその疑問とは……。なぜ、あいつに十億ドル稼げて、おれには稼げないのか？この疑問は、過去数年間にアメリカ金融界に起こった変化の中心へと、ぼくらを導く。そう、この期間で最大の取引を行なったのは、ソロモン・ブラザーズではなく、ミルケンだった。その取引とは、もちろん、アメリカ実業界を売買することだ。商売の趨勢《すうせい》が、債券を取引することから、産業そのものを取引することへ、大きく移り変わったこの時代に、ソロモンは取り残されてしまったのだった。

11　富豪たちの一大事

ぼくの大好きな同郷人のひとり、元ルイジアナ州知事エドウィン・エドワーズは、偽善者どもには地獄の一番熱い火が待っている、とよく言ったものだ。だけど、今のぼくとしては、それがうそであることを祈りたい。ロナルド・ペレルマンの買い付けさわぎから二週間もたたないうちに、ぼくはひとつの指示を、いや、命令を受けた。新たに、ジャンクボンドをソロモン・ブラザーズの優先販売物件にする、と（この方針変更のせいで、一九八八年はじめに、ヘンリー・カウフマンが会社を去ることになる）。驚くべきことに、売る商品までちゃんと用意されていた。全米のセブン‐イレブンの総元締めであるサウスランド・コーポレーションの経営陣が、一九八七年七月、四十九億ドルの資金を調達して、自社を買収したのだ。ソロモン・ブラザーズとゴールドマン・サックスが、つなぎ融資と呼ばれる短期ローンでカネを貸し出した。つなぎ融資は、すみやかにサウスランド名義のジャンクボンドに変換される。そのジャンクが投資家に売り出されて、わが社にカネがもどってくる仕掛けだ。ただひとつのひっかかりは、なぜか投資家たちがこのジャンクを敬遠していることだった。ぼくらセールスマンは、売る努力が足りないといって責められた。

目先のきくダッシュ・リプロックは、だいぶ前に上司にかけ合い、自分の顧客はアメリカ国債しか買わないのだということを納得させていた。この先見の明のおかげで、彼は最初からジャンクの行商に加わらずにすんだ。ぼくは反対に、首までジャンクにつかっていた。慈善事業にうっかり百万ドル寄付してしまって、次の寄付の依頼をどっとかかえ込んだお人好しと同じ境遇だった。オリンピア&ヨーク債を売ったのは、もう一年以上前のことだが、いまだにその印象が尾を引いていた。八千六百万ドルのオリンピア&ヨークを客に売りつけた男なら、サウスランドもでっかく売ってくれるだろうと、まあ、あながち的はずれとはいえない期待をかけられたわけだ。過去の不品行の罰として、それをまたくり返せという刑を宣告されたようなものだった。ぼくには、サウスランド債のほんとうの値打ちを知る力はないが、これまで無知を理由に仕事から手を引いたことはないから、今回も手を引く理由にはできない。

ソロモンのジャンクボンド担当者たちは、サウスランドは得な投資だと力説していたが、それは当然だろう。この取引で、得るものが一番大きい（利益にして三千万ドル）のも、失うものが一番大きい（自分たちの職）のも、彼らなのだから。犬のえさほどの値打ちしかない債券だったとしても、正直にそう言うはずがない。ボーナス日も近づき、正直さという商品は急速に値を下げていた。

ぼくの勘では、ソロモン・ブラザーズはジャンクボンドについて何も知らず、従って、わが社が引き受けたジャンク《ジャンク》はくずという名称どおりのものだった。ソロモンは、込み合っている市場にやみくもに飛び込み、最初につかんだ品を一番高い値で買うという、ずぶの初心者にありがちな失敗を犯したのではないだろうか。サウスランドについての信頼できる情報を、社内では得られそうになかったので、ぼくとしては、自分の勘に頼る以外になかった。

その年の新年の誓いで、ぼくは、自分が薦めたくないものはひとに売るまいと決めた。十一月を前にして、誓いはすでに破られていた。危険は買い手が負担するというのが金融市場の鉄則だとはいっても、ぼくにはやはり、自分がいかがわしい仕事をしているという感覚がつきまとった。そして、それはぼくだけではなかった。ダッシュは、債券セールスにおける職業倫理の権威だった。誰かが債券を押し売りするたびに、彼は「この追いはぎ野郎！」とどなった。そして、自分もよそで押し売りをした。もっとわかりやすく言うと、投資家をだまして債券を売りつけると、必ずそれがあとあとまでたたるのだ。例えば、腹を立てた顧客が、毎朝しつこく電話してきて、あのドイツ人ヘルマンみたいに「マイケル、もっとすごい名案を、どこかに隠してるんじゃないかね？」などとくり返す。夜は寝苦しく、朝になるとベッドから落ちているという毎日で、ぼくは、ヨーロッパじゅうの投資家がぼくの人形を作って、針で刺しているんじゃないかと想像したものだ。

サウスランド債に関しての悩みは、どうやって客に買う気を起こさせないようにするかということだった。これは、口で言うほど簡単なことではない。債券を売らない技術は、債券を売る技術より高等で複雑だ。上司とスカッシュの試合をしているようなもので、勝ちたいと思っているようなふりをしながら、同時に負けるための工夫をしなくてはならない。サウスランドが特にやっかいなのは、ソロモン・ブラザーズがジャンクボンドの分野でも一目置かれるべき勢力であることを示すために、グッドフレンドがわざわざ手を出した仕事だということだった。セールスマンの尻《しり》をたたくことを職務とするニューヨークの取締役たちから、ぼくのところに何本も電話がかかった。首尾はどうだ、と彼らはきいてきた。ぼくはうそをついた。一本もセールスの電話をかけていなかったのに、サウスランドを売るために最大限の努力を払っていると答えたのだ。しかし、いつまでもそれでしのげるわけがない。

ゴルフのハンディを減らすように、ぼくはうそをつく腕前を上げる必要があった。仲間のセールスマンたちは、説得力のあるなしはともかく、ぼくよりずっとじょうずにうそをつく（「先方が一週間、休暇をとってまして」「お客さんが永眠してしまいまして」）。ある日、ジャンクボンド担当者のひとりが、ぼくが一番の上得意である例のフランス人に電話をするところを、自分の目で見たいと言いだした。ありがたいことに、通話を聞きたいとまでは言わなかった。ただ、ぼくが売る努力をしていることを確かめたいというので、同じ机のすみに彼が座り、ぼくはその目の前で苦しい芝居を演じるはめになった。

「はい《ウィ》」フランス人が応答する。

「やあ、ぼくですよ」

「そりゃそうだろうよ」

「ぜひ検討していただきたい債券がありましてね」一語ずつ慎重に選びながら切り出す。

「アメリカの投資家に絶大な人気がある商品なんですよ」（相手は、人気のある債券に強い

不信感を持っていた）

「だったら、アメリカの投資家に全部買ってもらえばいい」

「ここに、うちの高利回り債券の担当者が座ってるんですが、サウスランドは絶対にお得だと言ってますよ」

「でも、きみはそう思わないわけだな？」フランス人はそう言って笑った。

「ええ、まあ」

ぼくは長い追従笑いを漏らして、ソロモンのジャンクボンド係と大事な顧客の両方をおおいに喜ばせた。喜んだ理由は、ふたり別々だっただろうが。

「遠慮しておくよ」と、フランス人が言って、話は終わった。

ジャンクボンド担当者は、よくがんばったとぼくの努力をたたえてくれた。なんのためにがんばったかを彼は知らなかったわけだが、ぼくのがんばりが正しかったことは、じきに証明された。サウスランド債は、ほんとうに悪運を呼ぶ債券だったのだ。一九八七年十月半ば、ロナルド・ペレルマンとの短い対決の疲れもいえないうちに、ソロモン・ブラザーズは史上例を見ないほど集中的な打撃を浴びることになった。八日の間に、起伏の多すぎるジェットコースターさながら、次から次と事件が持ちあがった。一撃ごとに威力を増すパンチに、ソロモンがいいようにいたぶられるのを、ぼくは間近に観察していた。いくらかは自業自得の気味もある数十人という犠牲者が、不幸のなだれに押しつぶされた。

［一九八七年十月十二日（月）第一日め］ソロモンを揺さぶる八日間は、やはりというべき

か、最上層部の判断ミスと思われる一件で幕をあけた。匿名のある役員が、週末に、『ニューヨーク・タイムズ』の記者の前で、会社は千人の社員を解雇する予定だと漏らしたのだ。まったく寝耳に水のニュースだった。役員会が事業の見直しを行なってきたことは、みんなが知っていた。けれど、その見直しで誰かの職があやうくなるなどという事態は、どんな状況のもとでも絶対にありえないと聞かされていた。そのせりふを吐いたボスたちがうそをついていたのか、あるいは彼らも知らなかったのか、ぼくには判断がつかない。この日の朝、ロンドン支社長は講堂に全員を呼び集め、人事については〝何の決定もなされていない〟と告げて、首切りがないことをにおわせた。

だとすると、ニューヨークの誰かが実にすばやく決定を下したことになる。何時間もたたないうちに、四十一階のふたつの部署、地方債部と金融部の約五百人が、そっくり解雇を通知された。本人たちもそうだろうが、ぼくもショックを受けた。品がよく温厚な金融部セールス担当のボスが、ニューヨーク時間午前八時三十分に、四十一階の部下たちの前に現われ、こう言ったのだった。

「おい、みんな、われわれは歴史の一部になってしまったみたいだぞ」

すると、そのまたボス、本社のセールス全体を統轄する正真正銘の凄腕野郎《ビッグ・スウィンギング・ディック》が、駆け寄ってきてどなった。

「いいか、席を離れるんじゃないぞ。誰も、どこへも行かせん。誰もくびにはさせん」

というわけで、金融部の全員が席にもどったちょうどそのとき、社内メモがクオトロンに映し出された。要約すると、こうなる。〝以後、出社に及ばず。ソロモンにとどまることを希望する者は、その旨申し出て、会社からの連絡を待つこと。ただし、期待はするべからず〟

地方債部も、金融部も、利益をあげている部署ではなかった。だからといって、完全に切り捨てなくてはいけないのだろうか？　両方の市場に小人数の要員を残しておいても、会社の損にはならないはずだ。そのふたつの分野でわが社をあてにしている顧客、今は突然の決定に腹を立てている人々を、なだめる意味でも……。どちらかの市場が持ち直したときに、それをすぐ利益に結びつけるためにも……。なぜ、すっかり手を引いてしまうのか？　撤退するにしても、なぜ、よりすぐった部員をほかの部署に回そうとしないのか？　地方債の花形セールスマンが国債の花形セールスマンになる可能性は、十分にある。ソロモン・ブラザーズは、国内屈指の地方債引受け業者であり、金融市場でも最大手の中に入る。このふたつの部に雇われていた社員は、けっして負け犬などではない（のちに、ディーン・ウィッター社が、自社の人員を整理してまで、ソロモンの地方債部員の大半を雇い入れた）。

決断を下した男たちは、肝っ玉で考えるというお得意の技を行使したのだ。それはつまり、取引のこと以外、何も考えないということだった。ビル・サイモンは、若いトレーダーたちによくがなったものだ。

「債券の取引をしていなかったら、おまえたちはトラックの運転手になってるところだ。市場でインテリぶろうとするな。取引に専念しろ」

強気に出て失敗したトレーダーは、すみやかに市場から脱出をはかる。持ち分を投げ売りして、損を最少にとどめ、次に備えるわけだ。あとは、高値で買った人間にありがちな失敗、つまり底値で売るという失敗を、自分が犯さなかったことを祈るばかり。

完全に形のできあがった事業組織を、会社はこうして、単なる取引の素材みたいに扱ったわけだが、そのこと以上に識者層の神経を逆なでしたのは、切り捨てに対するグッドフレンドの弁明だった。社員と報道陣に向けて、こう語ったのだ。不要な枝を慎重に剪定《せんてい》したかったのだが、掌握しがたい事態が発生したために、迅速な行動をとらざるをえなくなった、と。ニュースが新聞に出てしまったので、急遽《きゅうきょ》、首切りを断行したということらしい。言いかたを変えれば、『ニューヨーク・タイムズ』の記事が、ソロモンの方針を左右したわけだ。それとも、会長が、自分のやったことの口実に『ニューヨーク・タイムズ』の記事を使ったのか……。

この日最大のなぞが、ますますなぞめいてくる。誰がリークしたのか？　ソロモンの従業員は、研修生として入社した日から、凄腕野郎として退職する日まで、マスコミで発言することは大罪であると信じ込まされている。日ごろから、記者にはなるべく近づかないように気をつける。その結果、わが社の内部事情は、今まで一度も新聞に書きたてられたことがない。今回のリークが単なるうっかり発言だったとは、ぼくにはとても思えない。誰かが意図的にとった行動にちがいない。しかし、誰が？　わかっているのは、役員会のメンバーだということだけだ。役員会は、ジョン・グッドフレンド、トム・ストラウス、ビル・ヴァウト、ジム・マッシー、デール・ホロウィッツ、マイルズ・スレーター、ジョン・メリウェザー、その他の小物十二、三人から成っている。彼らは必死になって、ディープ・スロート探しをしているといううわさだった。ぼくは最初、首切りによって一番損をするはずだった役員は誰かというところから始めるべきだと思った。はっきりしている。地方債部の責任者、デール・ホロウィッツだ。彼はすべてを失った。首切りのあと、無任所大臣になってしまったのだ。

しかし、地方債部を救うためのリークだったとしたら、完全に裏目に出たことになる。グッドフレンドが言ったように、予定していたより多くの首が飛んだのだから。とすると、部署存続にかける捨て身のリークという推理は、やや説得力に欠ける。では、リークした人間が、期待どおりの結果を得たと考えると、どうなるだろう？　首切りで一番得をするのは、誰か？　残念ながら、ホロウィッツに対する腹いせが動機でないかぎり、誰も得はしない。そして、たかが腹いせのために、リークという危険きわまりない行為に走る人間がいるとは、考えにくい。リークしたことがばれると、自分の首があぶないのだ。役員なら誰だって、見つかったときにグッドフレンドから浴びせられる侮辱を、想像しただけで身がすくむだろう。その恐怖が、問題を解くかぎかもしれない。ジョン・グッドフレンドに対する恐怖心が、一番少ない人間は誰か？　小学生でもわかる。ジョン・グッドフレンドだ。

話が妄想の色を帯びてきたことはわかっている。それに、グッドフレンドが首切りの日程を早めるためにリークを仕組んだのではないかという推理を同僚から聞かされたとき、ぼくは笑い飛ばしたものだ。しかし、その可能性を頭からぬぐい去ることはできなかった。グッドフレンドが自分の決断の要因として、リークのことをやけに強調していたからだ。リークは、彼の救命いかだのようだった。ぼくらがそれを新聞で読んだとたんに、首切りがなんとなく既定の事実みたいになってしまった。グッドフレンドとしては、「『ニューヨーク・タイムズ』に、こんなことが書いてあるじゃないか。しゃべったやつは、ただではおかん」などと言っていればよかった。しかし、この仮説も、やっぱり根拠が薄い。グッドフレンドだって、この種のリークが回り回って自分の評判を落とすことぐらいは、十分に承知していただろうから。

いつまでも犯人がわからないせいで、ひとりの人間の罪を(単独犯だったとしての話だが)役員会全体が背負う形になった。つまり、社員が全役員に疑惑の目を向けたということだ。ソロモン・ブラザーズには、ディープ・スロートがいる。役員会に席を持たない取締役たちの中には、役員の前で重要事項を話すことを拒む者も出てきた。上層部の不和は、今まで以上にはっきりと、ぼくら下等動物にまで伝わってきた。ある度胸の据わった取締役が、役員ひとりひとりに向かって、「申しわけないが、リークした人間がわかるまで、あんたたちの中の誰ひとりとして信じないからな」と言った。そういう武勇伝は、たちまちのうちにトレーディング・フロアに広がった(結局、ディープ・スロートは見つからなかった。一九八八年十月に聞いた話では、犯人探しはいまだに続けられているということだ)。

ぼくはいらだちをつのらせた。傍観する以外に、できることは何もない。企業のお偉方が、自分や自分の部下の行動に責任を取るということは、ないのだろうか？　名誉心は、もうすたれてしまったのか？　イギリス政府に同じようなリーク事件が起きたら、辞任、辞職が相次ぐことだろう。ところが、うちの幹部たちは、失態に恥じ入るようすもない。へまをするたびに、毒にも薬にもならないような分析をし、すんだことはすんだこと、（引責辞職などの）荒療治は会社のためにならない、と居直るのだ。会社がつぶれても自分たちの身には被害が及ばないようにという役員たちの態度が、ぼくら社員の苦悩のもと、少なくとも原因の一端ではないか、とぼくは感じていた（年末までに、辞めた役員はひとりもいなかった。トム・ストラウスは、二百二十四万ドルの報酬を受け取った。ビル・ヴァウトは二百十六万ドル、そして、一番の驚きは、消えてしまった部署の責任者であり、新本社建設計画にも大きな役を果たしていたデール・ホロウィッツに、百六十万ドルが支払われたことだった。ただ、グッドフレンドは自分のボーナスを返上し、給料のうち三十万ドルを即金で、八十万ドルを繰延べ勘定で受け取っただけだった。ボーナスのかわりとして、三十万ドルの株式オプションを手にしたが、それは、この文章を書いている時点で、評価額三百万ドルを超している）。

けれど、何より腹立たしいのは、ソロモンの全新入社員に対してなされたたったひとつの約束が破られたことだった。多くの人間が、自分の進路に発言権を持たないままに、地方債部と金融部に配属された。ジム・マッシーは、毎年の研修プログラムで、部署の割り振りは安心して会社にまかせるようにと言ってきたが、ぼくはそれを信じなかったので生き残れたというわけだ。会社のために尽くせば、必ず報われるというマッシーの言葉を、多くの研修生は信じた。ルーウィー・ラニエーリをくびにしたときに、ソロモンの誓約にひびが入ったのだとすれば、今回の首切りは、それを粉々に打ち砕くものだった。

この災厄の日が始まったとき、特にロンドンには、不安におびえる人間がたくさんいたが、一日が終わるころにも、その数は減っていなかった。ディープ・スロート氏が『ニューヨーク・タイムズ』に漏らした情報では、解雇の予定は千人となっていた。辞めさせられたのは、五百人。首切りはまだ終わっていないのだ。しかし、次はいったい誰が……？

【十月十四日（水）三日め】 トム・ストラウスが、人員整理の必要性が一番高いのはロンドン支社だと通告してきた。その診断が下されたのは、ひと月前、ロンドンのある取締役がニューヨークの事業見直し委員会に出席し、支社の業績についてお粗末な弁明をしたときだった。支社員の数の正当性を主張したり、将来の計画を披露したりするかわりに、彼は売行き不振が自分のせいではないことを説明するのに時間を費やしたのだ。ぼくらがもう慣れっこになっていた彼のそういう態度に、グッドフレンドはつり込まれてしまったらしい。無理もない。委員会はぼくらに最悪の評価を下した。彼らを責めるわけにはいかない。実際、ロンドン支社の業績はかんばしくなかった。

裁定待ちというのは、ほんとうにつらいことだった。ロンドンのトレーディング・フロアでは、誰が経営陣ににらまれているかを知る手がかりもなかったが、債券関係者の三分の一ほどが整理の対象になることはわかっていた。各人がそれぞれ、自分はソロモンの将来にとって大切な人材だと考えている。ぼくも、自分はソロモンの将来にとって大切な人材だと考えていたが、みんなが同じように思っているのでは、なんの支えにもならない。ぼくは悩み始めた。くびになったら、どうすればいいのか？　そのうち、逆の悩みが頭をもたげた。くびにならなかったら、どうすればいいのか？　なんだか急に、ソロモン・ブラザーズを離れることが、たいした冒険にも思えなくなってきた。各課の課長（ジャングル案内人）が、部下を貢献度の順に並べたリストを提出していた。ロンドンの取締役たちは、『風と共に去りぬ』ふう食堂のカナレットの風景画の下に寄り集まり、リストの下位のほうから切り落とす作業にかかった。ぼくは、わがジャングル案内人に勘ぐりの目を向けた。

［十月十六日（金）五日め］夜半過ぎ、百年ぶりという大ハリケーンがロンドンを直撃した。午前二時ごろから日の出にかけて、大木が倒れ、送電線が切れ、方々で窓ガラスが割れた。通勤途上の風景は、実に異様なものだった。通りはがらんとして、ふだんなら開いている店も雨戸をかたく閉じている。ヴィクトリア駅のひさしの下に身を寄せ合う人々は、どこへも行こうとしない。列車も走っていない。テレビ・ドラマで見る核の冬か、シェークスピア作『大あらし《テンペスト》』の一幕のようだ。半獣人キャリバンがおたけびをあげるのに、これほど似合いの日もないだろう。

支社員のうち百七十人にとっては、厄日だった。倒れた木をまたぎ越え、瓦礫《がれき》のあいだを縫い、水濠《すいごう》を渡り、長い障害物レースを走り抜けたすえに、ゴールには解雇通知が待っていたのだ。支社の文字どおり真っ暗な闇《やみ》の中で、ゆるやかな拷問のような数時間を過ごし、朝になって、自分が失業したことを知らされる者もいた。暴風で送電が停止され、トレーディング・フロアには明かりがなかった。ほとんどの社員が、自分の机のまわりをうろついていた。取締役から呼び出しの電話がかかり、ひとりひとり、運命を告げられに行く。気がめいるのは、収入を失うことではなく、敗残者のように見られることだった。過去の常識はずれの稼ぎっぷりを、ぼくらは自分の両足みたいに、大切なだけでなく不可欠な体の一部だと感じていた。くびになった人間は、みんな手か足をなくしたように見え、まわりにいる者を赤面させた。事態をはじめて深刻に受け止めて、待機しているあいだに、人材スカウト業者に電話をかける人間も出てきた。

何人かは、もっと巧妙に立ち回った。人員整理が行なわれるのは債券部門だけだといううわさが広まった。それはほんとうだった。株式部門の長、スタンリー・ショップコーンが、部下をひとりでも辞めさせるなら自分も辞める、とグッドフレンドの前で啖呵《たんか》を切ったのだ。株式部門を安全な逃げ場所と見たその何人かは、転部の工作を始めた(ついに、株式部門が脚光を浴びる日が来た！　あとでわかるように、それはきっかり一日かぎりの天下だった)。彼らのレースは、時間との闘いだった。くびになる前に、新しい部署にもぐり込まなくてはならない。解雇されてしまうと、トレーディング・フロアに居残る権利を失うからだ。死刑執行部隊の詰め所から現われた守衛に、身分証を奪い取られ、ビルから追い立てられることになる。

経営陣は抵抗の一番少ない道を選び、入社して日の浅い社員の大半をくびにしたので、ヘロデ王による幼児大虐殺を思わせる場面が展開された。人員整理の目的からすると、これはおかしいやりかただった。十人の下等動物の首を切っても、節減できる経費は、三十代半ばの取締役ひとりぶんにすぎない。しかし、社内にまだ人脈を持たない若手社員には、切り捨てやすいという利点があった。ぼくが無事でいられたのは、うそのような話だが、もう古株と見られていたからであり、上のほうに友人を何人か持っていたからであり、支社で最も売上げの多い二、三人のうちに入っていたからだった。

ロンドン支社全体の男女の比率から見て、解雇者に占める女性の割合はかなり高かった。あとで話を突き合わせてみたところ、彼女たちはセールス担当重役にまったく同じせりふを言い渡されたことがわかった。「きみは仕事のできる女の子だ。能力のせいで辞めてもらうんじゃないからね」というものだ。たいていの女性社員は、〝女の子〟と呼ばれることを好まない。きっと、〝くそおやじ〟とどなり返したかったことだろう。身分証を取りあげに来た守衛に、近寄るなとすごむ女性もいた（守衛はおとなしく引き下がった）。通告の儀式が進み、犠牲者たちがトレーディング・フロアにもどってき始めた。そこらじゅうで、泣きわめいたり、抱き合ったりという光景がくり広げられた。と、ぼくがわざわざ書くのも、これが実にめずらしいながめだったからだ。トレーディング・フロアで泣いた社員など、今までひとりもいなかった。人間の弱さやもろさが、いたわりを求める気持ちが、なまの形で示されたことなど、一度もなかったのだ。だいぶ前に、アレキサンダーが強そうな押し出しというものの大切さを教えてくれた。

「弱みを見せたって、なんの得にもならない。例えば、一番親しい友人を交通事故で亡くして、一睡もできずに、朝六時半に出勤してきたとする。そこへ凄腕野郎が通りかかって、きみの肩をぽんとたたき、『調子はどうだ？』とたずねる。きみは『めためたですよ。つらいことがありまして』なんて言っちゃいけない。『絶好調ですよ。そちらはどうです？』と答えなきゃな」

この日、気持ちの軽くなるできごとがひとつだけあった。ぼくの友人で、ソロモンに居残っていた数少ない年上のヨーロッパ人のひとり（あとの数十人は、自分の嗅覚《きゆうかく》に従って、とっくの昔にソロモンを去り、緑濃い牧草地へと移っていた）が、朝の八時から正午まで、自分の机の前に立ち尽くしていた。クリスマス・イブを迎えた小さな子どもみたいに、胸をわくわくさせながら。彼がサンタからもらいたがっているのは、解雇通知だった。彼はすでに、他社から条件のいい職を提示され、それを引き受けていた。週はじめにソロモンを辞めるつもりでいたのだが、くびになる望みが出てきたので、解雇一時金を目当てに、口をつぐんで通知を待つことにしたのだった。実際、解雇一時金はかなり割がいいうえに、在職期間に応じて支払われることになっていた。彼はソロモンに七年いたので、くびになれば、黙って数十万ドルころがり込んでくる。ぼくは彼に声援を送った。解雇の対象になる資格は充分あったが、経営陣のほうが、古株社員に引導を渡すのに二の足を踏むことも考えられた。で、結果はというと、会社側は勇気を奮い起こし、涙をのんで、彼を食堂に呼び出した。ついにその電話が来たとき、おおぜいの社員が祝福に駆けつけ、トレーディング・フロアには笑顔と笑い声があふれた。彼は意気揚々と、潤沢な転職準備金を受け取りに向かった。

この日の終業時近くになって、あるトレーダーが紳士用トイレにビラを貼《は》り出した。トイレは、中古車の競売場にも使われて、だいたいいつも、BMWやベンツが売りに出されていた。しかし、このトレーダーが売りに出したのは、ボルボだった。不吉な兆候だ。

［十月十七日（土）六日め］　ふたつの理由で、ぼくはニューヨークへ飛んだ。何カ月か前に、研修プログラムでセールス技術についてしゃべるよう頼まれていた。講義は、十月二十日、火曜日の予定だった。今となっては、つらい仕事だ。二百五十人の研修生（これまでで最も大きいクラスだ）には、会社にずっといられる望みなどほとんどないのだから。

ニューヨーク行きのもうひとつの理由は、ボーナスをはずんでくれるようお偉方に陳情することだった。この虫のいい慣行は、ロンドン支社の恒例となっていた。毎年、年末近くなると、ロンドンのセールスマンやトレーダーが入れかわり立ちかわりニューヨークもうでをして、自分たちには多額のボーナスをもらう資格があることを、実にさりげない形でにおわせる。元気な声で、ボスたちに「よいお年を」とあいさつし、調子はどうだときかれたら、ふところがさびしそうな顔をする、といった具合だ。わがジャングル案内人は、肩をたたいてぼくをこの出張に送り出した。ぼくの利益を考えてくれているのだ。つまりは、彼とぼく、ふたりぶんの利益をということだが。

［十月十九日（月）七日め］　講義は火曜日なので、一日いっぱい、四十一階をぶらつく時間がある。いつもなら、それがいやでたまらない。社内で名が知られるようになった今でも、四十一階に来るたびに、魂が肉体から遊離するような感覚を味わうのだ。金しばりにあって

しまう。しかし、今回は事情がちがった。トレーディング・フロアは静まりかえっている。酒場のような騒がしさはかけらもなく、博物館かゴースト・タウンに迷い込んだみたいだ。ジョン・グッドフレンドの机のまわりに、がらんとした空間があるのは、金融部が霧散してしまったあとだからだ。騒音と活気に満ちていた場所に、今はただ、不気味な沈黙がただよっている。先週金曜日のロンドンの街角のようだ。金融部の人々は、どうやら、大あわてでここを立ち去ったらしい。いくつもの勇ましい標語が、まだ頭上にぶら下がっていた。〝朝食には、ストレスを食べよう〟などというのもある。黒板には、写真や伝言がテープで貼《は》りつけられたまま。ある女性セールスマンの椅子には、彼女の男性観がなぐり書きされていた。〝女をほめるのに、かわいいとか、いろっぽいとか、女らしいとか言う男は、発育不良のおちんちんをちょん切ってやらなくちゃ〟

彼女たちは確かに犠牲者だが、普通の犠牲者ではない。このニューヨークでも、ロンドンと同様、解雇された女性社員の数の多さが目立つ。女性のほうが職の選びかたがへただというわけではなく、自分の進路に関して発言権がないだけの話だ。どういう理由からか、研修を終えた女性新入社員は、たいてい特売の目玉商品みたいな部署に配属される。ここ数年間、金融部もそういう部署のひとつだった。トレーディング・フロア全体に占める女性専門社員の割合は、十パーセントというところだろう。しかし、金融セールスでは半数近くが女性であり、従って、解雇者の中にも女性が多いということになる。

本社でのぼくの身元引受人である課長は、部下を引き連れて、からっぽになった金融部の席に移動しようとしているところだった。ぼくはニューヨークへもどってくるたびに、安堵《あんど》のため息とともに、課長のとなりに腰を下ろす。しかし、今回はさすがに、そうすることにためらいを覚えた。買った家の前の持ち主が棺桶《かんおけ》に入って運ばれている最中に、そこへ引っ越していくような、やや時期尚早の感があった。前にここに座っていた人々がどうなったかを知っているだけに、なんとなく居心地が悪い。それでも、うしろめたさから目をそむける要素は、たくさんあった。わが身元引受人は、上昇機運にある。彼のとなりの席というのが、たまたま、ジョン・グッドフレンドのすぐ横だった。そこで、ぼくは会長と並んで腰かけ、破滅に向かう馬車に同乗することになった。グッドフレンドの机の上には、一九八一年にフィリップス・ブラザーズへ身売りした際の公告のコピーがあり、その横で吸いかけの葉巻が煙を出していた。象徴！　暗示！　灰は灰にかえるというお告げか。ぼくはこの絶好の位置から、ブラック・マンデーを目撃したのだった。

そう、株式市場が大暴落した。史上例を見ないほどの幅で下げ、一服したあと、さらに下げたのだ。ぼくは、四十一階の自分の席と四十階の株式部門とのあいだを、何度も何度も往復した。この暴落は、莫大《ばくだい》かつ気まぐれな富の再分配効果を持ち、ふたつのフロアはこれにまったくちがう対応を見せた。株式部門のある幸運な男は、S&P株価指数の先物を金曜日に空売りしており（相場が下落することに大きく賭《か》けたわけだ）、月曜日にどうにか買いもどせたときには、六十三ポイントも下げていて、二千七百万ドルの差益を得た。この男は、特殊な例だ。株式部門のほかの社員はみんな、絶望と混乱のあいだをおろおろ行き来していた。朝のうちはまだ、取引があった。いっぺんに十いくつものブルックリンなまりの叫び声が飛びかっていたものだ。

「よお、ジョーイ!」「おい、アルフィー!」「何やってんだよ、メル!」「ジョージ・バルドゥーチ、電話(AT&T株のこと)が二万五千、○・五で買えるぞ」

しかし、その後、ぴたりと声がやんだ。市場が休眠状態に入る先ぶれだ。投資家たちは、ヘッドライトを浴びた鹿のように、身をこわばらせた。時折、誰かが立ち上がって、「どうなってるんだ!」と叫んだ。株式部門の社員たちは、いとしい株式市場が死んでいくのを、なすすべもなく見守っていた。

もちろん、ヨーロッパのぼくの顧客たちもたいへんな目にあっているはずだが、ぼくにできることは何もなかった。もう何度めだか忘れてしまったが、ぼくはまたまた、自分が仲介者であることをおカネの神に感謝した。顧客はひとり残らず、地面にうずくまり、あらしが過ぎるのを待つ手に出た。その一方で、債券相場は天井知らずに急騰し、口もとが大きくゆるむのを隠しきれない債券トレーダーも少なくなかった。株式市場が数百ポイントも下げると、投資家たちは、暴落のマクロ的な経済効果を真剣に考え始める。債券相場での有力な論法はこうだ。株価が安くなると、財産が目減りする。財産が減ると、ひとはものを買わなくなる。ものが売れないと、経済は減速する。経済が減速すると、インフレ率が下がる(場合によっては、不況やデフレが起こる)。インフレ率が下がると、金利も下がる。金利が下がると、債券価格は上がるはずだ。というわけで、実際、そのとおりになった。

債券相場の下落に賭けたあるトレーダーは、立ち上がって、自由の女神のほうへ叫んだ。

「なんだ！　なんだ！　なんだ！　アメリカ政府をこきおろして、連中の負債を空売りしてやったら、すっかりだまされちまったぜ。だますのが、こっちの商売だっていうのにな」

しかし、ほかの債券トレーダーはみんな、強気で買いを入れており、なおも買い足していた。一年ぶんの不振を、きょう一日で取り返す勢いだった。株式市場の大暴落は、ソロモン・ブラザーズの四十一階をおおいにわかせた。

そして、多くの社員が、先週の大量首切りを、はじめて皮肉な思いで振り返った。カネの世界に大変動が起こっている。資金は、安全な避難所を求めて、株式市場からどんどん流れ出す。普通なら、金《きん》市場が安全な避難所になるところだが、これは普通の変動ではない。金価格も急落しているのだ。金の値下がりについてのふたつの独創的な説が、トレーディング・フロアを楽しげに駆けめぐった。第一の説は、株式市場で追加証拠金を支払わなくてはならなくなった投資家が、金を売りに出しているというものだ。第二の説は、暴落のあとに不況が来れば、投資家はインフレに対する防護策を講じなくてもよくなり、多くの人がインフレに備えて所有している金の需要が落ち込むというもの。いずれにしても、カネは金市場にではなく、金融市場に、つまり短期預金に流れ込んだ。わが社に金融部があれば、この動きに乗じて大儲けができただろうが、なくなった直後なので、どうしようもなかった。暴落後に業績が大きく落ち込んだのは、おもに株式部門だった。そして、先週の大虐殺で、ひとりも被害者を出さなかった部署は、どこか？　株式部門だ。つまり、よりによって一番人員の過剰な部署だけが、みごとに首切りの害をまぬがれたということになる。

多くの社員は、ジャンクボンド市場への参入についても、はじめて皮肉な思いで振り返った。株式市場の暴落を受けて、企業の資産価値と密接に結びついたジャンクボンドの市場は、やはり一時的に機能を停止してしまった。気まぐれな株式市場は、一兆二千億ドルといわれていたアメリカ実業界の値段を、一日で八千億ドルまで下げた。ジャンクボンドの投資家たちは、担保資産の激変ぶりを見て、手持ちの債券を投げ売りした。わが社のサウスランド債も、この日、大きく値を崩した。株価暴落で、セブン‐イレブン各店舗の価値も、それを担保にしたジャンクボンドの価値も、ともに暴落したわけだ。四十一階の自分の席から、ぼくはヨーロッパの顧客に電話をかけまくった。例のフランス人と連絡がついたとき、先方はぼくがくず《ジャンク》を売りつけなかったことに感謝していた（あとでわかったことだが、サウスランドの事業は大成功を収めたらしく、債券価格もついには持ち直した。しかし、わが社のジャンクボンド取引技術に対するぼくの疑念が、根拠をなくしたというわけではない。一九八八年半ば、ウォール街の支援によるアメリカ初の数十億ドル級の乗っ取りが破綻《はたん》した。レヴコというドラッグストア・チェーンの経営陣が、ソロモンの引き受けたジャンクボンドによる資金で自社を買収したのだが、破産法十一条の適用を申請する結果に終わった）。

ブラック・マンデーがわが社のような大手投資銀行の内部に何を引き起こしたか、外部の人間にはほとんどわからない。しかし、外から見てもわかる重大事件が、ひとつあった。ソロモン・ブラザーズは、ウォール街の他社と組んで、ブリティッシュ石油株の三十一・五パーセントを世界じゅうに再分配するために、イギリス政府から買い入れていた。暴落時には、かなりの株が手もとにあり、一億ドル以上の損失をこうむったのだ。単一銘柄では最大の株式引受けが、たまたま、史上最大の暴落と重なることなど、誰が想像しただろうか？　おまけに、はじめてのジャンクボンド取引が、たまたま、ジャンクボンド市場の暴落と重なることなど、誰が考えていただろうか？　物事に対するわれわれの支配力の小ささには、驚くばかりだ。葉巻をくゆらしながら、下品な言葉を連発することで、世界を牛耳っているように見せかけてきたわれわれだけに、なおさらその思いは強い。

この非常時のあいだ、ジョン・グッドフレンドは久々に本領を発揮しているように見えた。ここ数十年ではじめて、みずから取引の決断を下していた。若さを取りもどした人物を見るのは、楽しいものだ。彼はほとんど、机にじっとしていなかった。フロアを駆けずり回って、あちこちで主任トレーダーたちと戦略を打ち合わせる。途中で一度、自分の資産のほうへ注意がそれ、彼は個人勘定でソロモン・ブラザーズの株を三十万株買った。その注文の声を小耳にはさんだとき、ぼくが最初に考えたのは、彼がインサイド情報で取引をしているということだった。

次に考えたのは、それが法に触れないのだったら、自分もやるべきだということだった。ずいぶん欲が深い？　そのとおりだ。しかし、同時に賢い投資でもある。ソロモンの株は、相場全般よりも早く値を下げていた。投資銀行株はどれも同様で、銀行内部の被害の規模を推し測るすべのない投資家たちが、最悪の事態を想定するからだった。外から見えるリスクとして、わが社はブリティッシュ石油とサウスランドで大穴をあけていた。しかし、グッドフレンドは外見ほど損失が大きくないことを知っていた。株式部門で二千七百万ドルの幸運な実入りがあったし、債券部門は札束の山だった。ざっと計算しただけでも、ソロモンの株価は、会社の実際の価値より、破産後の清算価値のほうに近いことがわかる（三週間前に、一株三十ドルで買収の標的にされていたとすると、今のわが社は十八ドルでたたき売りされている。ルーウィー・ラニエーリがソロモンを買い取るための資金集めを終えたという、まことしやかなうわさも広まっていた）。

自分がボウスキーの轍《てつ》を踏んでいないことを社の法務部に確認したうえで、ぼくはグッドフレンドにならい、目下陳情中のボーナスでソロモンの株を買った。トレーディング・フロアでは、おおぜいの人間が同じことをした。グッドフレンドはのちに、社員がソロモンの株を買うのは愛社精神の表われであり、好もしい現象だと評した。そうかもしれない。しかし、ことぼくに関しては、自社株を買うときに、会社に忠誠を誓ったりはしなかった。ぼくの投資は、あくまで私欲と、うまい儲け口が見つかったという純粋な喜びのためのものだった。

数カ月のうちに、ソロモンの株価は、十六ドルの底値から二十六ドルまではね上がった。

［**十月二十日（火）八日め**］事後検討が始まった。信用委員会が、ニューヨークで緊急会議を招集した。公式の目的は、前日のできごとで倒産したと見られるE・F・ハットンや、株式鞘取《さやと》り業者全般や、その他の機関に対する、ソロモンの信用貸しの額を査定することだった。ところが、最初の三十分は、口論に割かれてしまった。委員は、ひとりを除いて、全員

アメリカ人だった。例外のひとりは、この会議のためにわざわざロンドンから飛んできたイギリス人だ。彼は、暴落の責任をイギリス政府になすりつけようとするアメリカ人たちのパンチバッグにされた。イギリスの高官どもはなぜ、国営のブリティッシュ石油をやっきになって売ろうとしているのか？　短期的な市場要因を読むことに専心しているトレーダーたちからすれば、数十億ドルのブリティッシュ石油株を売れというノルマは、耐えがたい重荷だった。株の買い手たちも、この大量放出にうろたえていた。アメリカが一兆ドルの財政赤字をかかえているという事実や、ドルがふらついている現状や、暴落にも急騰にもそれ自体の論理があるのだという解釈など、そっちのけ。何人かの委員は、イギリス人につかみかかるようにして、彼の同国人の悪口を並べたてた。ある委員は、嘲笑《ちょうしょう》とともに言った。「あんたたちは、戦争が終わったあとにも、ちょうど同じようなことをしたんだよな」

この日の戦闘は、国籍のちがいではなく、財政上の利益のちがいで戦われるはずだった。信用委員会のメンバーは、みんな同じ側の人間であるはずだった。なのに、誰もそうはふるまわなかった。この妙な国粋主義が幅をきかせたのは、ソロモン・ブラザーズ社内だけではない。同じようにブリティッシュ石油株で数億ドルの損をかぶったゴールドマン・サックスのアメリカ人パートナーは、ソロモンのあるイギリス人幹部社員に電話をしてきて、彼を責めたてた。なぜ、そんなことを？　パートナー氏はその幹部社員を、ソロモンの代表ではなく、イギリス人の代表に見立てたのだ。そして、こうどなった。

「よくもこんなお荷物（ブリティッシュ石油株）を押しつけてこれたものだ。アメリカが参戦しなかったら、きみたちは今ごろ、ドイツ語でしゃべってなくちゃならなかったんだぞ」

わが社でももっと目先のきく人間は、責任をひとにかぶせることより、窮地をぬけ出すことのほうに考えを向けた。どうすれば、ブリティッシュ石油株による一億ドルの損失からのがれられるのか？　もっと具体的に言うなら、どうすれば、引受け時の価格でイギリス政府に買いもどしてもらえるのか？　たまたまニューヨークに来ていたロンドン支社の取締役が、ぼくをわきに呼び寄せて、イングランド銀行に対する折衝のリハーサルをした。彼は、ブリティッシュ石油株を引き受けた各投資銀行の損失を、総計七億ドルと計算していた。世界の金融システムは、これだけの規模の資本流出に耐えられないだろう。また新たなパニックが生じる可能性がある……。この論法。正気だろうか？　損失を避けたい気持ちが強すぎて、彼は自分の大ぼらを信じてしまっているようだった。なるほど、いい手じゃありませんか、とぼくは言った。試してみる価値はある。要するに、昔からよく使われる駆け引きで、わがボスはイギリス政府に、石油株を買いもどさなければ、また大暴落が起きるぞ、とおどしをかけたいのだった（これはうまくいかなかった。ジョン・グッドフレンドが一九八七年の年次報告書で、悩める株主たちに説明しているように、〝顧客との約定に従い、大暴落のあともブリティッシュ石油株の引受けを続行したために、会社は七千九百万ドルの税引き前損失を出した〟）（すべての国の政府関係者に警告。ウォール街人種の大暴落のおどしには、気をつけましょう。彼らは、縄張りをおびやかされるたびに、その手を使ってきます。しかし、彼らには、大暴落を防ぐ力はもちろん、それを起こす力もないのです）。

この日、ぼくの記憶の中では、ソロモン・ブラザーズで仕事らしい仕事をした最後の日になるのだが、ぼくは研修室へ行き、二百五十組のうつろな視線の前で、居心地の悪い一時間を過ごした。研修生たちは、本で読んだ十四世紀の黒死病患者を思わせる極度の絶望状態にあった。すべての望みを断ち切られ、どうせくびになるのなら、せめて好き勝手にふるまおうと開き直っているのだ。ぼくは紙つぶてを一個かわして研修室に入り、ぞっとするほど無関心な聴衆に向かってしゃべった。

〝ヨーロッパ人相手の販売術〟というテーマについて、ぼくが何を話そうと、彼らは聞く耳を持たなかった。ただ、ロンドン支社には働き口があるのかとか、自分たちはいつ解雇されるのかとかいうことには、ぼんやりと興味があるようだった。会社に何が起ころうとしているのかを、自分たちだけが知らないのだと信じ込んでいた。なんとおめでたい純真さ！　彼らが特に腹を立て、失望していたのは、例年どおりの勇ましい演説をしたジム・マッシーが、大量首切り以来、クラスに顔も見せないことだった。自分たちは、まだソロモンに籍があるのだろうか？　それとも……。

わずか二時間後に、彼らは回答を得ることができた。ぼくの次の講師がしゃべっている最中に、ジム・マッシーが、用心棒みたいな風貌《ふうぼう》のトレーダーふたりに左右を守られて、研修室に入ってきたのだ。彼は、二百五十人の研修生の運命を握っていた。しかし、それを告げる前に、首切りが上層部にとってどんなにつらいことだったか、これによって会社の体質がどれほど強化されるか、こういう英断が常にどれだけの苦痛をともなうかを、いらだたしい

ほど事細かに語った。そして、おもむろに、

「われわれは、研修プログラムについても、慎重に討議を重ね……結論として……（長い間合い）……クラスを継続することにした」会社に残れる！　マッシーが立ち去るとすぐ、何人かの研修生が前列にさっと移動した。しかし、浮かれるほどの朗報ではなかった。トレーディング・フロアには、彼らのぶんの空席がなかった。プログラムを終えると、研修生の大半は、裏方の事務員になったのだった。

［一九八七年十二月十七日　ボーナス日］　いつもとちがう、晴れの日。わが社の歴史上はじめて、一、二年生社員のボーナスの枠がはずされた。ぼくには、ありがたいことだった。ぼくのボーナスは、枠の上限いっぱいまで削られて、十四万ドルほどになるはずだったのだが、おかげで、二年めの社員としては史上最高の二十二万五千ドルを受け取れた。同期で一番の高給取りになったのだ。といっても、以前ほど自慢にはならない。同期の半数以上が、辞めるかくびになるかで、会社を去っているのだから。

ここで明らかになったのは、時間をかければ、時間さえかければ、会社はぼくを金持ちにしてくれるということだ。同じレベルの仕事をしていけば、来年は三十五万ドル、再来年は四十五万ドル、その次の年は五十二万五千ドルもらえるだろう。上げ幅はだんだん小さくなるにしても、年々実入りは増えていき、そのうち取締役に……。

しかし、ここ十数年で一番業績の思わしくないこの年に、ボーナスの枠を撤廃し、選ばれた社員に前例のない高額を支払うというのは、情けないやりかただし、ややこっけいだとも

思えた。会社は一億四千二百万ドルの純益をあげていた。三十五億ドルという資本金の額からすれば、実にお粗末な稼ぎだ。首切りの前までは、三年前の倍の社員をかかえていたことを考え合わせると、この数字のひどさはいっそう際立つ。そんなときに、なぜ、ぼくに気前よく大金をくれるのか?

思い当たる理由はある。ボーナスを渡すとき、セールス軍団の指揮官は、しきりにぼくに恩を着せようとしていた(誰にも額を言わないようにと口止めまでして)。彼の目の中にあったのは、狼狽《ろうばい》だ。ソロモン・ブラザーズはこれまで、社員ひとりひとりの業績に値段を付けて取引するようなことをしてきたが、社員の数がごっそりと減った今、取引するにも、どっしり構えてはいられなくなったのだろう。会社がぼくに大枚のボーナスを支払ったのは、そうするのが正しいと考えたからではない。それははっきりしている。ソロモンの上層部には、わが身元引受人を含めて、ごく少数、正しく妥当なことをする優秀な人間がいるが、大半は、目先のことしか考えていない。会社がぼくを優遇したのは、会社に残りたいという気持ちにさせるため、ぼくの忠誠心に封印をするためだったのだ。

ぼくの持っている忠誠心は、すでに封印されていた。ぼくが忠誠を誓っていたのは、ひと握りの個人だ。ダッシュ、アレキサンダー、わがジャングル案内人、わが身元引受人……。会社が大小の欺瞞《ぎまん》の集合体となり、抗争と不平に引き裂かれているときに、会社への忠誠心など語れるだろうか? 語れないし、語る意味もない。それに、マネー・ゲームで勝ちを収めるのは、常に忠誠心を持たない人間であることも、多くの事例から明らかになってきた。

会社から会社へと渡り歩いて、その過程で高給の保証を勝ち取った人間のほうが、ひとつの場所にずっととどまった人間より、はるかにふところ具合がよくなるのだ。

ソロモンの経営陣は、今まで社員の忠誠心をカネで買おうとしたことがなかった。だから、このゲームがあまり得意ではない。うそつきポーカーのチャンピオンの目で見れば、ぼくがボーナスの額で会社を辞めたり居残ったりする人間でないことぐらいはわかったはずだ。ぼくはけっして、高い給料につられてよその会社に移ったりはしない。ただ、ほかの理由でソロモン・ブラザーズを去ることは考えられる。そして、ぼくは実際にそうしたのだった。

エピローグ

一九八八年のはじめ、ぼくはこれといった理由もなく、ソロモン・ブラザーズを辞めた。この会社はあぶない、と思ったわけではない。ウォール街が崩壊する、と予感したわけでもない。幻滅の気持ちが大きくなりすぎて、耐えられなくなったわけでもない（幻滅はある程度まで大きくなったが、がまんできる段階にとどまっていた）。持ち場を離れるもっともらしい理由はいくらでもあるが、そんな理由を並べるより、これ以上いる必要がないから去ったと言ってしまったほうが、実情に近いだろう。

父の世代の人間は、いくつかの信念を持って育ってきた。そのうちのひとつは、ある人物の稼ぐカネの額は、社会の福祉や繁栄に対するその人間の貢献度を測るおおよその物差しになる、というものだ。ぼくは、かなり父親にべったりと寄り添って育った。毎晩、野球で汗まみれになった体を、父親の近くの椅子にちょこんと載せ、何と何が真実で、何と何がそうではないという話に耳を傾けた。大金を稼ぐ人間は人格的にもすぐれているという話は、ほとんどいつも真実として語られた。独立心と勤勉が、成功の必須条件というわけだ。父のこの信念がはじめて揺らいだのは、勤めて二年にしかならない二十七歳の息子が二十二万五千ドル稼いできたのを見たときだった。最近になってようやく、父はそのショックから立ち直った。

ぼくはまだ、立ち直っていない。非常識きわまりないマネー・ゲームの中心地にいて、自分の社会的な値打ちとかけ離れた待遇を受け（自分にはそれだけの値打ちがあるのだと、いくら思い込もうとしても無理だった）、まわりを見ると、同じくらい半端な何百人という連中が、札束を数えるひまもなくポケットにしまい込んでいる。そんな状況にほうり込まれて、信念を保っていられるだろうか？　まあ、人によりけりだろう。ある種の人間にとっては、財布の厚みは信念をますます強めるものでしかない。彼らは、あぶく銭をちゃんとした報酬と見なし、自分がりっぱな市民であることの証拠だと胸を張る。そういう考えの持ち主は、いつかその思い上がりの報いを受けるものだ、とついつい信じたくなるが、現実はそうではない。彼らはどんどん金持ちになり、たいていの場合、ぬくぬくと肥え太ったまま死んでいくのだ。

しかし、ぼくに関しては、信念がくずれていくばかりだった。稼げば稼ぐほどいい生活ができるという建て前は、それを打ち消すような実例のあまりの多さに押しつぶされた。その建て前をなくしてしまうと、懸命に稼ぐ意味もなくなる。おもしろいのは、そういう信念がどれほど深く自分の心に刻み込まれていたか、信念が消えかけるまでほとんど気づかなかったことだ。

小さなかけらほどの教訓だが、それでも、ソロモン・ブラザーズで得た知識のうちでは最も有用なものだった。ほかの知識は、ほとんど全部、会社に残してきた。数億ドルのカネを平気で右から左へ動かせるようになっていたのに、数千ドルを何に使うか決める段になると、いまだにうろたえてしまう。研修プログラムでは、謙虚さというものを一時的に身につけたが、用がなくなったとたんに忘れてしまった。それから、組織が人間を堕落させがちだということも学んだが、その後も好んで組織に加わり、好んで堕落させられてきたぼくが、その教訓を生かせたかどうかとなると、かなりあやしい。ひっくるめて言えば、実生活に役立つようなことはあまり学ばなかった。

もしかすると、一番おいしい知識はまだ先のほうにあって、ぼくは辞めるのが早すぎたのかもしれない。しかし、ソロモンに居残るべきだという気持ちは薄れ、その一方で、ソロモンを離れるべきだという気持ちが日増しに強まっていった。ぼくの仕事は、毎朝出社して、前にもやったようなことをやり、前とたいして変わらない報酬を受け取るというだけのものになっていた。冒険のない生活に、ぼくはいやけがさしてきた。リスクを求めて、ソロモンのトレーディング・フロアを去ったと言ってもいいだろう。経済的なことを考えると、まったくばかな賭《か》けだ。市場では、よほど大きな見返りがないかぎり、リスクは冒さない。求職市場でも、それはごく基本的なルールであり、ぼくはそのルールを破ったわけだ。トレーディング・フロアに居残った場合にくらべて、今のぼくは、ふところがさびしいうえに、大きなリスクにさらされている。

そう、はたから見ると、ぼくの退社の決断は、ほとんど自殺的な行為で、たとえて言うなら、投資家がソロモンの下等動物セールスマンの手に全財産をゆだねるようなものだった。大富豪になれる確率の一番高い道を、ぼくは自分から踏みはずしたのだ。ソロモンが難局にぶつかっていたのは確かだが、それでも、腕のいい仲介人にはいくらでもぼろ儲けのチャンスはあった。それに、ソロモンがもし難局を切り抜けたら、カネはもっと楽に流れ込んでくる。実を言うと、ぼくは今でも、ソロモン・ブラザーズの株を持っている。業績がいつか持ち直すと信じているからだ。この会社の底力は、ジョン・メリウェザーのような人物の天性の直感にある。うそつきポーカーの世界チャンピオン、メリウェザーをはじめとして、そういう直感を持つ何人かの社員が、まだソロモンで債券を取引しているのだ。いずれにしても、ソロモンの業績がこれ以上悪化することは考えられない。船長がいくら船を沈めようとがんばっても、船はしぶとく浮いているものだ。会社を去るとき、ぼくは、高値で買って底値で手放すという初心者並みのミスを、自分が犯している気がした。まあ、そのミスで生じる損失のほんの一部だけは、会社の株を買ったことで相殺できるだろうが。

ぼくが損な取引をしたとすれば、その原因は、まったく取引をしなかったことにある。しかし、辞めようと決心したあとで、自分は結局、そんなに愚かなことをしようとしているわけでもないのだ、と思い直すだけの時間があった。別れの食事をしたときに、アレキサンダーは、これがすばらしい転機であることを、ぼくに納得させようとして、こう言った。自分はこれまでいくつもの決断を下してきたが、最良の決断と呼べるものはみんな、そのときには意外で常識はずれに見えた。世の中の流れに逆らおうとして下した決断は、必ずいい結果を生むものだ、と。安全第一の進路選択が尊ばれる時代だけに、予測のつかない生きかたを支持するこの意見は、ぼくの耳にはすがすがしく響いた。彼の言うとおりだとしたら、こんなにありがたいことはない。

訳者あとがき

というわけで、八〇年代のアメリカ金融界は、巨額のカネに引き寄せられたエリートや策士やギャンブラーたちが、はなばなしく火花を散らして闘う戦場であり、巻頭でフレデリック・シュエッド・ジュニアが言っているように「巨大な幼稚園」であり、過激、非常識、無節操が売りものの悪場所であり、つまり、ものを書く人間にとっては、まさに宝の山だった。さまざまな書き手が、さまざまな切り口で、このハチャメチャな世界のことを活字にした。

玉も石も混じり合う何十冊もの書籍の中で、最も広範囲な読者の支持を得たのは、フィクションでは、トム・ウルフ（『ザ・ライト・スタッフ』を書いたあのトム・ウルフだ）の初の小説『虚栄の篝火』（文藝春秋）、ノンフィクションでは、断然、この『ライアーズ・ポーカー』だろう。

なにしろ、作者がただものではない。債券取引の最大手ソロモン・ブラザーズの元セールスマン、しかも、入社三年めで凄腕野郎と呼ばれ、二十七歳にして二十二万五千ドルの年俸を稼ぎながら、さっさと辞めて、もの書きに転向してしまった人物だ。アメリカ南部のルイジアナ州で生まれ育ち、プリンストン大学では美術史を専攻したという、投資銀行員としては異色の経歴の持ち主で、だからこそ札束の重みに押しつぶされず、ウォール街というジャングルの中で、バランス感覚を失わずにいられたのかもしれない。文章のすみずみにまで、柔軟な才気がみなぎっている。

本書の内容については、くどくどと解説する必要はないだろう。金融界の激動を、外から眺めたのでも、もぐり込んで取材したのでもなく、まさにその渦中にいて、さめた目で観察したドキュメントだ。明るく、楽しく、わかりやすい。翻訳するにあたって、何冊かの参考書を買い込んだが、あまり役に立たなかった。参考書を読んで湧いてきた疑問に、この本が答えてくれることのほうが、むしろ多かった。げらげら笑いながら読んでいくうちに、八〇年代の金融革命史が立体的に頭に入るという、まことにありがたい本である。これもマイケル・ルイスの筆力だろう。ただ、ソロモン・ブラザーズの歩み、特に社名の変化について、本文中ではくわしく説明されていないので、整理する意味で、時間軸に沿って、簡単な沿革を書いておこう。

ソロモン・ブラザーズは、一九一〇年、ソロモン三兄弟によって資本金五千ドルで設立され、攻撃的にリスクを引き受ける債券ブローカーとして、独自の地位を築いていった。創業者の血を引くウィリアム・ソロモンが七八年に会長の座を退き、ジョン・グッドフレンドに実権を譲ったころから、急速に事業の幅が広がり、収益も増大した。八一年、前会長の意向を裏切る形で、商品取引業者ファイブロ（フィリップス・ブラザーズ）に吸収され、合資会社からファイブロ・ソロモンという名の株式会社となる。グッドフレンドは会長の椅子を四千万ドルで売り渡したうえで、新会社の債券取引部門の長に納まった。ところが、八二年以降の債券市場の急成長で、ファイブロとソロモンの力関係が逆転し、八四年に、グッドフレンドは会長に返り咲く。八六年には、社名をソロモン・インクとし、完全に母屋を乗っ取った。われらがルイス君は、八五年に入社し、八八年初頭に退職している。

ついでに、本書刊行後のウォール街の動きを少しばかり。

第十章の主役であるジャンクボンドの帝王、マイケル・ミルケンは、証券詐欺、脱税などの容疑で起訴され、法廷で泣きながら罪を認めて、六億ドル（あほらしくて換算する気にもなれない）の罰金を言い渡された。また、第一章のヒーロー、大物トレーダーのジョン・メリウェザーは、その後、ロングターム・キャピタル・マネジメントという会社を興し、一九九八年、金融界を揺るがす大事件に中心人物として関与することになる。その経緯は、『最強ヘッジファンドLTCMの興亡』（日経ビジネス人文庫）に詳しい。

ハヤカワ文庫版／訳者あとがき

まさに鮮烈なデビューと言っていいだろう。一九八九年の刊。マイケル・ルイス、二十九歳のときだった。

八〇年代のウォール街でくり広げられた未曾有の饗宴（というか狂騒）の、いわば現場からの実況中継。内容も衝撃的なら、フィクションを思わせる書きっぷりも斬新かつ衝撃的で、本は大ベストセラー、作者は一躍ニュー・ライティングの旗手となった。

饗宴の舞台は投資銀行ソロモン・ブラザーズで、最大の目玉はモーゲージ債。ソロモン生え抜きのトレーダー、ルーウィー・ラニエーリが錬金術めいた手法で生み出したこの債券は、安全性の砦だった地味な債券取引の世界をなんでもありのマネーゲームの戦場に変えた。債券セールスマンとしてその饗宴の末席に連なったマイケル・ルイスは、冷徹な目で周りを観察しながら、この桁はずれの活況が長続きするはずがない（してはいけない）という思いを強くし、三年でソロモンを辞めて、物書きに転身した。

そして、本書で作家人生の幸せなスタートを切ったわけだが、その後の活躍はじつにめざましい。金融以外のさまざまな分野に題材を求めて、次々ベストセラーを世に送り出し、十一年目、ＩＴ界の巨人ジム・クラークのことを書いた『ニュー・ニュー・シング』がスマッシュヒットとなって、ビッグネームへの仲間入りを果たした。さらに十四年目、大リーグの貧乏球団オークランド・アスレチックスの奇跡のマネージメント手法を描いた『マネー・ボール』は映画化され、メガヒットとなって、マイケル・ルイスの名を不動のものにした。

その一方で、短命に終わると思われたモーゲージ債のほうもしぶとく生き延び、いや、それどころか進化を重ねて時代に適応し、二十年以上にわたって隆盛を続けた。世紀が変わってからは〝サブプライム〟という形容詞付きで呼ばれ、〝桁はずれの桁上がり〟と言いたくなるような発展を遂げたあと、二〇〇八年の大金融危機の主役となる。

さあ、そこでマイケル・ルイスの出番だ。折しもデビュー二十年の節目。ルイスは精力的な取材を敢行して、二〇〇九年、モーゲージ市場の破綻に賭けた三組のアウトローたちの物語『世紀の空売り《からうり》』を書きあげた（刊行は二〇一〇年）。その最終章には、なんと引退したジョン・グッドフレンドが登場し、著者とともに『ライアーズ・ポーカー』の時代を振り返る。二十年の歳月を経て、金融界の一大サーガが完結した観がある。ぜひ、併せてご一読いただきたい。

本書は二〇〇六年にパンローリング社より単行本で
刊行された作品を文庫化したものです。

訳者略歴　1951年生，北海道大学卒，英米文学翻訳家　訳書『五十年間の嘘』ベグリイ，『ロリータは何歳だったか？』セイパースタイン（以上早川書房刊）『ブーメラン』『世紀の空売り』ルイス他多数

HM=Hayakawa Mystery
SF=Science Fiction
JA=Japanese Author
NV=Novel
NF=Nonfiction
FT=Fantasy

ライアーズ・ポーカー

〈NF394〉

二〇一三年十月二十五日　発行
二〇二四年十二月二十五日　三刷
（定価はカバーに表示してあります）

著者　マイケル・ルイス
訳者　東《あがり》江《え》一《かず》紀《き》
発行者　早川浩
発行所　株式会社　早川書房
郵便番号　一〇一 - 〇〇四六
東京都千代田区神田多町二ノ二
電話　〇三 - 三二五二 - 三一一一
振替　〇〇一六〇 - 三 - 四七七九九
https://www.hayakawa-online.co.jp
乱丁・落丁本は小社制作部宛お送り下さい。
送料小社負担にてお取りかえいたします。

印刷・中央精版印刷株式会社　製本・株式会社フォーネット社
Printed and bound in Japan
ISBN978-4-15-050394-9 C0133

本書は活字が大きく読みやすい〈トールサイズ〉です。